Reiseführer

Berlin

Potsdam mit Sanssouci

**Museen · Architektur · Theater und Varieté · Shopping
Aussichtsplätze · Nachtleben · Hotels · Restaurants**

Die Top Tipps führen Sie zu den Highlights

von Ulrike Krause

Leserforum

Die Meinung unserer Leserinnen und Leser ist wichtig, daher freuen wir uns von Ihnen zu hören. Wenn Ihnen dieser Reiseführer gefällt, wenn Sie Hinweise zu den Inhalten haben – Ergänzungs- und Verbesserungsvorschläge, Tipps und Korrekturen –, dann kontaktieren Sie uns bitte:

Redaktion ADAC Reiseführer
Travel House Media GmbH
Grillparzerstr. 12, 81675 München
adac.reisefuehrer@travel-house-media.de

Berlin Kaleidoskop

Karten und Pläne

☐ Service

Berlin aktuell A bis Z 163

Register 187

Berlin multimedial erleben

Mit Ihrem Smartphone, Tablet-PC oder Computer können Sie viele Sehenswürdigkeiten Berlins nun auch in bewegten Bildern erleben. Ergänzt wird das multimediale Angebot durch Hörstücke voller Hintergrundinformationen über die Spreemetropole.

Im Buch finden Sie bei ausgewählten Sehenswürdigkeiten QR-Codes sowie Internet-Adressen.

▶ **Reise-Video
Berlin**
QR-Code scannen
oder dem Link folgen:
www.adac.de/rf0117

Öffnen Sie den QR-Code-Scanner auf Ihrem Handy und scannen Sie den Code. Gut geeignet sind Apps wie barcoo oder Scanlife.

Die meisten Apps schlagen Ihnen nun ein Programm zum Öffnen von Film oder Audio-Feature vor. Das iPhone startet sie automatisch. Am flüssigsten laufen die Filme bei einer WLAN- oder 3G-Verbindung.

Sollten Sie kein Smartphone besitzen, dann nutzen Sie bitte die neben dem QR-Code stehende Internet-Adresse.

Bitte beachten Sie, dass beim Aufruf der Filme und Audio-Features über das Handy Kosten bei Ihrem Mobilfunkanbieter entstehen können. Im Ausland fallen Roaming-Gebühren an.

Berlin Impressionen

Die junge Wilde – glorreiche Renaissance einer fabelhaften Hauptstadt

Berlin (3,5 Mio. Einw.) ist eine Stadt mit dem gewissen Etwas, eine Stadt der Kontraste: Man findet hier elegante Boulevards und alternative Szeneviertel, königliche Palais und bröckelnde Mietshausfassaden, heißes Nachtleben in der City und Idylle pur an Wannsee und Tegeler Fließ, vornehme Villen in Grunewald und Straßenstrich an der Oranienburger Straße, dörfliches Leben in Lübars und städtebauliche Innovationen rund um den

Tiergarten. Berlin ist eine Stadt mit Tempo, Temperament und Turbulenzen. Dazu passt die bekannt schnoddrige *Berliner Schnauze*, Zwischentöne kennt diese Stadt kaum. »Uns kann keener«, sagt der Berliner. Wie auch, in dieser bärenstarken Stadt? Ach ja, der Bär ist den Berlinern Wappen und Wahrzeichen zugleich. Aber der Bär steht noch für viel mehr. In Berlin ist er los, hier steppt er. Berlin war immer schon ein bisschen unmöglich!

»Berlin ist mehr ein Weltteil als eine Stadt«, berichtete der Dichter Jean Paul. Er lebte 1800/01 in Berlin, das schon damals eine Metropole von europäischem Rang war. Eine Stadt, der Schiller »Ungezwungenheit im bürgerlichen Leben« attestierte, ein Ort aber auch, der Durch-

setzungskraft verlangte. Man brauche Haare auf den Zähnen und müsse mitunter etwas grob sein, um sich in Berlin über Wasser zu halten, empfahl der sonst so gar nicht zimperliche Goethe. Andererseits solle in Berlin, wie überhaupt in seinem Staat, ›jeder nach seiner Façon glücklich werden‹ – meinte zumindest der Alte Fritz. Und die von Paul Lincke 1904 musikalisch verewigte ›Berliner Luft, Luft, Luft‹ war und ist ohnehin dufte!

An 40 Jahre Teilung in West- und Ost-Berlin erinnern in der Stadt heute nur noch einige Mauerstücke und zwei Grenzwachtürme. Die kahlen Flächen des ehemaligen Todesstreifens sind weitgehend verschwunden. Berlin, bis 1989 Insel im Ostblock, dann Nahtstelle zweier Systeme, zeigt heute ein weltoffenes Hauptstadtgesicht. Seit dem Umzug der Bundesregierung ist Berlin auch wieder Verwaltungs- und Wirtschaftszentrum.

Ob Pariser Platz oder Friedrichstraße, Potsdamer Platz oder innerer Spreebogen – die neuen Regierungsbauten und Geschäftshäuser, Shopping-Passagen und Designerhotels haben die Stadt verändert und ihr ein neues, faszinierendes Erscheinungsbild gegeben, das mit vi-

Oben: *Berlins Bühnen bieten Unterhaltung, Hintergründiges und Provokantes*
Rechts oben: *Spaziergang durch das Brandenburger Tor – Symbol des neuen Berlin*
Unten: *Hier wird Geschichte geschrieben – Reichstagsgebäude und Paul-Löbe-Haus mit Abgeordnetenbüros*

talem Formenmix und großen Gesten grenzenlos begeistert.

Die Linden und der Alex

Der beste Ausgangspunkt, um Berlin kennen- und verstehen zu lernen, ist das geografische und historische Zentrum der Stadt, der Bezirk Mitte. Hier blickt auf dem Boulevard **Unter den Linden** das Reiterstandbild von *Friedrich dem Großen* nach Osten zum Lustgarten auf der Museumsinsel. Dort stand einmal das **Berliner Stadtschloss**, offizielle Residenz des Alten Fritz, Zentrum der Stadt und des preußischen Staates. Im Zweiten Weltkrieg wurde es schwer beschädigt und Anfang der 1950er-Jahre vollends abgerissen. Auf einem Teil des so frei gewordenen Areals ließen die DDR-Machthaber den *Palast der Republik* errichten. Er stand nach der Wiedervereinigung lange leer, bis auch er schließlich abgerissen wurde. Nach kontroversen Diskussionen wurde 2013 der Wiederaufbau des Berliner Stadtschlosses beschlossen – als Kombination von originalgetreuen Fassadenelementen mit einem modernen Inneren. Bis 2019 soll das

Humboldt Forum mit dem Ethnologischen Museum, dem Museum für Asiatische Kunst sowie dem Humboldt-Labor der Humboldt-Universität hier einziehen.

Der Lustgarten liegt auf der von Spree und Kupfergraben gebildeten und im frühen 19. Jh. von *Karl Friedrich Schinkel* konzipierten **Museumsinsel**. Das Alte Museum mit der Antikensammlung am Nordrand des Gartenareals war als Gegenstück zum Stadtschloss geplant: So standen Kultur und Politik einander ge-

genüber. Schinkel war über 25 Jahre lang oberster preußischer Baubeamter und prägte in dieser Zeit das Gesicht des historischen Stadtzentrums wie kein anderer Architekt vor ihm. Beispielsweise entwarf er die klassizistische **Neue Wache**, die **Schlossbrücke**, die Friedrichswerdersche Kirche, die Bauakademie und den Vorgängerbau des Berliner Doms.

Doch zurück zur Museumsinsel: Sorgfältig restauriert oder noch im Aus- und Umbau locken hier **Pergamonmuseum**, **Alte Nationalgalerie**, **Bode-Museum**, **Neues Museum** und **Altes Museum** ein Millionenpublikum mit weltberühmten Schätzen an, darunter die Nofretete-Büste, der Pergamonaltar (bis vorauss. 2019 wg. der bis 2025/2026 geplanten Renovierung großer Teile des Pergamonmuseums nicht zugängl.), der Schatz von Troja, das blauglasierte babylonische Ischtar-Tor oder der geheimnisvolle bronzezeitliche Berliner Goldhut. Ganz zu schweigen von den unzähligen weiteren Höhepunkten des Kunstschaffens der Alten Welt, die hier versammelt sind, allen voran Meisterwerke der europäischen Malerei des 19. und 20. Jh.

Östlich der Museumsinsel und des Lustgartens, jenseits der Spree, lagen in alter Zeit die beiden Keimzellen der Stadt, die Siedlungen Cölln und Berlin. Vom alten Cölln blieb kaum etwas, doch Teile des alten Berlin wurden im **Nikolaiviertel** wieder aufgebaut. Nördlich davon setzen das **Rote Rathaus**, der **Fernsehturm** und vor allem der **Alexanderplatz** städtebau-

Links oben: *Gegen das Vergessen und für die Zukunft steht das Holocaust-Mahnmal*
Links: *Entdeckerfreuden für Groß und Klein, hier im Deutschen Historischen Museum*
Unten: *Sundowner über den Dächern Berlins in der Bar Klunkerkranich*
Oben: *Berlins Scheunenviertel ist ein bekannter Spielplatz der jungen Kreativen*

liche Akzente. Manche Stadtplaner und Besucher irritiert dieser von kühlen sozialistischen Bauriegeln und Hochhäusern geprägte Platz, andererseits ist er noch immer ein beliebter Treffpunkt für Berliner und Besucher. Gemütlicheres Ambiente bietet das einstige **Scheunenviertel**. Hier bummelt man durch die **Hackeschen Höfe** mit ihren Jugendstilfassaden, die von Gründerzeitbauten geprägte **Sophienstraße** und die trendige

Auguststraße. Dabei kann man sich von der vielfältigen Galerienszene inspirieren lassen, in der **Oranienburger Straße** die **Neue Synagoge** bestaunen oder eines der vielen gemütlichen Cafés und Restaurants aufsuchen.

Wer dem Boulevard Unter den Linden von der Schlossbrücke Richtung Westen folgt, passiert die Monumentalbauten der Hohenzollern und das als königliche Residenz geplante Forum Fridericianum, den heutigen **Bebelplatz**. Klassizistische Formen prägen die **Staatsoper** Unter den Linden, das **Alte Palais**, die Alte Bibliothek, Humboldt-Universität und Staatsbibliothek. Eine Augenweide ist der nahe **Gendarmenmarkt**, einer der schönsten Plätze Berlins, mit seinen zwei Domen und dem Schinkelschen Schauspielhaus, das nun Konzerthaus heißt. Über die ebenso berühmte **Friedrichstraße**, Flanier- und Unterhaltungsmeile seit Kaisers Zeiten und heute zudem eine Restaurant- und Einkaufsmeile, geht es zurück zur Prachtstraße Unter den Linden.

Sie führt direkt dem Wahrzeichen Berlins entgegen, dem von der rosselenkenden Viktoria bekrönten **Brandenburger Tor**. Der **Pariser Platz** ringsum, der schon früher als ›Salon‹ der Hauptstadt galt, wurde nach der Wiedervereinigung nach historischen Vorbildern neu bebaut. Nun verwöhnt hier das rekonstruierte **Hotel Adlon** wieder Gäste aus aller Welt wie schon zu Beginn des 20. Jh. Aus dem architektonischen Rahmen fällt das moderne Design der benachbarten **Akademie der Künste** mit viel Glas. Zum Weltstadtambiente des Pariser Platzes gehören ferner edle Bankhäuser, Botschaften und ein buntes Menschen- und Sprachgewirr.

Nur wenige Meter entfernt liegt mit dem **Holocaust-Mahnmal** eine der be-

rühmtesten Gedenkstätten Berlins. Das riesige Stelenfeld zur Erinnerung an die ermordeten Juden Europas wurde im Jahr 2005 eingeweiht

Tiergarten und Ku'damm

Unweit nordwestlich des Pariser Platzes erhebt sich der **Reichstag**, seit 1999 Sitz des Deutschen Bundestags. Mit seiner begehbaren Glaskuppel ist er eine der bekanntesten und beliebtesten Sehenswürdigkeiten der Stadt. Am benachbarten Spreebogen setzen das **Kanzleramt** und Parlamentsbauten wie das **Paul-Löbe-Haus** moderne Architekturakzente. Jenseits der Spree zieht der gewaltige Glaspalast des **Berliner Hauptbahnhofs** die Blicke auf sich.

Einen gewissen Kontrapunkt dazu bildet westlich des Brandenburger Tors der **Tiergarten**, der größte innerstädtische Park Berlins mit Siegessäule und *Goldelse*. Am Südrand des Parks erstreckt sich als weiteres Highlight für Architekturfans das **Botschaftsviertel**. Mit seinen zahl-

reichen originellen Baubeispielen aus aller Welt gibt es Anschauungsunterricht in moderner Konstruktion.

Weit oben auf der Liste vieler Berlinbesucher steht der **Potsdamer Platz**. Nach Jahrzehnten, die das einstige Amüsierzentrum der Stadt im geteilten Berlin als ödes Brachland fristen musste, wurde die Fläche nach der Wiedervereinigung neu bebaut. Namhafte internationale Architekten schufen hier eine unverwechselbare, kontrastreiche Skyline, darunter das Sony Center mit seinem gläsernen Zeltdach, die riesige DaimlerChrysler-City und das kühne DB-Hochhaus. Heute flaniert man hier wieder durch Einkaufspassagen, sitzt in Cafés, geht ins Theater oder Kino und bei der **Berlinale** posieren die Filmstars der Gegenwart auf dem Marlene-Dietrich-Platz vor dem Filmpalast – fast wie in alten Zeiten.

Etwas im Schatten des neuen Potsdamer Platzes liegt das benachbarte Kulturforum. Seine in den 1960/70er-Jahren bahnbrechende Architektur birgt Prominentes wie die Berliner Philharmonie und die **Neue Nationalgalerie** (zzt. geschl.) mit Kunst der Moderne. Die **Gemäldegalerie** begeistert mit Meisterwerken von Rembrandt, Rubens, Raffael und Tizian.

Ein Besuch des Zentrums von Westberlin beginnt am besten an der **Kaiser-Wilhelm-Gedächtniskirche**. Dieses sinnfällige Ensemble aus Kriegsruine und Architektur der 1960er-Jahre steht am Scheitelpunkt von Tauentzienstraße und **Kurfürstendamm**: erstere eine der großen Einkaufsstraßen Berlins mit dem berühmten Kaufhaus **KaDeWe**, die zweite

Straße eine der beliebtesten Flaniermeilen. Hier am Ku'damm finden sich legendäre Cafés, Einkaufstempel, Restaurants, Luxushotels, Nachtclubs und Kinos. Mit dem **Käthe-Kollwitz-Museum** in der Fasanenstraße und dem **Museum für Fotografie – Helmut Newton Stiftung** am Bahnhof Zoo wird auch der Kunst gehuldigt. Familien zieht es in den **Zoologischen Garten**, einen der artenreichsten Tierparks der Welt.

Schlösser, Seen und Museen

Berlin hat auch außerhalb der City viele Attraktionen zu bieten. Im Westen etwa erhebt sich inmitten eines schönen Parks **Schloss Charlottenburg**, das einzige erhaltene Stadtschloss der Hohenzollern. Unweit südlich lockt das **Museum Berggruen** mit Spitzenwerken von Picasso, Matisse und Klee. Den Surrealisten widmet sich das **Museum Scharf-Gerstenberg** gleich gegenüber.

Ein Ausflug an die *Havel* und auf die **Pfaueninsel** zeigt dem Reisenden die Mark Brandenburg – eine Landschaft mit Sandboden, Flüssen und Seen. Im Südosten lohnt der ausgedehnte **Stadtwald** zwischen Müggelsee und Müggelbergen einen Besuch.

Ein Bootsausflug nach **Potsdam** und die Besichtigung der dortigen Schlösser **Sanssouci** und Babelsberg (bis voraus. 2020 geschl.) bieten weitere Einblicke ins preußische Arkadien. 1990 wurden die Schlösser und Parks in Berlin und Potsdam zum UNESCO-Weltkulturerbe erklärt.

Hier steppt der Bär auch nachts!

Einige Viertel im feierfreudigen Berlin sind besonders angesagt. **Mitte** zum Beispiel lockt mit Galerien und Clubs, Trend-Boutiquen und viel Fußvolk. **Prenzlauer Berg**, zu DDR-Zeiten Treffpunkt und Zufluchtsort von Künstlern und Dissidenten, präsentiert inzwischen ein buntes Gemisch aus Kneipen, Restaurants und Kult-Läden. Und **Kreuzberg**, Heimat der alternativen Szene, ist durch die Wiedervereinigung erneut ins Zentrum der Stadt gerückt. Nicht weniger cool geht es im Szeneviertel **Friedrichshain** zu.

Übrigens hält das aufregende Berliner **Nachtleben**, was sein legendärer Ruf verspricht. Jede Nacht der Woche bieten die zahllosen Clubs Party bis zum Morgengrauen. Eine der meist frequentierten Feiermeilen der Stadt ist die **Warschauer Straße** nördlich der Oberbaumbrücke. In

unmittelbarer Nähe schlagen zudem die Kunstwerke und Mauer-Malereien der berühmten **East Side Gallery** entlang der Spree eine Brücke in die Vergangenheit dieser zu allen Zeiten großartigen Stadt.

Reise-Video Berlin
QR Code scannen [s.S.5] oder dem Link folgen: www.adac.de/rf0117

Links oben: Zeitenwende – Kunstinstallation statt Scharfschützen am Checkpoint Charlie
Links unten: Trabis sind mittlerweile ein seltener Anblick – außer im DDR-Museum
Rechts oben: Paddelspaß und Biergartenstimmung am Neuen See im Tiergarten
Rechts unten: Berliner können auch gut mal loslassen – und die Badehose einpacken

Geschichte, Kunst, Kultur im Überblick

Vom märkischen Dorf
zur deutschen Metropole

um 8000 v. Chr. Erste Besiedlung in der Altsteinzeit.

um 700 n. Chr. Frühgermanische Besiedlung.

6./7. Jh. n. Chr. Besiedlung durch westslawische Stämme.

1134–70 Albrecht der Bär, erster Markgraf von Brandenburg aus dem Haus der Askanier.

1197 Erste urkundliche Erwähnung von Spandau.

1237 Der Ort Cölln wird zum ersten Mal urkundlich erwähnt, 1251 folgt Wedding, 1264 Schöneberg.

1244 Erste urkundliche Erwähnung Berlins als Stadt.

1307 Vereinigung von Cölln und Berlin.

1308–19 Markgraf Waldemar der Große.

1320 Ende der Askanier-Herrschaft.

1338 Erste Verwendung des Berliner Bären als Signet für eine Ratsurkunde.

1369 Berlin erwirbt das Münzrecht.

1376/1380 Bei zwei großen Bränden werden weite Teile der Stadt zerstört.

1415 Das Haus Hohenzollern wird mit dem Kurfürstentum Brandenburg belehnt: Neuer Landesherr ist Friedrich IV. von Hohenzollern, nun Kurfürst Friedrich I. von Brandenburg.

1443 Kurfürst Friedrich II., ›Eisenzahn‹ genannt, legt den Grundstein für das Hohenzollernschloss in Cölln.

1470 Das Cöllner Hohenzollernschloss wird kurfürstliche Residenz.

1539 Die Reformation setzt sich durch.

1576–1611 Pestjahre: Die Cöllner Stadtschreiber registrieren 4000 Pesttote für das Jahr 1576; 1598 sind es 3000 und 13 Jahre später 2000. Um das Jahr 1600 leben 10 000– 12 000 Einwohner in der Stadt.

1618–48 Dreißigjähriger Krieg, Berlins Vorstädte werden niedergebrannt. 1648 leben 6000 Menschen in der Stadt.

1640–88 Der ›Große Kurfürst‹ Friedrich Wilhelm gibt Impulse für den Aufstieg Brandenburg-Preußens.

Seine Bauten prägten Berlin: Karl Friedrich Schinkel

1647 In Berlin entsteht eine Allee vom Stadtschloss zum Tiergarten, die später als ›Unter den Linden‹ Berühmtheit erlangt.

1658 Berlin wird zur Festung ausgebaut.

1662–69 Mit dem Bau des Friedrich-Wilhelm-Kanals zwischen Spree und Oder entsteht eine durchgängig schiffbare Wasserstraße von Breslau nach Hamburg.

1685 Das Edikt von Potsdam regelt die Ansiedlung aus Frankreich vertriebener Hugenotten.

1688–1713 Kurfürst Friedrich III. Er krönt sich 1701 in Königsberg eigenhändig zum König in Preußen und nennt sich Friedrich I. Die Friedrichstadt wird angelegt.

1700 Gründung der Preußischen Akademie der Wissenschaften.

1709 Berlin, Cölln, Friedrichswerder, Dorotheenstadt und Friedrichstadt werden zur Königstadt Berlin vereinigt.

1710 60 000 Einwohner hat Berlin nun, darunter 6000 Franzosen, 5000 Schweizer und 500 Pfälzer.

1713–40 Regierungszeit von König Friedrich Wilhelm I., genannt ›Soldatenkönig‹.

1717 Einführung der allgemeinen Schulpflicht.

1740–86 Friedrich II., ›der Große‹, macht Preußen zu einer europäischen Großmacht und zu einem Zentrum der Aufklärung. Kultur und Wissenschaft blühen.

1756–63 Siebenjähriger Krieg: Österreichische und russische Truppen besetzen Berlin.

1786–97 Regierungszeit Friedrich Wilhelms II.

um 1790 Berlin wird eines der geistigen Zentren der deutschen Romantik.

1797–1840 Regierungszeit Friedrich Wilhelms III.

um 1800 Berlin ist – nach London und Paris – die drittgrößte Stadt Europas.

1806–08 Die Truppen Napoleons besetzen Berlin.

1813 6000 Berliner ziehen als Freiwillige in die Befreiungskriege.

1816 Architekt Karl Friedrich Schinkel, Gartenarchitekt Peter Joseph Lenné und Bildhauer Christian Daniel Rauch gestalten nach den Befreiungskriegen das neue Berlin. Das erste in Deutschland konstruierte Dampfschiff fährt auf der Spree. Beginn der industriellen Revolution.

1826 Zum ersten Mal wird der Boulevard Unter den

Könige Friedrich Wilhelm I. und Friedrich der Große, Reichskanzler Otto von Bismarck (v. l. n. r.)

Linden durch Gaslaternen beleuchtet.

1838/39 Eröffnung der Eisenbahnstrecke Berlin–Potsdam und der ersten Berliner Pferdeomnibuslinie.

1840–61 Regierungszeit Friedrich Wilhelms IV., genannt ›der Romantiker auf den Thron‹. Berlin entwickelt sich zu einer bedeutenden Industriestadt.

1847 Der erste Vereinigte Landtag von Preußen tagt in Berlin.

1848 18. März: Ausbruch der Märzrevolution. 22. Mai: Eröffnung der Preußischen Nationalversammlung (die am 5. Dezember aufgelöst wird). 23. August: 1. deutscher Arbeiterkongress.

1861–88 Regierungszeit Wilhelms I. als König von Preußen.

1862 Otto von Bismarck wird preußischer Ministerpräsident.

1867 Berlin ist die Hauptstadt des Norddeutschen Bundes.

1870/71 Deutsch-Französischer Krieg.

1871 Preußens König Wilhelm I. wird in Versailles zum Deutschen Kaiser proklamiert. Bismarck erhält das Amt des Reichskanzlers (bis 1890). Berlin wird (mit inzwischen 823 000 Einwoh-nern) Hauptstadt des neuen Deutschen Reiches.

1872 Dreikaisertreffen in Berlin (Franz Joseph I. von Österreich, Alexander II. von Russland und Wilhelm I.).

1879 Werner von Siemens führt auf der Gewerbeausstellung in Moabit die erste elektrisch betriebene Eisenbahn der Welt vor.

1881 Erster Telefonbetrieb (mit 45 Teilnehmern). In Lichterfelde fährt die weltweit erste Straßenbahn mit Elektromotor.

1888 Wilhelm I. stirbt, sein Sohn, Kaiser Friedrich III., nach nur 99 Tagen Regierungszeit ebenfalls. Es folgt Kaiser Wilhelm II. (bis 1918).

1890 Wilhelm II. entlässt Reichskanzler Bismarck.

1894 Der Reichstag wird eingeweiht.

1900 Berlin zählt 1,9 Mio. Einwohner.

1902 Erste Hoch- und Untergrundbahn (von der Warschauer Brücke zum Zoo).

1905 Die ersten städtischen Autobusse verkehren. Max Reinhardt übernimmt das Deutsche Theater.

1912 Die Büste der Nofretete wird im Ägyptischen Museum ausgestellt.

1914–18 Erster Weltkrieg.

Barrikaden für Bürgerrechte: Märzrevolution von 1848

1918 Revolution: Nachdem am 9. November der Sozialdemokrat Philipp Scheidemann von einem Fenster des Reichstags die Republik ausgerufen hat, kündigt der Marxist Karl Liebknecht im Lustgarten die Räterepublik an. Am 10. November dankt Kaiser Wilhelm II. ab.

1919 Spartakus-Aufstand. 15. Januar: Freikorpssoldaten ermorden Karl Liebknecht und Rosa Luxemburg, die beiden bedeutenden Führer der Kommunistischen Partei Deutschlands. 11. Februar: Wahl Friedrich Eberts (SPD) zum ersten Reichspräsidenten der neuen Weimarer Republik.

1920 Kapp-Putsch: Rechte Freikorpssoldaten besetzen das Regierungsviertel.

ab 1923 Berlin wird zunehmend zum politischen, kulturellen, wirtschaftlichen und gesellschaftlichen Zentrum Mitteleuropas.

1924 Erste Funkausstellung.

1929 Weltwirtschaftskrise: in Berlin leben 600 000 Arbeitslose.

1933 30. Januar: Machtübertragung Adolf Hitlers. Ende Februar: Reichstagsbrand. 1. April: Erster Boykott jüdischer Geschäfte. 10. Mai: Bücherverbrennung auf dem heutigen Bebelplatz.

1936 XI. Olympische Spiele in Berlin.

1938 9./10. November: In der Reichspogromnacht zerstören Nationalsozialisten die Berliner Synagogen.

1939 Beginn des Zweiten Weltkriegs; Berlin hat 4,3 Mio. Einwohner.

1940 Erster Luftangriff auf Berlin am 25. August.

1941 Erste Deportationen jüdischer Bürger aus Berlin.

1942 20. Januar: Wannseekonferenz: die massenhafte Ermordung von Juden in Europa wird von NS-Dienststellen organisatorisch koordiniert.

1943 NS-Propagandaminister Joseph Goebbels kündigt im Sportpalast den ›totalen Krieg‹ an. 1. März: erster großer Luftangriff der Alliierten auf Berlin.

1945 30. April: Selbstmord Hitlers. 2. Mai: Einmarsch der Roten Armee. 8. Mai: Kapitulation der deutschen Wehrmacht in Karlshorst. Berlin hat bei Kriegsende 2,8 Mio. Einwohner. 32 % des Wohnungsbestandes sind zerstört, es häufen sich ca. 80 Mio. m³ Trümmerschutt. Im Juni wird die in vier Sektoren geteilte Stadt Sitz des Alliierten Kontrollrates.

1946 13. August: Die Alliierten erlassen die Vorläufige Verfassung von Groß-Berlin und setzen Wahlen an. Berlin wird Stadtstaat.

1947 Der Preußische Staat wird per Kontrollratsgesetz von den Alliierten aufgelöst.

1948 Währungsreform in den drei Westsektoren von Berlin. 24. Juni: Beginn der sowjetischen Blockade West-berlins und der Luftbrücke der Alliierten.

1949 12. Mai: Ende der Blockade. 7. Oktober: Gründung der DDR mit Ost-Berlin als Hauptstadt.

1950 1. Oktober: Die demokratische (West-)Berliner Verfassung tritt in Kraft.

1951 Eröffnung der ersten Internationalen Filmfestspiele Berlins (›Berlinale‹).

1953 17. Juni: Volksaufstand in Ost-Berlin und der DDR. Er wird mithilfe von Sowjetpanzern niedergeschlagen.

1957 Willy Brandt wird Regierender Bürgermeister von West-Berlin.

1958 Das Berlin-Ultimatum: Kremlchef Chruschtschow: fordert den Abzug der Westalliierten aus Berlin.

1961 13. August: Beginn des Mauerbaus. Die Mauer wird 155 km lang, 43,1 km davon quer durch Berlin. 16. August: Über eine halbe Million Menschen demonstrieren vor dem Schöneberger Rathaus gegen die Teilung Berlins. Rund 60 000 Ost-Berliner sind von ihren Arbeitsplätzen im Westen der Stadt abgeschnitten.

1963 Besuch von US-Präsident John F. Kennedy in Berlin. – 17. Dezember: Erstes Passierscheinabkommen. Nach zwei Jahren besuchen West-Berliner erstmals wieder Verwandte in Ost-Berlin.

1967/68 Studentenunruhen. – 11. April 1968: Der rechtsgesinnte Hilfsarbeiter

Rückblick auf 1903: Schlossbrücke, Berliner Dom, 1950/51 gesprengtes Stadtschloss (v.l.n.r.)

Die Welt hält den Atem an: Mauerfall, 9. November 1989

Josef Bachmann verübt ein Attentat auf den Studentenführer Rudi Dutschke.

1971 Unterzeichnung des Viermächte-Abkommens: Anerkennung des Status quo Berlins. Das Transit-Abkommen zwischen DDR und der Bundesrepublik tritt in Kraft.

1987 750-Jahre Berlin: Ost wie West feiern.

1989 7. November: Rücktritt der DDR-Regierung. – 9. November: Maueröffnung.

1990 3. Oktober: Auflösung der DDR durch Beitritt zur Bundesrepublik. – 2. Dezember: Ost- und West-Berliner wählen zum ersten Mal gemeinsam: CDU und SPD bilden eine Große Koalition.

1991 20. Juni. Der Deutsche Bundestag beschließt, dass Berlin wieder die deutsche Hauptstadt sein wird.

1994 Der Bundespräsident verlegt seinen Amtssitz vom Rhein an die Spree. Juni–September: Abzug der alliierten Streitkräfte aus Berlin.

1995 Das Künstlerehepaar Christo und Jeanne-Claude verhüllt den Reichstag.

1996 Volksabstimmung gegen eine Länderfusion von Berlin und Brandenburg.

1999 Umzug von Bundesregierung und Parlament von Bonn nach Berlin.

2001 1. Januar: Die Anzahl der Berliner Bezirke wird von 23 auf 12 reduziert. – 16. Juni: Klaus Wowereit (SPD) wird erstmals Regierender Bürgermeister von Berlin.

2005 10. Mai: Einweihung des Holocaust-Mahnmals. – 21. Mai: Einweihung der neuen Akademie der Künste. – 22. November: Angela Merkel (CDU) wird Bundeskanzlerin.

2006 28. Mai: Der neue Hauptbahnhof wird eröffnet. – Juli: Endspiel der Fußball-WM im Olympiastadion. – Die Loveparade, das seit 1989 in Berlin veranstaltete Techno-Spektakel, findet letztmals an der Spree statt.

2008 7. Juli: Die UNESCO erklärt sechs Wohnsiedlungen der Berliner Moderne zum Weltkulturerbe. – 31. Oktober: Der Flughafen Tempelhof wird geschlossen.

2009 Mit dem Themenjahr ›20 Jahre Mauerfall‹ erinnert die Stadt ans Ende der Teilung. – 1. Mai: Schwere Krawalle in Berlin-Kreuzberg.

2013 Erneute Verschiebung des Eröffnungstermins für den Internationalen Flughafen Berlin Brandenburg. – Proteste gegen Eingriffe an der East Side Gallery. Ein Investor, der am Spreeufer ein Wohnhochhaus errichten will, lässt eine Bresche in die Mauer schlagen.

2014 Hunderttausende Fußballfans feiern auf der Fanmeile die Weltmeister-Elf von Rio de Janeiro. – Klaus Wowereit erklärt nach 13-jähriger Amtszeit seinen Rücktritt von allen politischen Ämtern. Der SPD-Politiker Michael Müller, wird neuer Regierender Bürgermeister.

2015 Zwei gigantische Baumaßnahmen – die Staatsoper und das Humboldt Forum – feiern Richtfest.

2016 Das Jüdische Museum wird umgebaut. In den folgenden Jahren entsteht eine neue Dauerausstellung und ein Kindermuseum.

2017 Internationale Gartenausstellung (IGA) in Marzahn-Hellersdorf, Wuhletal.

2019 Geplante Eröffnung der U-Bahnlinie U5 zwischen Alexanderplatz und Brandenburger Tor sowie des Humboldt Forums im neuen Stadtschloss.

Unterwegs

Die Museumsinsel in der Spree gehört als einzigartiges kulturelles und bauliches Ensemble zum UNESCO-Welterbe

Brandenburger Tor und Reichstag, Unter den Linden und Friedrichstraße – das alte Preußen lässt grüßen

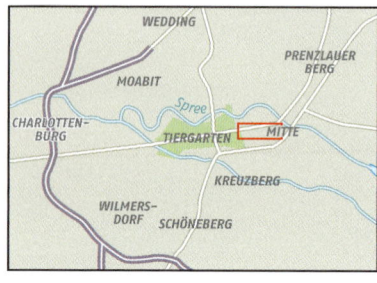

Der **Pariser Platz** war seit dem 18. Jh. – und ist es nun nach Abschluss zahlreicher Bauprojekte wieder – Empfangssalon der Hauptstadt Berlin. Ein Besuch des hiesigen **Brandenburger Tors** mit anschließendem Spaziergang zum nahe gelegenen **Reichstag** gehört zu den Highlights der neuen Metropole. Dazu kommen die im und am *Spreebogen* liegenden neuen Bauten des imposanten Regierungsviertels.

Folgt man dagegen vom Pariser Platz dem Boulevard **Unter den Linden** nach Osten, flaniert man ins Zentrum des preußischen Berlin, das Friedrich der Große einst als Residenzstadt und zur Machtdemonstration entwerfen ließ. Heute prägen entlang der historischen Prachtstraße Adelspalais und das Opernhaus, Museen und Cafés das Flair. Auch der klassizistisch gestaltete **Gendarmenmarkt**, ein weiterer Glanzpunkt preußischer Baugeschichte, verströmt Eleganz. Die nahe **Friedrichstraße** lockt mit Luxuskaufhäusern und gediegenen Hotels.

1 Brandenburger Tor

Monument für Sieg und Frieden, Symbol der Wiedervereinigung – das Wahrzeichen der Stadt.

Pariser Platz
S1, S2, S25 und U55 Brandenburger Tor, Bus 100, Bus 200, TXL

Am westlichen Ende des Pariser Platzes, gleichsam als fulminanter Schlusspunkt des Boulevards Unter den Linden, ragt das Brandenburger Tor auf. Da es ab 1961 im abgesperrten Niemandsland der Berliner Mauer stand, galt es lange Zeit als Symbol des geteilten Deutschland. Seit seiner feierlichen Wiedereröffnung im Dezember 1989 sieht man es als Sinnbild für die deutsche **Wiedervereinigung**.

Erbauen ließ es sein Auftraggeber, König Friedrich Wilhelm II., als Siegestor

Das Brandenburger Tor ist Sinnbild der Vergangenheit und Versprechen für die Zukunft

nach antikem Vorbild. Es sollte an das für Preußen erfolgreiche Ende des Siebenjährigen Krieges im Jahr 1763 erinnern und zugleich den 1786 verstorbenen König Friedrich II. ehren.

1788 begannen die Arbeiten an dem frühklassizistischen Sandsteintor nach Plänen von Carl Gotthard Langhans. Vorbild waren die *Propyläen*, der prunkvolle Torbau der Athener Akropolis. Langhans nahm aber auch römische Triumph-Symbolik auf, nämlich die das Tor krönende **Quadriga** von Johann Gottfried Schadow, den von vier Pferden gezogenen Wagen der Siegesgöttin Viktoria. Freilich war seine Siegesgöttin, wie ihr antikes Vorbild, zunächst nackt gewesen. Dann hätte sie aber Reisenden, die sich von Westen näherten, zunächst ihr bloßes Hinterteil gezeigt. Auf königlichen Befehl wurde daher ein Unterkleid für die Göttin angefertigt. So fehlte die Quadriga noch, als der Monarch den 26 m hohen,

65,5 m breiten und 11 m tiefen Bau mit fünf Durchfahrten am 6. August 1791 einweihte. Die bekleidete Viktoria bezog ihren Platz erst 1793.

Doch schon 13 Jahre später musste sie ihn wieder räumen: Am 27. Oktober 1806 besetzte **Napoleon** die Hauptstadt Preußens und ließ u. a. die Quadriga nach Paris transportieren. Den Rückweg trat die symbolträchtige Figur 1814 an, nach der napoleonischen Niederlage in den *Befreiungskriegen*. Zur Erinnerung an den Sieg über Frankreich erhielt Viktoria zu Lorbeerkranz und preußischem Adler noch ein Eisernes Kreuz und wurde mit großem Pomp wieder aufgestellt.

Nach dem Zweiten Weltkrieg lag die Quadriga gänzlich in Trümmern. Nur im Westteil der Stadt existierte ein Gipsabdruck von 1942 in 5000 unnummerierten Teilen. Daraus rekonstruierten Fachleute beider deutscher Staaten im einzigen **Aufbauprojekt**, bei dem Ost und West

zusammenarbeiteten, die Figur bis 1957. SED-Chef Walter Ulbricht verfügte allerdings, dass Adler und Kreuz als Symbole Preußens nicht mehr zu verwenden seien. So hielt die Viktoria zu DDR-Zeiten einen Stab mit Eichenlaubkranz in der Hand. Der wurde 1991 wieder durch die ursprüngliche Standarte ersetzt. Diesen wechselhaften Lauf der Geschichte kann man in unmittelbarer Nähe in der neuen Multi-Mediaschau **The Gate** im **Brandenburger Tor Museum** (Pariser Platz 4a, Tel. 030/236 07 84 36, www.brandenburgertor-museum.de, tgl. 10–18 Uhr) erleben.

 ▶ **Reise-Video Brandenburger Tor** QR-Code scannen [s.S.5] oder dem Link folgen: www.adac.de/rf0128

2 Pariser Platz

Empfangssalon der Metropole.

S1, S2, S25 und U55 Brandenburger Tor, Bus 100, Bus 200, TXL

Als Empfangssalon Berlins präsentiert sich der Pariser Platz mit Brandenburger Tor und den meist rekonstruierten repräsentativen Bauten ringsum, darunter Botschaften, das mondäne Hotel Adlon Kempinski und die Akademie der Künste.

Der Platz entstand 1734, als Berlin um die Friedrichstadt erweitert wurde. Er diente damals als **Exerzierfeld** und **Vorplatz** zu einem Vorläuferbau des Brandenburger Tors. Die Gegend avancierte schnell zur vornehmen Wohnadresse am Rande der Stadt. Zahlreiche in- und ausländische Gesandte residierten hier. Den Zweiten Weltkrieg überstand kaum eines der im klassizistischen Schinkelstil gestalteten Gebäude. Nur ein Seitenflügel der Preußischen Akademie der Künste und das Hotel Adlon blieben zurück.

Da die **Berliner Mauer** [s.S.50/51] unmittelbar am Pariser Platz verlief, blieb er während der DDR-Zeit eine Brache. Erst nach der Wiedervereinigung begann der Neuaufbau, und seit der Eröffnung der Amerikanischen Botschaft im Jahr 2008 ist hier auch die letzte Baulücke wieder geschlossen.

Blickfang des Pariser Platzes ist das Brandenburger Tor [Nr. 1]. Ihm zur Linken bezog die **Commerzbank** (Pariser Platz 1) eine repräsentative, am klassizistischen Vorgängerbau orientierte Repräsentanz.

Es folgt die **Amerikanische Botschaft** (Pariser Platz 2), ein trutziger Bau, der sich über einen ganzen Block bis zur Behrenstraße erstreckt.

Mit der **DZ Bank** (Pariser Platz 3) nebenan schuf Frank O. Gehry, der Meister der architektonischen Dekonstruktion, 2001 sein erstes Berliner Bauwerk. Während sich das Äußere der Bank in die historischen Vorbildern nachempfundene Fassadenreihe einfügt, wölbt und wabert innen im Atrium ein amorpher Konferenzsaal aus Glas und Stahl.

Nebenan empfängt die **Akademie der Künste** (Pariser Platz 4, Tel. 030/20 05 70, www.adk.de, tgl. 10–22 Uhr) Besucher. Die gläserne Fassade der Architekten Behnisch & Partner mit Werner Durth bricht mit der historisierenden Gestaltung des Platzes – von Anfang an hatte die Akademie gegen diese ihrer Meinung nach rückwärtsgewandte Vorgabe des Berliner Senats opponiert. Dabei blickt das 1696 gegründete Kunstzentrum auf eine lange Geschichte zurück, erlangte als *Preußische Akademie* gar Weltruhm. Zur Weimarer Zeit zählten u.a. Heinrich und Thomas Mann, Alfred Döblin, Max Liebermann, Ricarda Huch und Käthe Kollwitz zu ihren Mitgliedern, heute klingende Namen wie Tacita Dean, Michael Ballhaus oder Martin Wuttke.

Im Akademie-Inneren wurden die Reste des 1907 bezogenen Palais Arnim architektonisch inszeniert. Die Mischung aus Alt und Neu beherbergt Ausstellungsräume, eine Bibliothek, Skulpturengarten, Weinwirtschaft und Buchladen.

Zum Nimbus des Potsdamer Platzes trägt auch das wohl bekannteste Hotel der Stadt maßgeblich bei. Wer Rang und

TOP TIPP Namen hat, logiert bei einem Berlinbesuch im **Hotel Adlon Kempinski** (Unter den Linden 77, s. S. 181), von Queen Elisabeth bis zu US-Präsident Barack Obama, von den Rolling Stones bis zu Brad Pitt. Lorenz Adlon hatte sich bereits einen Namen als Hotelier und Restaurantbesitzer gemacht, als er 1906 am Pariser Platz anstelle des *Redernschen Palais* eines der luxuriösesten Hotels der Welt baute. Und wirklich logierte bald die Hautevolee im Adlon, darunter die Rockefellers und indische Maharadschas. Das Gebäude blieb zwar von den Bomben des Zweiten Weltkrieges verschont, brannte aber kurz nach Kriegsende ab. Als *Kempinski-Haus* wurde es mit originalgetreuer Fassade und nostalgischer Innenausstattung 1997 wieder eröffnet.

Volksversammlung der anderen Art auf der Wiese vor dem kuppelbekrönten neuen Reichstag

Gleich um die Ecke, an der Wilhelmstraße 70/71 und teilweise in den Adlon-Baukörper integriert, prunkt die von Michael Wilford konzipierte **Britische Botschaft** (2000) mit schicker Lochfassade.

Im Norden des Pariser Platzes nimmt die **Französische Botschaft** (Pariser Platz 5) seit 2002 jene Stelle ein, an der bis zur Zerstörung im Krieg das *Palais Beauvryé* (1735–37) stand, das seit 1835 die französische Vertretung beherbergt hatte.

Auf das Palais am Pariser Platz (Nr. 6 a) folgt rechts des Brandenburger Tors die von Josef Paul Kleihues entworfene Replik des 1735 erbauten **Liebermann-Hauses** (Pariser Platz 7, Tel. 030/22 63 30 30, www.brandenburgertor.de). Das Haus gehörte einst der Familie des Malers Max Liebermann, der hier von 1894 bis zu seinem Tod 1935 lebte. Der von den Nazis später als ›entartet‹ diffamierte Impressionist war 1920–32 Präsident der Akademie der Künste.

Wer der Wilhelmstraße Richtung Spree folgt, der gelangt zum **ARD-Hauptstadtstudio** (Infocenter Di–So 10–18 Uhr, Tel. 030/22 88 11 10, www.ard-infocenter.de). Hier entstehen zahlreiche Sendungen, auch Führungen werden angeboten.

3 Reichstag

Eines der symbolträchtigsten Gebäude deutscher Geschichte und Sitz des Bundestages.

Platz der Republik 1
Tel. 030/22 73 21 52
www.bundestag.de
Führungen, Besuche von Plenarsitzungen etc. nach frühzeitiger schriftlicher Voranmeldung,
s. Website
S1, S2, S25 Brandenburger Tor,
U55 Bundestag, Bus 100, M85

Mit der Ausrufung des Kaiserreichs am 18. Januar 1871 wurde Preußens Hauptstadt Berlin auch zur Kapitale des neuen Deutschen Reiches. Das **Parlament**, also der Reichstag, war provisorisch in der Leipziger Straße Nr. 4 untergebracht, brauchte aber ein größeres, repräsentatives Gebäude. So wurde nach Plänen von Paul Wallot in den Jahren 1884–94 unweit nördlich des Pariser Platzes ein 137 m langer und 97 m breiter Prachtbau im damals populären Stil der Neorenaissance errichtet und am 5. Dezember 1894 eingeweiht.

Übrigens nannte Kaiser Wilhelm II. den Reichstag, dieses große Symbol parlamentarischer Demokratie, despektierlich ›Reichsaffenhaus‹. Es passte dem Monarchen gar nicht, dass die Kuppel mit 75 m höher war als die seines Berliner Stadtschlosses (67 m). Auch die von Wallot konzipierte Inschrift ›Dem deutschen Volke‹ kam zunächst nicht zur Ausführung. Erst 1916 wurde sie im Giebel über dem Hauptportal angebracht.

Von einem Fenster des Reichstags rief am 9. November 1918 der Sozialdemokrat Philipp Scheidemann die **Deutsche Republik** aus, bis 1933 tagte in dem Gebäude das Parlament der **Weimarer Republik**. Verheerend war in der Nacht vom 27. auf den 28. Februar 1933 der **Reichstagsbrand**, politisch mehr als baulich. Denn nach dem Anschlag setzte Adolf Hitler sein *Ermächtigungsgesetz* durch, das den Weg zur Alleinherrschaft der Nazis frei machte. Den Untergang des nationalsozialistischen **Dritten Reiches** und das Ende des Zweiten Weltkriegs markierte das Hissen der Roten Fahne auf dem Parlamentsgebäude durch siegreiche russische Soldaten am 30. April 1945.

Nach der Teilung Berlins befand sich der durch Bomben beschädigte Reichstag nah der Grenze auf Westberliner Gebiet. Er wurde 1961–73 zweckmäßig wiederhergestellt, mit Plenarsaal für Fraktionstagungen und Bundestagsausschüsse, Sitzungssälen und Büroräumen. Außerdem war das Gebäude eine würdige Kulisse für viele Großereignisse, etwa die Feier zur deutschen **Wiedervereinigung** am 3. Oktober 1990.

Aber kein Ereignis brachte den Reichstag damals so stark ins Bewusstsein der Menschen wie die spektakuläre Aktion **Verhüllter Reichstag** von Christo und Jeanne-Claude im Sommer 1995. Kaum waren die Stoffbahnen gefallen, verbargen Baugerüste das Gebäude. Nach Plänen des britischen Architekten Sir Norman Foster wurde es 1996–99 zum **Sitz des Deutschen Bundestages** ausgebaut.

Sein weltweit berühmt gewordenes Wahrzeichen wurde die neue, begehbare **Glaskuppel**. Zwei spiralförmige Rampen führen durch sie hindurch zur *Aussichtsplattform* in 40 m Höhe. Auf dem Weg kann man auch in den **Plenarsaal** des Bundestages blicken (Kuppel tgl. 8–24 Uhr, letzter Einlass 22 Uhr. Besichtigung nach schriftlicher Anmeldung mind. 2 Werktage zuvor, Fax 030/22 73 64 36 oder per Anmeldeformular unter www.bundestag.de. Bei freien Kapazitäten gibt es personengebundene Last-Minute-Tickets für denselben Tag beim Service-Container an der südlichen Seite der Scheidemannstraße unweit des Südportals des Reichstagsgebäudes). Von der **Dachterrasse** um die Kuppel bieten sich ebenfalls unvergessliche Panoramen. Das **Käfer Dachgartenrestaurant** [s. S. 167] wiederum kombiniert den wunderschönen Ausblick mit allerlei kulinarischen Genüssen.

Der einladend begrünte **Platz der Republik** vor dem Reichstag ist ein beliebter Freizeittreff von Berlinern und Gästen.

**▶ Reise-Video
Reichstag**
QR-Code scannen [s.S.5]
oder dem Link folgen:
www.adac.de/rf0124

4 Regierungsviertel

*›Band des Bundes‹: monumentale
Architekturakzente am Spreebogen.*

Spreebogen, Dorotheenstraße,
Konrad-Adenauer-Straße, Schiff-
bauerdamm, Willy-Brandt-Straße
S1, S2, S25 Brandenburger Tor,
S5, S7, S75 Hauptbahnhof,
U55 Bundestag,
Bus 110, TXL, M41, M85

Am **Spreebogen**, in unmittelbarer Nachbarschaft des Reichstags und mit ihm durch ein Tunnelsystem verbunden, liegen heute die wichtigsten Regierungsgebäude. Der umfassendste Komplex ist das südöstlich und zu beiden Seiten der Dorotheenstraße gelegene **Jakob-Kaiser-Haus**. Das aus insgesamt acht Bauten bestehende Ensemble wurde 1997–2000 nach Plänen von fünf Architektenteams realisiert. Es integriert die historische Bausubstanz von Reichspräsidentenpalais, Kammer der Technik und dem alten Bankgebäude der Dorotheenstadt, stellt aber in seiner neuen Funktion Sitzungssäle und Büros für Abgeordnete, Fraktionen und Vizepräsidenten zur Verfügung.

Hier wie auch bei den Baukomplexen, die nördlich des Reichstags die Arme des Spreebogens überspannen, haben die Planer mittels Glasfassaden, Glasgalerien und Glashallen das demokratische Prinzip von Transparenz und Öffentlichkeit in der Architektur thematisiert. So im **Paul-Löbe-Haus** (1997–2001, Stephan Braunfels) am inneren Spreebogen, das wegen seiner acht dem Innenhof zugewandten Rotunden bei den Berlinern ›Achtzylinder‹ heißt. Innen sind Abgeordnetenbüros und Sitzungssäle untergebracht.

Das Löbe-Haus ist durch eine doppelstöckige Spreebrücke nach Osten hin mit dem **Marie-Elisabeth-Lüders-Haus** (1998 –2002, ebenfalls Braunfels) verbunden. Es beherbergt die wissenschaftlichen Dienste, die *Parlamentsbibliothek* (nach Washington und Tokio die drittgrößte ihrer Art weltweit) sowie den *Kunst-Raum* (Tel. 030/22 73 20 27, www.kunst-im-bundestag. de, Di–So 11–17 Uhr) des Deutschen Bundestages. In letzterem sind Wechselausstellungen zu zeitgenössischer Kunst mit Parlaments- und Politikbezug zu sehen. Die Idee des verbindenden Bandes lässt sich besonders gut auf einer Schiffsfahrt auf der Spree erkennen und erleben.

Das Paul-Löbe-Haus (re.) vis-à-vis dem Reichstagsgebäude gehört zum ›Band des Bundes‹

Ebenfalls in Blickweite des Reichstags liegt am westlichen Arm des Spreebogens das **Kanzleramt** (1997–2001, Axel Schultes und Charlotte Franke). Das zentrale, 36 m hohe Hauptgebäude mit Kanzlerbüros, Kabinett- und Konferenzsälen wird von zwei je 18 m hohen und bis zu 335 m langen Büroflügeln flankiert. Das Foyer des Hauptgebäudes öffnet sich auf den für Staatsempfänge genutzten Ehrenhof, an der Rückseite liegen der Kanzlergarten und der über eine Spreebrücke erreichbare *Kanzlerpark* am Moabiter Werder. Die oft als klotzig und pompös kritisierte Architektur tauften die Berliner sogleich ›Waschmaschine‹.

5 Holocaust-Mahnmal

Das monumentale Stelenfeld erinnert an die ermordeten Juden Europas zur NS-Zeit.

Ebertstraße/Behrenstraße
Tel. 030/26 39 43 36 und 030/200 76 60
www.holocaust-mahnmal.de
Stelenfeld: tgl. 24 Std.
Ort der Information, Cora-Berliner-Str. 1: April–Sept. Di–So 10–20, Okt.–März Di–So 10–19 Uhr
Kostenlose Führung: So 15 Uhr, Führung auch als App verfügbar
S1, S2, S25 und U55 Brandenburger Tor, S1, S2, S25 und U2 Potsdamer Platz, Bus 200, M 48, M 85, M 41

Südlich von Brandenburger Tor und Pariser Platz wurde 2005 das viel diskutierte Holocaust-Mahnmal nach Entwürfen des US-amerikanischen Architekten Peter Ei-

Das Holocaust-Mahnmal holt die Vergangenheit in die Gegenwart

senman (* 1932) eingeweiht. Das **Denkmal für die ermordeten Juden Europas** erstreckt sich über 19 000 m². Hier ragt das eindrucksvolle *Stelenfeld* auf, ein von allen Seiten begehbares Labyrinth aus 2711 grauen Betonstelen unterschiedlicher Höhe (von ebenerdig bis 4,70 m). Sie bilden von oben betrachtet eine große wellenbewegte Fläche, werden aber von jedem Besucher und von jedem Standort aus unterschiedlich wahrgenommen.

Das Mahnmal gedenkt der 6 Millionen Juden, die in Europa Opfer des Holocaust wurden. Eisenman selbst will sein Werk nicht als Friedhof oder Ehrenfeld verstanden wissen. Vielmehr sieht er hier einen *Ort der Hoffnung*, in dem Besucher die Stimmen der Opfer hören sollen. Entsprechend kann man im Dokumentationszentrum **Ort der Information** unter dem Stelenfeld einzelnen, exemplarisch dokumentierten Schicksalen nachgehen Für eigene Recherchen steht die Namensdatenbank der Jerusalemer Gedenkstätte Yad Vashem zur Verfügung.

Hinweis: Über diese und weitere NS-**Gedenkstätten** in Berlin und Brandenburg informiert das Internet-Portal www.orte-der-erinnerung.de.

In fußläufiger Entfernung im Tiergarten sind das Denkmal für die im Nationalsozialismus ermordeten Sinti und Roma Europas, das Denkmal für die im Nationalsozialismus verfolgten Homosexuellen sowie der Gedenk- und Informationsort für die Opfer der nationalsozialistischen ›Euthanasie‹-Morde einen Gang wert.

▶ **Audio-Feature**
Holocaust-Mahnmal
QR-Code scannen [s.S.5] oder dem Link folgen:
www.adac.de/rf0840

Unter den Linden – den Reigen großer Bauten eröffnet das Deutsche Historische Museum (re.)

6 Unter den Linden

*Prachtboulevard als Flaniermeile
und Bilderbuch Berliner Geschichte.*

S1, S2, S25 und U55 Brandenburger
Tor, U6 Französische Straße,
Bus 100, 147, 200, TXL

Unter den Linden ist zweifellos die bedeutendste Straße Berlins. Dem Flaneur
des 21. Jh. bietet sie sich zugleich als eine
Art Bilderbuch der Stadtgeschichte dar.
Und dank der Bau- und Restaurierungs-
maßnahmen nach der Wiedervereinigung erstrahlt die Prachtstraße heute
wieder im alten Glanz.

Im 16. Jh. verband hier noch ein Reitweg das Berliner Stadtschloss mit dem
1527 eingerichteten Tiergarten. Ab 1647
ließ Kurfürst Friedrich Wilhelm den Weg
zu einer Allee mit **Linden** und **Nussbäu-
men** umgestalten. Die Nussbäume gingen ein, aber die Linden gediehen prächtig und gaben der Straße schließlich ihren
Namen. Nachdem 1734 der Pariser Platz
angelegt worden war, entwickelte sich
Unter den Linden zum Boulevard des

Hochadels. Um 1800 siedelten sich zudem Hoteliers, Kaufleute und Hofliefran-
ten an. Ihre Salons waren Treffpunkte von
Intellektuellen und Militärs.

Mit der Reichsgründung 1871 übernahmen zunehmend Bankiers und Aktien-
spekulanten die Adelspalais. Um 1900
sorgten gar Amüsierbetriebe wie das
Panoptikum in der Kaiserpassage (an der
Kreuzung zur Friedrichstraße) für Kurz-
weil. Gleichwohl galt Unter den Linden
nach wie vor als Boulevard des **Kaisers**.
Täglich zeigte sich Wilhelm I. an seinem
Fenster im Alten Palais, und ohne seine
Billigung durften entlang der Prachtstraße keine baulichen Veränderungen vor-
genommen werden.

Nach dem Zweiten Weltkrieg zeugten
von der alten Pracht der Flaniermeile
noch die Bauten am *Forum Fridericianum*,
dem heutigen **Bebelplatz** [Nr. 14]. Zur
DDR-Zeit war Unter den Linden gewissermaßen dreigeteilt. Der Bereich zwischen Wilhelmstraße und Glinkastraße
war Botschaften vorbehalten, DDR-Bürger sollten sich der Grenze am Brandenburger Tor möglichst nicht nähern. Zwi-

Noch immer gut zu Pferd und eine strahlende Erscheinung – König Friedrich der Große

schen Glinka- und Charlottenstraße befanden sich Geschäfte. Und bis an die Schlossbrücke wurde das preußische Berlin wieder aufgebaut. Originalgetreu rekonstruiert wurden zum Beispiel Kronprinzenpalais und Prinzessinnenpalais.

Nach der Wiedervereinigung erhielten auch die Linden ihre Schönheitskur. Der Deutsche Bundestag siedelte Abgeordnetenbüros an, Altbesitzer wie die Deutsche Bank kehrten in restaurierte Häuser zurück, und allerlei Bausünden wurden durch Neubauten wie etwa den historisierenden *Lindencorso* an der Friedrichstraße ersetzt.

Geht man vom Pariser Platz die Linden hinauf, so zieht bald rechts die **Russische Botschaft** (Nr.63–65) die Aufmerksamkeit

auf sich. Sie wurde unmittelbar nach der Gründung der DDR gebaut und schon 1952 eingeweiht. Der Architekt Anatoli Stryshewski setzte sich dabei über alle Baubestimmungen hinweg und plante weit höher als eigentlich erlaubt war. So entstand ein heute deutlich auf die Stalin-Ära verweisender Prunkbau.

Genau gegenüber (Nr. 62–68) findet sich seit 2010 das **Forum Willy Brandt**, in dem eine Ausstellung an den einstigen Regierenden Bürgermeister West-Berlins und Bundeskanzler erinnert. Die Geschäftshäuser auf dieser Straßenseite, so das frühere *Haus Wagon-Lits* (Nr. 40) und der *Zollernhof* (Nr. 36–38) mit dem Hauptstadtstudio des ZDF, entstanden um 1910. Als einziges Gebäude aus den

1930er-Jahren ist das *Haus der Schweiz* (Nr. 24) erhalten.

An der Ecke Friedrichstraße nutzt das **Westin Grand Hotel** [s. S. 181] ein Gebäude, das 1985–87 zur 750-Jahr-Feier in Ost-Berlin errichtet worden war. Dazu musste damals die *Kaiserpassage* weichen, die mit Cafés, Kinos und Amüsierbetrieben um die Wende zum 20. Jh. eine Attraktion gewesen war. Hier befand sich auch das berühmte *Café Kranzler*, wo sich alles traf, was in Berlin Rang und Namen hatte. Von seiner Terrasse aus konnte man das Treiben Unter den Linden bestens beobachten. 1944 durch Luftangriffe zerstört, konnte 1951 lediglich die Filiale am Kurfürstendamm wiedereröffnen [s. S. 113].

Weitere Beispiele für traditionsreiche Luxushotels der Zeit um 1900 finden sich einige Meter weiter die Linden hinunter. Im Gebäude **Nr. 17** bot das 1902 erbaute *Hotel Karlton* noble Unterkunft. Auf der anderen Straßenseite befand sich das 1865 errichtete *Hotel de Rome*. Kaiser Wilhelm I., der im nahen Alten Palais lebte, ließ sich von hier jede Woche einen gefüllten Badezuber über die Straße bringen. 1912 entstand in Nachfolge der **Römische Hof**, heute ein schickes Bürohaus. Den Namen *Hotel de Rome* trägt inzwischen ein Haus am Bebelplatz [s. S. 33].

Auch die *Deutsche Bank* ließ es sich nicht nehmen, eine repräsentative Adresse in der Hauptstadt zu beziehen. Dazu erwarb sie 1997 das Haus Unter den Linden 13/15, das bereits 1920 für die Bank gebaut worden war. Von 1997 bis 2012 präsentierte die Bank hier in Kooperation mit der Solomon R. Guggenheim Foundation unter dem Namen ›Deutsche Guggenheim‹ zeitgenössische Kunst. Neben Büroräumen findet sich heute hier die **Deutsche Bank Kunsthalle** (Tel. 030/202 09 30, www.deutsche-bank-kunsthalle.de, tgl. 10–20 Uhr). In der Kunsthalle werden die Bestände der umfangreichen Sammlung Deutsche Bank in wechselnden Ausstellungen präsentiert. Ausgehend von der deutschen Kunstgeschichte nach 1945 wurde die 1979 gegründete Sammlung in den letzten Jahrzehnten immer internationaler und beinhaltet heute auch junge Kunst aus Asien, Südamerika und Afrika. In der Kunsthalle präsentiert die Sammlung ebenfalls ihren ›Künstler des Jahres‹ mit einer Einzelausstellung.

Hinter der Barockfassade des benachbarten *Gouverneurshauses* (Nr. 11) aus dem Jahr 1721 büffeln angehende Juristen der Humboldt-Universität.

7 Staatsbibliothek zu Berlin – Haus Unter den Linden und Denkmal Friedrichs des Großen

Millionen alter Bücher bzw. Handschriften – und dazu der Alte Fritz zu Pferde, ein Meisterwerk des 19. Jh.

Unter den Linden 8, Eingang: Dorotheenstr. 27
Tel. 030/26 60
www.staatsbibliothek-berlin.de
Katalog: www.stabikat.de
Mo–Fr 9–21, Sa 10–19 Uhr
S1, S2, S25, S5, S7, S75 Friedrichstraße, U6 Friedrichstraße, Tram M1, 12, Bus 100, 147, 200, TXL

Gegenüber dem Gouverneurshaus befindet sich die Staatsbibliothek zu Berlin – Preußischer Kulturbesitz. Die Ursprünge der hochkarätigen Büchersammlung gehen auf Friedrich Wilhelm, den Großen Kurfürsten, zurück, der seine Bücherschätze ab 1659 der Öffentlichkeit zugänglich machte. Die meisten seiner Nachfolger – ausgenommen der eines größeren kulturellen Interesses eher unverdächtige Soldatenkönig – bauten die Bibliothek aus, sodass sie im 19. Jh. zu den bedeutendsten ihrer Art weltweit zählte.

Heute verteilt sich der Bestand von etwa 10 Mio. Bänden und 12 Mio. Medieneinheiten auf zwei Häuser. Während am Kulturforum [s. S. 53] die nach 1945 erschienen Publikationen einzusehen sind, werden Unter den Linden die Altbestände gehütet, darunter wertvolle Autografen wie Boccaccios ›Decamerone‹ und die größte Mozart-Sammlung der Welt.

Ab 2005 wurde das im Zweiten Weltkrieg teils zerstörte Gebäude mit barockklassizistischer Fassade und Brunnenhof saniert sowie durch Neubauten ergänzt. 2011 waren erste Büros, Magazine und Restaurierungswerkstätten fertig, 2012 folgte der neue Allgemeine Lesesaal in einem gewaltigen Glaskubus. 2013 wurde Richtfest für die wiederaufgebaute Lindenkuppel über dem Haupteingang gefeiert und mit einem weiteren Bauabschnitt begonnen, in dem bis voraus. Ende 2018 weitere Lesesäle und ein kleines Bibliotheksmuseum entstehen sollen. Vor der Staatsbibliothek steht auf dem Mittelstreifen des Boulevards, dem Lindenforum, das eindrucksvolle, 13,5 m hohe **Reiterdenkmal Friedrichs des Großen**. Christian Daniel Rauch schuf es ab 1839 im Auftrag König Friedrich Wilhelms III. Der

Gelungene Synthese alter und neuer Bauformen: das Deutsche Historische Museum

Alte Fritz erscheint im Krönungsmantel, mit Dreispitz, Krückstock und Stulpenstiefeln. Das prachtvolle Monument in seiner lebensnahen, bewegten Darstellungsweise gilt als eine der bedeutendsten monumentalen Bildhauerarbeiten des 19. Jh.

8 Humboldt-Universität

Die erste Universität in Berlin.

Unter den Linden 6
Tel. 030/209 30
www.hu-berlin.de
S1, S2, S5, S7, S25, S75 und
U6 Friedrichstraße, Tram M1, M12
Bus 100, 200, TXL

Neben der Staatsbibliothek öffnet sich der Ehrenhof der Humboldt-Universität. Vor dem imposanten Hauptgebäude links ist ihr Gründer **Wilhelm von Humboldt** (1767–1835) als Sitzfigur (1882, Paul Otto) in dynamischer Denkerpose verewigt. Der große Gelehrte und Politiker war 1809 als Leiter des Kultur- und Unterrichtswesens ins preußische Innenministerium berufen worden und veranlasste noch im selben Jahr die Gründung der *Friedrich-Wilhelm-Universität*. Ihren heutigen Namen erhielt die Hochschule erst 1949. Mittlerweile ist sie mit elf Fakultäten und über 30 000 Studierenden die zweitgrößte Universität Berlins.

9 Neue Wache

Schinkels Tempel als Gedenkstätte.

Unter den Linden 4
S1, S2, S25, S5, S7, S75 und
U6 Friedrichstraße,
Tram M1, 12, Bus 100, 200, TXL

Der wuchtige Baukörper in der klaren Formensprache antiker Architektur und mit dorischem Säulenportikus gilt als ein Hauptwerk des Klassizismus in Preußen. Karl Friedrich Schinkel erbaute die einräumige Neue Wache 1816–18 tatsächlich als Wachhaus für königliche Soldaten.

Bereits ab 1929 diente das Gebäude dem Totengedenken, seit 1993 als *Zentrale Gedenkstätte der Bundesrepublik Deutschland für die Opfer von Krieg und Gewaltherrschaft*. Im Innenraum steht unter einer kreisrunden Dachöffnung die ergreifende Skulpturengruppe ›Trauernde Mutter mit totem Sohn‹ im Mittelpunkt. Diese Pietà ist die vergrößerte Kopie einer Bronze, die Käthe Kollwitz 1937/38 geschaffen hatte.

Hinter der Neuen Wache erhebt sich das **Palais am Festungsgraben** (1751–53) mit edler klassizistischer Fassade von 1861. 1804–07 war es die Adresse des preußischen Staatsmanns Karl Freiherr vom und zum Stein, später des Finanzministeriums. Heute werden der Marmorsaal und die anderen Prunkräume für Events genutzt.

10 Deutsches Historisches Museum

2000 Jahre Geschichte, inszeniert im größten Barockbau Berlins.

Unter den Linden 2
Tel. 030/20 30 40
www.dhm.de
tgl. 10–18 Uhr
S1, S2, S25 Friedrichstraße, S5, S7, S75 Friedrichstraße und Hackescher Markt, U6 Friedrichstraße, Tram M1, M4, M5, M6, 12, Bus 100, 200, TXL

Kurz vor der Schlossbrücke befindet sich der älteste Großbau Berlins. Das gewaltige barocke Baugeviert war 1695–1731 von Johann Nering, Andreas Schlüter und Jan de Bodt als **Zeughaus** erbaut worden und beherbergte bis 1876 Waffen. Martialische Symbolik dominiert denn auch Fassadenskulpturen, Giebelfelder und Balustraden. Herausragend sind die Arbeiten Andreas Schlüters, allen voran die 22 ›Köpfe sterbender Krieger‹ im Innenhof, welche die Schrecken des Krieges eindrucksvoll heraufbeschwören.

Bereits 1828 waren Teile des Zeughauses als *Schausammlung* öffentlich zugänglich, und ab 1880 fungierte es als Ruhmeshalle der brandenburgisch-preußischen Armee. Auch später blieb die Bestimmung des Gebäudes historisch. Seit 1952 war hier das Museum für Deutsche Geschichte – aus DDR-Sicht – beheimatet. 1991 übernahm das erst 1987 gegründete Deutsche Historische Museum (DHM) den Standort. Eine erste Ausstellung war 1991 zu sehen. Schlagzeilen machte dann wieder ein von dem chinesischstämmigen US-Architekten Ieoh Ming Pei geplanter dreieckiger **Erweiterungsbau** (1998–2003) mit schneckenförmigem Glastreppenhaus. Er ist Wechsel- und Sonderausstellungen vorbehalten.

Seit 2006 ist im Hauptkomplex die Ausstellung *Deutsche Geschichte in Bildern und Zeugnissen* zu sehen. Sie zeigt über 8000 Exponate zu rund 2000 Jahren deutscher Geschichte im europäischen Kontext, teils multimedial aufbereitet und stets eindrucksvoll präsentiert. Stücke der Alltagskultur, Militaria und Kunstwerke von Skulpturen bis zu Plakaten dokumentieren diesen historischen Zeitraum. Stationen des chronologischen Spannungsbogens sind im ersten Obergeschoss der Sieg der Germanen unter Arminius (Hermann) über die Legionen Roms, Reformation, Dreißigjähriger Krieg, Absolutismus Französische Revolution, das Erwachen einer Nationalbewegung und die Gründung des Deutschen Reiches 1871. Das Erdgeschoss ist dem ›kurzen 20. Jh.‹ gewidmet, vom Ersten Weltkriegs über NS-Zeit und die Gründung der beiden deutschen Staaten bis zur Wiedervereinigung.

▶ **Audio-Feature Deutsches Historisches Museum**
QR-Code scannen [s.S.5] oder dem Link folgen:
www.adac.de/rf0836

11 Kommandantenhaus, Kronprinzenpalais und Prinzessinnenpalais

Feudale Paläste, teilweise genutzt als moderne Kultureinrichtungen.

S1, S2, S25 Friedrichstraße, S5, S7, S75 Friedrichstraße und Hackescher Markt, U6 Friedrichstraße und Französische Straße, Tram M1, M4, M5, M6, 12, Bus 100, 200, TXL

Auf der Südseite von Unter den Linden erhebt sich an der Schlossbrücke das **Kommandantenhaus** (Alte Kommandan-

So ein edler Rittersmann hatte sehr viel Eisen an – wie auch die Kleinsten im DHM sehen

tur, Unter den Linden 1). Hier residierte ab 1799 der Kommandant der Berliner Garnison. Die Bombardements des Zweiten Weltkrieges machten die 1873/74 klassizistisch modernisierte Kommandantur dem Erdboden gleich. Bis 1995 stand auf dem Grundstück dann das Außenministerium der DDR. 2001–03 wurde an seiner statt die Kommandantur originalgetreu rekonstruiert, die das mondäne Domizil der Bertelsmann AG ist. Die klassizistischen Fassaden umschließen eine moderne, lichtdurchflutete Architektur mit Wintergarten und Mediawand.

Das nahe **Kronprinzenpalais** war 1663 zunächst als Privathaus errichtet worden. Beim Umbau 1732 wurde das nun den Kronprinzen zugedachte Palais barockisiert. 1793–1840 residierte hier König Friedrich Wilhelm III. mit seiner Familie. Für Kronprinz Friedrich Wilhelm, dem als ›99-Tage-Kaiser‹ Friedrich III. nur eine historische Fußnote vergönnt war, wurde das Palais 1857 klassizistisch erneuert. 1859 kam in einem der hiesigen Gemächer sein Sohn Wilhelm II. († 1941) zur Welt, der als letzter deutscher Kaiser in die Geschichte eingehen sollte. Den Aufbruch in die Moderne markierte das Jahr 1919, als die *Berliner Nationalgalerie* im Kronprinzenpalais ein *Museum für zeitgenössische Kunst* einrichtete. Es war das erste seiner Art auf der Welt. Ab 1970 diente das Anwesen als Gästehaus der DDR-Regierung. Und am 31. August 1990 wurde hier der *Einigungsvertrag* zwischen Bundesrepublik und DDR unterzeichnet. Heute

finden im Kronprinzenpalais Events und Wechselausstellungen statt.

Ein von Schinkel errichteter Schwibbogen stellt die Verbindung zum benachbarten **Prinzessinnenpalais** (1733–37) her. Hier residierten ab 1811 die drei Töchter König Friedrich Wilhelms III., daher der Name. Ab 1931 diente das Palais dem Schinkelmuseum für Ausstellungen. Bis 2012 war hier das Operncafé ansässig, die künftige Nutzung ist zurzeit ungewiss.

12 Friedrichswerdersche Kirche – Schinkelmuseum

Die Staatlichen Museen nutzten die Schinkel-Kirche als Ausstellungsort für Skulpturen des 18. und 19. Jh.

Werderscher Markt
Tel. 030/266 42 42 42
www.smb.museum
wegen Restaurierung geschl.
U2 Hausvogteiplatz, U6 Französische Straße

Am Werderschen Markt wurde 1824–30 die backsteinrote Friedrichswerdersche Kirche in neogotischem Stil nach Plänen von *Karl Friedrich Schinkel* errichtet. In der Gestaltung des Außenbaus folgte Preußens größter Baumeister der englischen Spätgotik, das Innere wiederum zeigt Züge deutscher Hochgotik. Die Kirche, die bis auf Weiteres wegen Restaurierung

Nur eine Spiegelung – die neogotische Friedrichswerdersche Kirche ist einmalig in Berlin

Ruth Berghaus' Inszenierung des ›Barbier von Sevilla‹ lockt seit 1968 Besucher in die Staatsoper

geschlossen ist, bildete den idealen Rahmen für eine Dokumentation zu Leben und Werk Schinkels und für Skulpturen des 18./19. Jh., Glanzstück der Sammlung aus dem Bestand der Staatlichen Museen zu Berlin ist der Originalgips der berühmten *Prinzessinnengruppe* (1795–97) des Johann Gottfried Schadow. Das beschwingte Doppelstandbild zeigt Friederike von Mecklenburg-Strelitz mit ihrer Schwester Luise, der späteren Königin von Preußen. Die Marmorfassung des Werkes kann man übrigens in der Alten Nationalgalerie [s. S. 40] bewundern.

13 Staatsoper Unter den Linden

Hier sang schon Enrico Caruso.
Unter den Linden 7
Tel. 030/20 35 45 55 (Tickets)
Tel. 030/20 35 44 38 (Führungen)
www.staatsoper-berlin.de
www.staatsballett-berlin.de
wegen Restaurierung bis voraus.
Herbst 2017 geschl. Spielstätte während der Bauarbeiten: Schiller Theater, Bismarckstr. 110 (Charlottenburg)
S1, S2, S25, S5, S7, S75 Friedrichstraße, U6 Friedrichstraße und Französische Straße, Tram M1, 12, Bus 100, 200, TXL

Die Königliche Hofoper, heute Staatsoper, wurde 1741–43 unter der Leitung des Architekten Georg Wenzeslaus von Knobelsdorff im klassizistischen Stil errichtet. Sie war das erste große Bauprojekt Friedrichs des Großen im Zusammenhang mit dem Forum Fridericianum [s. S. 32]. Schon vor der Fertigstellung des Theaters wurde hier 1742 die erste Oper aufgeführt.

Die in der Staatsoper tätige **Staatskapelle Berlin** geht in ihren Ursprüngen auf das 15. Jh. zurück und ist damit eines der ältesten Orchester der Welt. Zu den bedeutendsten *Uraufführungen* der Lindenoper gehören ›Die lustigen Weiber von Windsor‹ (1849, Otto Nicolai), ›Wozzeck‹ (1925, Alban Berg) und ›Peer Gynt‹ (1938, Werner Egk). Internationalen Ruhm verdankte das Haus auch Dirigenten wie Giacomo Meyerbeer, Richard Strauss und Otto Klemperer. Einer der berühmtesten Sänger auf dieser Bühne war der italienische Tenor Enrico Caruso (1873–1921).

Vom Opernhaus der Anfangszeit ist heute nicht mehr viel erhalten. Nach einem Brand 1843 baute Carl Ferdinand Langhans das Gebäude mit spätklassizistisch verändertem Inneren wieder auf. 1926–28 kamen eine Drehbühne sowie Unter- und Seitenbühnen hinzu. Im Zweiten Weltkrieg wurde das Opernhaus gleich zwei Mal zerstört. Der letzte Wiederaufbau erfolgte 1955, eine große Restaurierung ist zurzeit im Gange.

Seit der Wiedervereinigung gilt die Staatsoper wieder als eines der besten

Musiktheater der Welt. *Daniel Barenboim* (*1942) wirkt in Personalunion als Generalmusikdirektor und Chefdirigent auf Lebenszeit. Die Staatsoper ist eine von drei festen Spielstätten des Staatsballetts, seit 2014 unter Nacho Duato – neben der Deutschen Oper und der Komischen Oper.

14 Bebelplatz

Einer der schönsten Plätze Berlins mit edlen Palais der Ära zwischen Barock und Klassizismus.

U6 Französische Straße,
U2 Hausvogteiplatz, Tram M1, 12,
Bus 100, 200, TXL

Unmittelbar neben der Staatsoper weitet sich das von Georg Wenzeslaus von Knobelsdorff konzipierte **Forum Fridericianum**. Der Platz ist seit 1947 nach August Bebel (1840–1913) benannt, einem der Gründungsväter der SPD.

Hier wollte Friedrich der Große ›seinem‹ Berlin ein neues Zentrum geben, hier sollte ein Residenzschloss entstehen, das sich mit Versailles messen konnte. Das 1740 begonnene Großprojekt kam zwar nicht zur Ausführung, weil sich die Interessen Friedrichs II. nach Potsdam verlagerten, doch selbst die als kleine

Lösung verwirklichte Anlage fand den Beifall der Zeitgenossen.

Das **Alte Palais** (auch Kaiser-Wilhelm-Palais) vis-à-vis der Staatsoper entstand 1834–37 als Stadtpalast des Kronprinzen und späteren Kaisers Wilhelm I. In ihm führte Carl Ferdinand Langhans einen streng klassizistischen Bau auf, der durch säulengezierte Vorhalle mit Balkon, Pergola und das terrakottageschmückte Mezzanin sein besonderes Gepräge erhielt. Bis zu seinem Tod im Jahr 1888 residierte der Kaiser im Alten Palais, von hier aus beobachtete er das turbulente Leben Unter den Linden. Heute nutzt die Humboldt-Universität den Bau.

Auch die benachbarte **Alte Bibliothek** ist Teil der Universität. Sie wurde 1661 als Büchersammlung angelegt und ab 1701 als *Königliche Bibliothek* ausgebaut. 1775–80 gestaltete Georg Christian Unger den hochbarocken Neubau, wobei er sich an Plänen von Joseph Emanuel Fischer von Erlach für die Wiener Hofburg orientierte. Das Gebäude wird seiner abwechselnd konkav und konvex geschwungenen Fassade wegen im Volksmund augenzwinkernd Kommode genannt. 1914 erfolgte der Umzug der Büchersammlung ins Stammhaus Unter den Linden, wo sich auch die Wandlung zur Staatsbibliothek [Nr. 7] vollzog. Die im Krieg zerstörte

Der schönste Platz Berlins: Gendarmenmarkt mit Deutschem Dom (li.) und Konzerthaus (re.)

›Kommode‹ wurde 1967–69 rekonstruiert und entzückt das Auge nach wie vor mit ihrem üppigem Wiener Charme.

Zwischen Alter Bibliothek und Staatsoper rotteten sich am 10. Mai 1933 Zehntausende Studenten und andere Anhänger der Nationalsozialisten zusammen, um etwa 20 000 Bücher ›undeutscher‹ Autoren zu verbrennen. Seit 1995 erinnert das **Denkmal Versunkene Bibliothek** von Micha Ullmann an dieses Ereignis. Durch eine Glasplatte im Pflaster blickt man in einen 5 m tiefen, weißen Raum mit leeren Bücherregalen. Auf einer Gedenkplatte sind die Worte Heinrich Heines zu lesen: »Das war ein Vorspiel nur. Dort, wo man Bücher verbrennt, verbrennt man am Ende auch Menschen.«

Im Süden des Bebelplatzes erhebt sich die 1747–73 errichtete **St.-Hedwigs-Kathedrale** (Tel. 030/203 48 10, www.hedwigskathedrale.de, Mo–Mi, Fr/Sa 10–17, Do 11–17, So/Fei 13–17 Uhr), ein breit überkuppelter Rundbau mit Tempelfront. Die Skizzen zur Kirche stammen von Friedrich II., die Pläne zeichnete Georg Wenzeslaus von Knobelsdorff. Die St.-Hedwigs-Kathedrale ist die erste katholische Kirche Berlins und der Schutzpatronin Schlesiens geweiht. Friedrich der Große hatte das katholische Schlesien im Zweiten Schlesischen Krieg 1745 erobert. Die bald 10 000 Mitglieder zählende katholische Gemeinde Berlins erhielt vom König eine Kirche. St. Hedwig wurde 1930 Bischofssitz, seit 1994 ist sie Sitz des Erzbistums Berlin.

Im opulenten Neorenaissancebau nebenan genießen die Gäste des noblen *Hotel de Rome* (Behrenstr. 37, Tel. 030/460 60 90, www.roccofortehotels.de) den herrlichen Ausblick auf den Bebelplatz. Glanzpunkte im Inneren des Hauses sind der glasüberwölbte Ballsaal und der Keller mit dem 25-m-Pool. Letzterer befindet sich in einem ehemaligen Tresorraum, denn das repräsentative Gebäude war 1896 für die Dresdner Bank errichtet worden.

15 Gendarmenmarkt

Eine wahre Augenweide ist dieser Platz mit den Highlights Konzerthaus, Französischer Dom und Deutscher Dom.

U2 und U6 Stadtmitte, U6 Französische Straße, Bus 147

Der weitläufige Gendarmenmarkt entstand ab 1688 nach Plänen von *Johann Arnold Nering*. Der Name des Platzes erinnert daran, dass hier 1736–82 das damals berühmte preußische Reiterregiment *Gens d'Armes* Kasernen und Stallungen unterhielt. Sein vornehmes Flair erwarb der Gendarmenmarkt vor allem durch die großen Bauprojekte des 18./19. Jh. Die Rekonstruktion der im Krieg zerstörten Prachtbauten wurde erst in den 1990er-Jahren abgeschlossen.

Platzbeherrschend sind der Französische und der Deutsche Dom. Es sind keine Bischofssitze, die Bezeichnung Dom bezieht sich vielmehr auf die **Kuppeltürme**, die Friedrich der Große 1780–85 auf bereits vorhandene Bauten aufsetzen ließ. Als Vorbilder dienten die Bauten der Piazza del Popolo in Rom.

An der Nordseite überragt der **Französische Dom** die *Französische Friedrichstadtkirche* (Tel. 030/20 64 99 23, www.franzoesischer-dom.de, Di–So 12–17, Di–Fr 12.30 Uhr je 20-minütige Orgelandacht). Der Bau war bereits 1701–05 als Kirche für eingewanderte Hugenotten errichtet worden. Heute informiert das **Berliner Hugenottenmuseum** (Tel. 030/892 81 56, Di–Sa 12–17, So 11–17 Uhr) mit Büchern, Bildern und Dokumenten über die Geschichte der französischen Glaubensflüchtlinge. Eine eigentliche Kirche gibt es auch noch. Sie ist ein ernster Rundbau und rückwärtig baulich mit dem Kuppelgebäude des Doms verbunden.

Vom 70 m hohen **Turm** des Französischen Doms erklingt täglich (10–18 Uhr, jew. zur vollen Stunde) das 60-teilige Glockenspiel. Einen schönen Blick über den Gendarmenmarkt und die ganze Innenstadt bietet sich von der Aussichtsplattform (im Sommer tgl. 10–19, im Winter tgl. 10.30–18.30 Uhr). Bekrönt wird die Kuppel von der Skulptur ›Triumphierende Religion‹.

An der Südseite des Gendarmenmarktes krönt der 1780–85 erbaute Kuppelturm des **Deutschen Doms** die frühere *Deutsche Kirche* (1701–08). Seine Spitze ziert die Skulptur ›Siegende Tugend‹. Im Innern ist die Ausstellung *Wege, Irrwege, Umwege* (Tel. 030/22 73 04 31, Mai–Sept. Di–So 10–19, Okt.–April Di–So 10–18 Uhr) unter der Ägide des Deutschen Bundestages zu sehen. Sie zeichnet die Entwicklung der parlamentarischen Demokratie in Deutschland nach.

Zwischen beiden Domen erhebt sich Schinkels klassizistisches *Schauspielhaus* (1818–21). Es folgte auf das Nationaltheater von Carl Gotthard Langhans, das 1817 abbrannte. Als **Konzerthaus Berlin** (Ticket-Tel. 030/203 09 21 01, www.konzert-

haus.de, mitunter Führungen beim Besucherservice im Nordflügel, Mo–Sa 12–19, So 12–16 Uhr) ist das Schinkeltheater heute Spielstätte des renommierten Konzerthausorchesters Berlin und beeindruckt jährlich sein Publikum mit über 500 Veranstaltungen.

Vor der Tempelfront des Konzerthauses steht das **Schillerdenkmal** (1864–69) von Reinhold Begas. Es zeigt Friedrich Schiller (1759–1805) als jungen Denker, ihm zu Füßen ausdrucksstarke allegorische Frauenfiguren von Lyrik, Tragödie, Geschichte und Philosophie.

Zum Ende des Jahres findet auf dem Platz einer der schönsten Weihnachtsmärkte statt.

16 Friedrichstraße

Elegante Einkaufspassagen flankieren die legendäre Flaniermeile.

S1, S2, S5, S7, S25, S75 Friedrichstraße,
U6 Oranienburger Tor, Friedrichstraße, Französische Straße,
U2 und U6 Stadtmitte,
Tram M1, 12, Bus 100, 147, 200, TXL

Die Friedrichstraße führt schnurgerade in Nord-Süd-Richtung vom Oranienburger Tor in Berlin-Mitte bis zum Mehringplatz in Kreuzberg und kreuzt dabei etwa auf halbem Weg rechtwinklig Unter den Linden. Kaufhäuser, Edeldesigner und bekannte Theater sind an dieser berühmten Flaniermeile versammelt.

Brandenburgs Kurfürst Friedrich III. (der spätere König Friedrich I. in Preußen) ließ die Straße und die sie umgebenden Viertel Ende des 17. Jh. anlegen. Um 1830 gewann sie mit dem Bahnhof Friedrichstraße für Fern- und Stadtbahn auch große Bedeutung als Verkehrsknotenpunkt. Den legendären Ruf erlangte die Friedrichstraße um 1900, als sie zugleich pulsierende Verkehrsader, geschäftige Flaniermeile und schillernder Vergnügungsboulevard war. Dem großstädtischen Treiben machte der Zweite Weltkrieg ein Ende, die Friedrichstraße versank in Schutt und Asche. Erst in den Jahren nach der Jahrtausendwende avancierte die Straße wieder zu einer belebten Einkaufsmeile, die den Vergleich mit den ersten Adressen der Welt nicht scheuen muss.

Beginnt man den Spaziergang über die Friedrichstraße im Norden unweit der U-Bahnstation Oranienburger Tor, bemerkt man als erstes das Revuetheater

Verführerisch glitzernde Warenwelt im Shoppingparadies der Galeries Lafayette

Friedrichstadt-Palast (Friedrichstr. 107, s. S. 76 und 175) von 1984 mit einer – für eine Plattenkonstruktion – erstaunlich modellierten Fassade. Etwas weiter rechts blickt man auf das Theater am Schiffbauerdamm, das Brechtsche **Berliner Ensemble** [Nr. 68]. Über die Weidendammerbrücke geht es nun über die Spree, vorbei an den Ablegestellen der Ausflugsboote. Linker Hand erhebt sich bald darauf der **Admiralspalast** (Friedrichstr. 101, Tel. 030/22 50 70 00, www.admiralspalast.de) mit strahlender Fassade und schönem Innenhof. Der Palast war 1911 als Vergnügungstempel mit Soleheilbad eröffnet worden. Im prunkvollen Theater tritt heute das *Kabarett Distel* [s. S. 175] auf.

Ein paar Meter weiter umweht den **Bahnhof Friedrichstraße** der Hauch der Geschichte. Immerhin fungierte er nach dem Mauerbau 1961 als alleinige Verbindung für Fern-, S- und U-Bahn zwischen beiden Teilen der Stadt. Die kurz nach dem Mauerbau errichtete Grenzabfertigungshalle mit großer Glasfront, an dem sich West-Berliner nach dem Besuch im Osten von ihren Verwandten verabschieden mussten, trägt nicht von ungefähr den Beinamen **Tränenpalast**. Heute befindet sich in dem vor einigen Jahren umfassend restaurierten Gebäude die kostenlos zugängliche Ausstellung *GrenzErfahrungen*.

Alltag der deutschen Teilung (Di–Fr 9–19, Sa/So 10–18 Uhr).

Jenseits der Bahngleise ragt das aus DDR-Zeiten stammende **Internationale Handelszentrum** (1978) empor. Vorbei am *KulturKaufhaus Dussmann*, eine bekannte Berliner Buchhandlung, geht es weiter zu einem weiteren DDR-Prestigebau, dem *Maritim proArte Hotel* (Friedrichstr. 151), das 1977 als *Metropol* eröffnet wurde.

Vor allem südlich der Linden sprüht die Friedrichstraße vor Eleganz. Hier tragen die **Quartiere**, luxuriöse Büro- und Geschäftsblocks mit Cafés, Restaurants, Einkaufspassagen und Edelboutiquen, allesamt die Handschrift von Starchitekten aus der ganzen Welt – mit Stilzitaten von Art Déco über Bauhaus bis Postmoderne. Hohes Renommee genießen zum Beispiel die **Friedrichstadt-Passagen**, die gleich drei dieser Quartiere miteinander verbinden. Der größte Besuchermagnet hier sind die **Galeries Lafayette**, die einzige Dependance des berühmten Pariser Luxuskaufhauses in Deutschland. Hinter gleißenden Glasfassaden, die nach Plänen *Jean Nouvels* entstanden, öffnet sich ein exquisites Innenleben, geradezu eine Bühne für Feinkost, kostspielige Mode, Accessoires und Kosmetik mit dem legendären französischem Touch [s. S. 165].

Lustgarten, Museumsinsel und Schlossplatz – preußische Prachtbauten und weltberühmte Museen

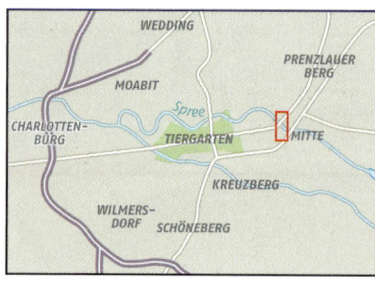

Vom Boulevard Unter den Linden führt der Weg über die Schlossbrücke in einen der ältesten Teile der Stadt. Das historische Berlin repräsentieren hier der **Lustgarten**, der **Berliner Dom** und die **Museumsinsel**. Von der Büste der Nofretete über den antiken Pergamonaltar und mittelalterliche Skulpturen bis zum Farbenrausch der Impressionisten reicht der Bogen der hier gezeigten Kunstschätze.

Den südlich des Lustgartens gelegenen **Schlossplatz** beherrschte einst das Berliner Stadtschloss. Was der Zweite Weltkrieg von ihm übrig ließ, wurde 1950 gesprengt. Auf einem Teil des Areals errichtete die DDR in den 1970er-Jahren den *Palast der Republik* als Parlamentsgebäude. Seit 2013 wird hier das Stadtschloss in Teilen rekonstruiert, um zukünftig als **Humboldt Forum** die außereuropäischen Sammlungen der Dahlemer Museen sowie die wissenschaftliche Sammlung der Humboldt-Universität aufzunehmen. Hier sollen zu wichtigen Themen die unterschiedlichen Kulturen der Welt in einen Dialog treten und so im Sinne der Brüder Humboldt vorurteilsfreier Wissenschaft ein Zentrum gegeben werden.

17 Lustgarten

Die Grünanlage vor dem Alten Museum war einst Küchengarten, dann Aufmarschplatz.

S1, S2, S25 Friedrichstraße, S5, S7, S75 Friedrichstraße und Hackescher Markt, U6 Friedrichstraße, Tram M1, M4, M5, M6, 12, Bus 100, 200, TXL

An der **Schlossbrücke** (1821–24) endet die Straße Unter den Linden. Die marmornen Skulpturengruppen am Geländer entstanden wie die Brücke selbst nach den Plänen Karl Friedrich Schinkels 1845–47. Die dargestellten Figuren entstammen der griechischen Mythologie.

Überquert man die Brücke Richtung Osten, öffnet sich links zwischen Altem Museum und Berliner Dom der rasengrüne Lustgarten. Sein Ursprung war ein 1573 angelegter Küchengarten der Hohenzollern. In ihm wurde 1649 erstmals in Preußen die Kartoffel, eine bis dato unbekannte Frucht aus Übersee, angepflanzt.

Himmelsstürmer – Berliner Dom (li.) am Lustgarten und Fernsehturm am Alex (re.)

Später wurde daraus ein Ziergarten, in dem es sich herrlich lustwandeln ließ.

Der damals entstandene Name ›Lustgarten‹ blieb, auch als Friedrich Wilhelm I., der Soldatenkönig, hier exerzieren ließ. Nazis und Kommunisten nutzten den Platz später ebenfalls für Aufmärsche und Kundgebungen. Heute dient die beliebte Grünanlage ganz zivil der Erholung im Bannkreis des Alten Museums [s. S. 39].

18 Berliner Dom

Zentralbau mit spektakulärer Kuppel, Grablege der Hohenzollern.

Am Lustgarten
Tel. 030/20 26 91 36 (Konzertkasse)
www.berlinerdom.de
April–Okt. tgl. 9–20, Nov.–März
tgl. 9–19 Uhr
S1, S2, S25 Friedrichstraße,
S5, S7, S75 Friedrichstraße und
Hackescher Markt, U6 Friedrichstraße, Tram M1, M4, M5, M6, 12,
Bus 100, 200, TXL

An der Ostseite des Lustgartens erhebt sich der Berliner Dom (1894–1905, Julius Raschdorff), den eine mächtige, fast 75 m hohe **Kuppel** krönt. Der achteckige Zentralbau mit den vier Ecktürmen zeigt deutliche Anklänge an die Peterskirche in Rom, wobei Stilmittel der Hochrenaissance und des Barock aufgeboten wurden. Wie seine Vorgängerbauten diente er als Grablege der Hohenzollern.

Die Predigtkirche ist reich mit Skulpturen und Reliefs ausgestattet. Die Kuppel ziert innen ein Mosaik. Im erhöhten Chor prangt ein Marmoraltar von Friedrich August Stülers, die opulent vergoldeten Chorschranken entstanden nach Entwürfen von Friedrich Karl Schinkel. Sehenswert sind auch der Taufstein (Christian Daniel Rauch) und die mit Schnitzwerk verzierte Kanzel. Die Orgel ist ein Meisterwerk Wilhelm Sauers und erklingt oft auch bei Konzerten [s. S. 173].

Im Südosten des Hauptraumes flankieren zwei Prunksarkophage von Andreas Schlüter den Eingang zur Tauf- und Traukirche. 94 weitere Grabstätten, vom 16.–20. Jh., finden sich darunter in der **Hohenzollerngruft**, teils anrührend kleine Kindersärge, teils prächtig gestaltete Grabanlagen. Hier ruhen zum Beispiel der Große Kurfürst, König Friedrich I. und Kaiser Friedrich III.

Sehr lohnend, wenn auch nicht ganz einfach, ist der Aufstieg (267 Stufen) zum

Triumph altersloser Schönheit – die Königin Nofretete hält Hof im Neuen Museum

äußeren **Kuppelumgang** (bei schlechtem Wetter geschlossen, dann Aussicht durch die Fenster des inneren Kuppelumgangs). Oben bietet sich unter den Engelfiguren in 50 m Höhe ein herrliches Stadtpanorama, über Schlossplatz und Museumsinsel hinaus bis weit jenseits von Reichstag und Fernsehturm.

▶ **Audio-Feature Berliner Dom**
QR-Code scannen [s.S.5] oder dem Link folgen: www.adac.de/rf0835

Spree (li.) und Kupfergraben umfließen das Bode-Museum an der Spitze der Museumsinsel

19 Museumsinsel

TOP TIPP *Hier ist die Bezeichnung Weltkulturerbe wirklich wörtlich zu nehmen.*

Tel. 030/266 42 42 42
www.smb.museum
www.museumsinsel-berlin.de
S1, S2, S25 Friedrichstraße, S5, S7, S75 Friedrichstraße und Hackescher Markt, U6 Friedrichstraße, Tram M1, M4, M5, M6, 12, Bus 100, 200, TXL

Die ägyptische Königin Nofretete und der Pergamonaltar, griechische und römische Statuen, byzantinische Ikonen, Meisterwerke französischer Impressionisten und deutscher Romantiker – kaum eine Epoche der Kunstgeschichte vor der Moderne fehlt in den Sammlungen der weltberühmten Museumsinsel. Passenderweise gehört sie seit Dezember 1999 in ihrer Gesamtheit – Altes Museum, Neues Museum, Alte Nationalgalerie, Pergamonmuseum, Bode-Museum, Monbijoubrücke, Stadtbahnviadukt und Granitschale – zum UNESCO-Weltkulturerbe.

Die Anfänge dieser Erfolgsgeschichte waren freilich noch recht bescheiden: 1810 gab König Friedrich Wilhelm III. bei Wilhelm von Humboldt eine ›öffentliche, gut gewählte Kunstsammlung‹ in Auftrag. Zwar konnte wegen Kriegswirren erst 1825 mit dem Bau des dafür vorgesehenen Alten Museums begonnen werden, doch die Eröffnung 1830 war ein großer Erfolg. Jedenfalls verfügte Friedrich Wilhelm IV. 1841, ›die ganze Spree-

insel hinter dem Museum zu einer Freistätte für Kunst und Wissenschaft umzuschaffen‹. Der Wunsch des Königs wurde großzügig umgesetzt: Immerhin konkurrierte man damals mit München, Paris und London. So entstand zunächst 1843 –55 das Neue Museum. 1866 wurde mit dem Bau der Alten Nationalgalerie begonnen, 1901 eröffnete das Pergamonmuseum. Es war eigens für den Pergamonaltar errichtet worden, dessen Entdeckung 1879 als nationales Großereignis gefeiert worden war. Das Bode-Museum an der Inselspitze kam als Fünftes im musealen Bunde 1904 dazu.

Die Luftangriffe und Straßenkämpfe des Zweiten Weltkriegs und Plünderungen beschädigten Gebäude, Kunstwerke und Sammlungen erheblich. Mit der Wiedervereinigung beider deutscher Staaten kam auch hier wieder vieles zusammen, was ursprünglich zusammengehörte. Im Zuge dieser historischen Chance wird die Museumsinsel seit 1990 umfassend saniert. Die Gebäude werden umgebaut und die Sammlungen entlang einer modern konzipierten *Archäologischen Promenade* neu geordnet. Voraussichtlich 2026 sollen die Arbeiten abgeschlossen sein.

Altes Museum

Di/Mi und Fr–So 10–18, Do 10–20 Uhr

Außen präsentiert sich dieser Bau von Karl Friedrich Schinkel im Stil eines lang gestreckten griechischen Tempels mit 18 ionischen Säulen entlang der Vorhalle. Innen begeistert die dem Pantheon in Rom nachempfundene Rotunde mit Skulpturen antiker Götter, meist römische Kopien griechischer Originale.

Die griechischen Schätze der **Antikensammlung** sind dahinter in einer Neupräsentation zu bewundern. Eines der schönsten Stücke ist der sog. Betende Knabe (um 300 v. Chr.) aus Rhodos. Seine zum Himmel gereckten Arme wurden allerdings erst nach seiner Entdeckung angefügt – die ursprüngliche Haltung wird in der Wissenschaft kontrovers diskutiert.

Das Obergeschoss (ab 11 Uhr) widmet sich der römischen und etruskischen Kunst, das Erdgeschoss gehört den Griechen.

Neues Museum

Fr–Mi 10–18, Do 10–20 Uhr

Das architektonisch spektakuläre Neue Museum ist geprägt von zwei Architek-

ten. Friedrich August Stüler ließ 1843–55 das erste, schlichte Gebäude errichten. 2003–09 erneuerte es der britische Architekt *David Chipperfield* kongenial, indem er zerstörte Bauteile durch nüchtern-moderne Formen ersetzte. Deshalb präsentiert sich die berühmte Treppenhalle bis auf ausgewählte Wandfriese recht kahl. Das Nebeneinander von Alt und Neu bietet dem Betrachter neue Perspektiven und vermeidet einen allzu gefälligen Umgang mit dem widersprüchlichen geschichtlichen Erbe.

Neben ansprechenden Wechselausstellungen zeigen hier zwei Museen dauerhaft ihre Schätze. Publikumsmagnet und Aushängeschild des Ägyptischen Museums ist die farbig gefasste Kalksteinbüste der **Königin Nofretete** (um 1340 v. Chr.). Sie wurde 1911 bei einer deutschen Grabungsexpedition im mittelägyptischen Tell el- Amarna gefunden. Ebenfalls von hier und aus derselben Zeit stammt der Stuckkopf von Nofretetes Gemahl, König Echnaton. Weitere hochkarätige Exponate bringen Besuchern die frühen Hochkulturen im Land am Nil näher. So ist beispielsweise der nach seiner Gesteinsfarbe benannte *Berliner Grüne Kopf* (500 v. Chr.) ein Meisterwerk der ägyptischen Spätzeit.

Das Museum für Vor- und Frühgeschichte dokumentiert prähistorische Kulturen Europas und Vorderasiens. Ex-

Die Rotunde des Alten Museums hat das römische Pantheon zum Vorbild

ponate aus der Antike und dem Mittelalter vervollständigen das Bild. Glanzpunkte sind Heinrich Schliemanns *Schatz des Priamos* (1873 entdeckt, Originale heute in Moskau) aus dem antiken Troja und bronzezeitliche Goldfunde wie der gut 74 cm hohe *Berliner Goldhut* (1000–800 v. Chr.), ein geheimnisvolles Kultobjekt, dessen Ornamentik vermutlich astronomische Kalenderfunktionen erfüllte.

Alte Nationalgalerie
Di/Mi und Fr–So 10–18, Do 10–20 Uhr

Äußerlich ist die Nationalgalerie einem korinthischen Tempel nachempfunden, jedoch zusätzlich mit doppelläufiger Freitreppe und einem bronzenen Reiterstandbild König Friedrich Wilhelms IV. (Alexander Calandrelli 1866) über dem Eingangsportal. 1876 eröffnet, zeigte das Museum Gegenwartskunst – also wie heute vor allem Malerei des 19. Jh.

In den edel gestalteten Ausstellungsräumen sind Meisterwerke der Romantik zu sehen, Bilder von Caspar David Friedrich etwa oder Eugène Delacroix. Auch die dem Realismus verpflichteten Malerkollegen Gustave Courbet und Adolph von Menzel sind vertreten. Publikumsmagneten aber sind die großen Impressionisten Edouard Manet, Claude Monet, Auguste Renoir, Edgar Degas, Paul Cézanne. Auch Gemälde von Max Liebermann und Max Beckmann erfreuen das Auge.

Pergamonmuseum
Fr–Mi 10–18, Do 10–20 Uhr, bis vorauss. 2026 nur eingeschränkt zugänglich

Kurz nach der Eröffnung 1901 wurde das Pergamonmuseum im Zentrum der Museumsinsel 1910–30 größer und repräsentativer in neoklassizistischem Stil neu erbaut. Seit Jahren wird das Haus restauriert. Einige Arbeiten werden bei laufendem oder eingeschränktem Betrieb erledigt, andere erfordern die Schließung von Teilbereichen. Infos zum Besuch während der Baumaßnahmen gibt es auf der Website der Staatlichen Museen zu Berlin.

Das aus drei Sammlungen bestehende Pergamonmuseum ist mit 1 Mio. Besuchern im Jahr das beliebteste Museum Berlins. Das Highlight des Museums ist durch die Restaurierungsarbeiten bis voraussichtlich 2019 nicht mehr zugänglich: der **Pergamonaltar** (2. Jh. v. Chr.), ein Meisterwerk des Hellenismus. Seine Marmorplatten sind mit Kampfszenen zwischen Göttern und Giganten reliefiert. Die dramatische Komposition mit heftig bewegten, gleichwohl eleganten Figuren ist

Das gewaltige Markttor von Milet (ca. 165 v. Chr.) im Pergamonmuseum

Bode-Museum – voll Würde reitet der Große Kurfürst gleichsam über sein Publikum hinweg

spannend wie ein Krimi. Der deutsche Ingenieur Carl Humann hatte das gewaltige Tempelmonument 1878–86 auf der Akropolis der heute türkischen Stadt Bergama gefunden.

Attraktionen der Antikensammlung sind das römische *Markttor von Milet* aus der Zeit um 165 v. Chr. Im Vorderasiatische Museum überwältigen farbenfrohe babylonische Prachtbauten wie das *Ischtar-Tor* sowie die Prozessionsstraße und Fassade von Nebukadnezars Thronsaal (7./6. Jh. v. Chr.). Reich dekorierte Bauteile des Wüstenschlosses *Mschatta* (8. Jh.) aus Jordanien repräsentieren zusammen mit zahlreichen weiteren Exponaten das Museum für Islamische Kunst.

Bode-Museum

Di/Mi und Fr–So 10–18, Do 10–20 Uhr

Der markant gerundete Neobarockbau des Bode-Museums (1897–1904) nimmt die Spitze der Museumsinsel ein. Den großen Kuppelsaal des Foyers beherrscht Andreas Schlüters *Reiterstandbild des Großen Kurfürsten* (Original, s. S. 124). Von hier gelangt man in die historischen Säle, darunter auch ein Nachbau der *Basilica San Francesco al Monte* von Florenz, ausgestattet mit italienischer Sakralkunst. Die benachbarten Säle bergen Schätze der Skulpturensammlung und des Museums für Byzantinische Kunst vom Frühmittelalter bis zum späten 18. Jh. Ein byzantinisches Glanzstück ist das Apsismosaik (um 545) aus *San Michele in Africisco* von Ravenna. Die *Dangolsheimer Muttergottes* (1473) des Nikolaus Gerhaert von Leyden fasziniert durch Lockenfülle und ein verspieltes Christkind. Faszinierendes bieten auch italienische Bildhauer wie Giovanni Pisano, Donatello, Verrocchio, Giambologna, Bernini und Antonio Canova. Lebensnahe Bildnisbüsten stammen von Desiderio da Settignano, Francesco Laurana und Mino da Fiesole. Die *Gröninger Empore*, einzige erhaltene Großplastik der Romanik in Deutschland, bildet den Rahmen für die Sammlung mittelalterlicher Kunst. Hier beeindruckt Tilmann Riemenschneiders *Heiliger Georg mit dem Drachen* (1490/95). Von barockem Temperament kündet Ignaz Günthers *Maria Immaculata*. Im Münzkabinett veranschaulichen griechische Drachmen, römische Dukaten und deutsche Taler fast 3000 Jahre Geldgeschichte.

Am Schlossplatz stimmt die futuristische Humboldt-Box auf das Humboldt Forum ein

20 Schlossplatz

Hinter der zu rekonstruierenden Fassade des Stadtschlosses soll ein modernes Wissensforum entstehen.

S1, S2, S25 Friedrichstraße, S5, S7, S75 Friedrichstraße und Hackescher Markt, U6 Friedrichstraße, Tram M1, M4, M5, M6, 12, Bus 100, 200, TXL

Zum städtebaulichen Zankapfel avancierte vor Jahren die Fläche südlich des Museumsareals und der Schlossbrücke. Hier stand einst das **Berliner Stadtschloss**, das von einer ersten Burg im Jahr 1443 bis zur monumentalen kuppelbekrönten Barockresidenz des ausklingenden 19. Jh. viele Metamorphosen erlebt hatte. Die kriegsmaroden Überreste des Schlosses ließ SED-Chef Walter Ulbricht 1950 sprengen, weil er es als Symbol des preußischen Militarismus verstand. In den Jahren 1973–76 entstand stattdessen an der Nordflanke des Schlossplatzes der *Palast der Republik*, in dem die Volkskammer der DDR tagte. 2006–08 wurde dieser Bau ungeachtet laufender Diskussionen abgerissen.

2013 wurde schließlich mit dem Bau des **Humboldt Forums** (www.humboldt-forum.de) begonnen, Ende 2014 wurde der Rohbau des Großprojektes fertiggestellt. Die Entwürfe des Architekten *Francesco Stella* umfassen die Rekonstruktion der barocken Fassaden und der Kuppel des Berliner Stadtschlosses. Im Inneren werden die Dahlemer Museen, das Ethnologische Museum und das Museum für Asiatische Kunst, ein modernes, der Welt zugewandtes Zuhause finden. Auch die Humboldt-Universität wird hier mit Einrichtungen und Instituten präsent sein. Eine multimediale Ausstellung soll die Berliner Stadtgeschichte erfahrbar machen.

Über den Stand der Dinge sowie die künftige Nutzung des Forums informiert direkt am Schlossplatz die markante, bunt schimmernde **Humboldt-Box** (Tel. 0180/503 07 07, tgl. 10–19 Uhr). Sie bietet einen Shop, Ausstellungen mit multimedialen Installationen und von den Aussichtsterrassen neben dem Restaurant im 5. Stock einen schönen Ausblick über die Berliner Innenstadt.

Richtung Süden wird intensiv am Bau einer neuen U-Bahn-Strecke gearbeitet, die ab 2020 das im Linienverlauf der U5 noch fehlende Stück zwischen Alexanderplatz und Brandenburger Tor schließen wird.

Auf dem Schlossplatz sollte das ›Freiheits- und Einheitsdenkmal‹ an die friedliche Revolution 1989 in der DDR und an die Deutsche Einheit erinnern. Der Entwurf der Stuttgarter Agentur Milla und der Berliner Choreographin *Sasha Waltz* sah eine nach oben gebogene, begehbare Waagschale vor. Die Pläne für das Denkmal wurden im April 2016 aus Kostengründen gekippt – was oder wer nun zukünftig den symbolträchtigen Sockel des Kaiser-Wilhelm-Denkmals schmücken soll, ist noch unklar.

Am Südrand des Schlossplatzes erhebt sich das lang gestreckte frühere **DDR-Staatsratsgebäude** (1962–64) der Architekten Roland Korn und Hans Erich Bogatzky. In den sachlich-nüchternen Bau ist das dreigeschossige *Lustgartenportal* (1710) des Berliner Stadtschlosses integriert. Grund dafür ist, dass vom Balkon über dem Portal, der ebenfalls erhalten ist, am 9. November 1918 Karl Liebknecht die Sozialistische Republik ausrief. Es entbehrt nicht einer gewissen Ironie, dass heute die *European School of Management and Technology* das Gebäude nutzt und auch nach der Rekonstruktion des Schlosses sich der Balkon im Original und in Kopie gegenüberstehen werden.

21 Breite Straße

Die alte Hauptstraße Berlins ist heute ein Ort des Lesens und Musizierens.

U2 Spittelmarkt,
Bus M48, 147, 248

Die Breite Straße, die vom Schlossplatz aus südwärts führt, war einst Hauptverkehrsader der Stadt *Cölln*, weist aber nur noch wenige historische Bauten auf. Zu ihnen gehört mit Blick auf den Schlossplatz der **Neue Marstall** (1898–1900). Seine Fassade nahm stilistisch Bezug auf das Berliner Stadtschloss. Seit 2005 residiert im Neuen Marstall die *Hochschule für Musik Hanns Eisler* (Schlossplatz 7, www.hfm-berlin.de).

Neben der Musikhochschule steht der einzige erhaltene Frühbarockbau Berlins, der **Alte Marstall** (Breite Str. 30–36). Er entstand 1666–69 und wurde später dem Neuen Marstall angegliedert. Heute nutzt

ihn die *Zentral- und Landesbibliothek Berlin* (www.zlb.de) mit Stadt- und Senatsbibliothek. Das **Ribbeck-Haus** gehört gleichfalls dazu, ein Renaissancebau von 1624, dessen Fenstergitter und das üppig dekorierte Portal im Knorpelstil besonders auffallen. Den Erweiterungsbau (1964–66) mit Glasfassade ziert das **A-Portal**. Es ist benannt nach dem 4 × 6 m große A-Teppich des Berliner Künstlers Fritz Kühn (1910–67) an der Fassade, der aus 117 Stahlplatten mit Variationen des Buchstabens A besteht.

22 Brüderstraße

Barocke Wohnhäuser als Stätten von kulturhistorischer Bedeutung.

U2 Spittelmarkt,
Bus M48, 147, 248

In der zur Breiten Straße parallel verlaufenden Brüderstraße sind zwei barocke Wohnhäuser interessant. Im **Galgenhaus** (Nr. 10) von 1688 mit klassizistischer Fassade von 1805 zeigt die Kölner *Kewenig Galerie* (www.kewenig.com) Konzeptkunst, Minimalismus und Arte Povera. Der Name Galgenhaus erinnert an eine 1735 hier gehenkte Dienstmagd. Sie hatte angeblich einen Silberlöffel gestohlen, war aber wohl unschuldig gewesen.

Wenige Meter weiter ist das **Nicolaihaus** (Nr. 13) nach dem Verleger, Schriftsteller und Kritiker Friedrich Nicolai benannt, der hier 1787 mit seiner *Verlagsbuchhandlung* einzog. Die Umgestaltung des Hauses übernahm Carl Friedrich Zelter, ein Freund Goethes. Zelter war gelernter Maurer, avancierte aber zum Komponisten.

Die Brüderstraße mündet auf den Petriplatz, wo sich eine der wenigen mittelalterlichen Grabungen Berlins findet. Hier liegen die ältesten Reste Cöllns – ein interessantes historisches Konglomerat, das nach Abschluss der Arbeiten für Besucher zugänglich sein und als House of One für religiöse Toleranz stehen soll.

Nahebei erreicht man den **Spreearm**, der das alte Cölln vom westlich vorgelagerten Friedrichswerder abgrenzte. An das gegenüberliegende Ufer gelangt man über die **Jungfernbrücke**, eine Klappbrücke von 1798, oder über die **Gertraudenbrücke**, auf der das Bronzedenkmal der hl. Gertraud an das 1881 abgerissene Gertraudenhospital erinnert.

Rund um den Potsdamer Platz – der Nabel der Stadt gestern und heute

Noch während des Zweiten Weltkriegs war die Gegend um den Potsdamer Platz Regierungs- und Vergnügungsareal, später Brachland und in den 1990er-Jahren aufsehenerregende Megabaustelle. Heute ist der Platz auch dank seiner exzentrischen **Stadt-architektur** mit Shopping Malls, Restaurants, Kinos und Theatern einer der Hauptanziehungspunkte für Berlinbesucher. Damit knüpft der Potsdamer Platz an den Glanz der Kaiserzeit und das urbane Tempo der Weimarer Jahre an, als er einer der geschäftigsten Plätze Europas war. Damals überquerten ihn stündlich 600 Straßenbahnen, hier zogen Tempel der Unterhaltungskunst, Luxushotels und Restaurants Einheimische wie Fremde in ihren Bann. Die wenigen Relikte dieser Epoche wurden in die neue Hochhauslandschaft des Potsdamer Platzes integriert. Vom benachbarten, ebenfalls neu bebauten **Leipziger Platz** gelangt man zu Orten, die mit dem Zweiten Weltkrieg bzw. der Teilung Berlins verknüpft sind – wie die **Topographie des Terrors** und **Checkpoint Charlie**.

23 Potsdamer Platz

Touristenmagnet, Einkaufsoase und Schauplatz der Berlinale.

www.potsdamerplatz.de
S1, S2, S25, und U2 Potsdamer Platz, Bus M41, M48, M85, 200

Das Quartier Potsdamer Platz ist ein komplettes Stadtviertel mit Büro-, Hotel- und Wohnbauten, Einkaufspassagen und Kultureinrichtungen. Einen schönen Überblick bietet der **Panoramapunkt** (Potsdamer Platz 1, Tel. 030/25 93 70 80, www.panoramapunkt.de, Sommer tgl. 10–20, Winter tgl. 10–19 Uhr, bei extremen Witterungen Änderungen möglich) im backsteinernen, 103 m hohen **Kollhoff-Tower** (1999). Von *Aussichtsplattform* und *Panoramacafé* im 24. und 25. Stock hat man sowohl den Platz selbst als auch die Hauptsehenswürdigkeiten Berlins im Blick.

Der Aufstieg der vormaligen Straßenkreuzung begann mit der Industrialisierung. In den 1920er-Jahren galt der Potsdamer Platz mit Straßen, U- und S-Bahn-Linien als verkehrsreichster Punkt Europas,

Ein etwas anderes Zelt – das Sony Center lockt mit luftiger Glashausarchitektur

ab 1924 sorgte hier Deutschlands erste Ampel für reibungslosen Verkehrsfluss. Gleichzeitig entwickelte sich am Potsdamer Platz ein lebhaftes **Vergnügungszentrum**. Im *Haus Vaterland* etwa verkehrten pro Abend bis zu 3000 Gäste. In eleganten Hotels traf man sich zum Fünf-Uhr-Tee, im *Weinhaus Huth* zu einem guten Gläschen, und das *Vox-Haus* machte Schlagzeilen mit den ersten Rundfunk-Experimenten.

Doch der Bombenhagel im Zweiten Weltkrieg und die Teilung der Stadt ließen den Potsdamer Platz zur trostlosen Brachfläche verkommen, Mauer und Mauerstreifen liefen mittendurch. Bis auf einige bunt bemalte Mauerteile ist von dieser geschichtlichen Tragik kaum noch etwas zu erkennen. Schon bald nach der Wiedervereinigung avancierte das riesige Areal zur Spielwiese experimentierfreudiger Architekten.

TOP TIPP Heute firmiert das im Jahr 2000 fertiggestellte **Sony Center** (www.sonycenter.de) als Treffpunkt des Potsdamer Platzes. Der deutsch-amerikanische Stararchitekt Helmut Jahn schuf rund um das von einem Zeltdach überspannte *Forum* ein Ensemble aus sieben Glas- und Stahlbauten. In ihnen sind die Europazentrale des namengebenden japanischen Weltkonzerns untergebracht, zwei Kinos und die **Deutsche Kinemathek, Museum für Film und Fernsehen** (Tel. 030/300 90 30, www.deutsche-kinemathek.de, Di–So 10–18, Do 10–20 Uhr). Deren Sammlung bietet eine unterhaltsame Zeitreise durch die Film- und Fernsehgeschichte von den ersten Pionieren bis zur Gegenwart. Ein besonderes Highlight ist die *Marlene Dietrich Collection* mit Fotos, Requisiten, Kostümen und Briefen der weltberühmten Berliner Schauspielerin (1901–92).

Auch mehrere Restaurants finden sich im Sony Center. Eines davon, der **Kaisersaal** (Tel. 030/26 39 03 80, www.kaisersaal-berlin.de), serviert deutsch-französische Küche in einem Saal, der einst zum *Hotel Esplanade* (1907/08) gehörte, Anfang des 20. Jh. eines der vornehmsten Häuser der Stadt. Sogar Kaiser Wilhelm II. verbrachte gern Herrenabende im speziell für ihn ausgestatteten Kaisersaal. Weitere Gäste im Grandhotel waren etwa die Schauspielerlegenden Asta Nielsen, Greta Garbo oder Charlie Chaplin. Der später berühmte Filmregisseur Billy Wilder begann hier seine Karriere – als Eintänzer bei den

populären Tanztees. Im Zweiten Weltkrieg wurde das Hotel weitgehend zerstört. Seine Ruine diente immer wieder als Filmkulisse, etwa für ›Steiner 2‹ (1979) mit Curd Jürgens oder für Wim Wenders' ›Der Himmel über Berlin‹ (1987) und wurde schließlich in den Sony-Center-Bau einbezogen.

Ein weiteres Neubauprojekt war das **Daimler Areal** (1998, Renzo Piano, Christoph Kohlbecker u.a.; der gesamte Komplex steht im Moment wieder zum Verkauf). Der lang gestreckte Gebäudekomplex südlich der Potsdamer Straße beheimatet reichlich Büros und bietet

Schatten der Vergangenheit in der Wilhelmstraße

Die Wilhelmstraße, deren Westseite im 18. Jh. Adelspalais säumten, war von der Kaiser- bis zur NS-Zeit die Straße der Regierung. Otto von Bismarck residierte als Kanzler des Deutschen Reiches in der **Reichskanzlei**, unweit davon war das **Reichspräsidentenpalais** Amtssitz beider Staatsoberhäupter der Weimarer Zeit, Friedrich Eberts wie Paul von Hindenburgs.

In der Hitlerzeit wurden viele Gebäude umgestaltet. In Nr. 61a, erweitert um die Gebäude Wilhelmplatz Nr. 8 und 9, kam Joseph Goebbels' **Ministerium für Volksaufklärung und Propaganda** unter. Es ist eines der wenigen aus dieser Ära erhaltenen Gebäude an der Wilhelmstraße. Die alte Reichskanzlei Ecke Voß-/Wilhelmstraße baute Hitlers Lieblingsarchitekt Albert Speer bis 1939 zur 430 m langen **Neuen Reichskanzlei** um.

Dahinter und vor allem darunter erstreckte sich ein gigantisches **Bunkersystem** mit Krankenstation, Werkstätten sowie dem etwa 250 m² umfassenden Führerbunker für Adolf Hitler. In den letzten Kriegstagen begingen hier Hitler, seine Frau Eva Braun sowie das Ehepaar Goebbels nebst ihren sechs Kindern Selbstmord. Der Bunkerkomplex wurde 1947–59 gesprengt, das Gelände verschüttet und eingeebnet, um eventuellen ›Pilgerbesuchen‹ vorzubeugen. Seit 2006 weist eine nüchterne Tafel in der Gertrud-Kolmar-Straße in den Ministergärten nahe dem Potsdamer Platz den historischen, doch heute überbauten Ort aus.

zahlreiche Unterhaltungsangebote, allen voran in den *Potsdamer Platz Arkaden* mit über 100 Geschäften, Hotels und Restaurants, *Spielbank* (www.spielbank-berlin.de), *Stage Bluemax Theater* der Blue Man Group und dem *Stage Theater am Potsdamer Platz* [beide s. S. 174]. Vor letzterem wird jedes Jahr im Februar der rote Teppich für Film- und Fernsehgrößen aus aller Welt ausgerollt, die zu den Vorführungen und Preisverleihungen der *Berlinale* [s. S. 171] schreiten.

Auch in diesen modernen Komplex ist ein Gebäude integriert, das den Krieg überdauert hat, nämlich das *Weinhaus Huth* (1912) an der Einmündung der Potsdamer Straße zum Potsdamer Platz. Heute zeigt in dem Anwesen die **Daimler Contemporary** (Alte Potsdamer Straße 5, Tel. 030/25 94 14 20, www.sammlung.daimler.com, tgl. 11–18 Uhr) Wechselausstellungen zur Kunst des 20. und 21. Jh.

Im Norden des Potsdamer Platzes erstreckt sich das **Beisheim-Center** (2004), stilistisch eine Reminiszenz an die frühen Wolkenkratzer der Schule von Chicago (spätes 19. Jh.), mit Büro- und Apartmentblocks, zwei Hotels und fünf Stadtvillen.

 ▶ **Reise-Video Potsdamer Platz** QR-Code scannen [s. S. 5] oder dem Link folgen: www.adac.de/rf0121

24 Leipziger Platz

Traditionell vornehmer Platz in einem edlen Wohnviertel, heute neu bebaut.

U2 Potsdamer Platz,
Bus M41, M48, M85, 200

Der Leipziger Platz (1732–38) und die Leipziger Straße (ab 1688) waren zur Zeit Friedrichs des Großen, ab Mitte des 18. Jh., eine vornehme Wohngegend und später eine der wichtigsten Geschäftsadressen Berlins. Wie der nahe Potsdamer Platz versanken beide Örtlichkeiten aufgrund des Mauerbaus ab 1961 in der Bedeutungslosigkeit.

Heute weht an der Nordseite des Leipziger Platzes die rot-weiße Ahornflagge von der **Kanadischen Botschaft** (2005). Rechts daneben erinnert das **Mossepalais** (1996) an den jüdischen Verleger Rudolf Mosse (1843–1920), der einst hier wohnte. Er war seit 1871 Herausgeber des ›Berliner Tageblatt‹ gewesen.

Gespannt wartet das Volk, dass der Bundesrat im Preußischen Herrenhaus tagt

Auf dem Areal des früheren Kaufhaus Wertheim wurde im Herbst 2014 das riesige Einkaufszentrum Mall of Berlin eröffnet. Zur Wilhelmstraße hin ist das Leipziger Platz Quartier mit Wohnungen, Büros und Dienstleistungsflächen entstanden.

An der Leipziger Straße 3–4 steht das neoklassizistische *Preußische Herrenhaus* (1899–1904), heute Sitz des **Bundesrates** (www.bundesrat.de, Führung nur nach Voranmeldung, Tel. 030/189 10 0179, Mo–Fr 8.30, 9.45, 11.45, 13.45, 14.30, 15.45 Uhr, Fei und Aug. geschl.). Preußen hatte 1848 eine erste Verfassung erhalten, die zwei Parlamente vorsah: das Preußische Herrenhaus und den Preußischen Landtag. Ersteres war den Angehörigen der Hohenzollernfamilie und Repräsentanten des Hofes vorbehalten. Zu DDR-Zeiten residierte in seinen Räumlichkeiten die *Akademie der Wissenschaften.*

Seit 2009 informiert **Dalí – die Ausstellung am Potsdamer Platz** (Leipziger Platz 7, www.daliberlin.de, Mo–Sa 12–20, So/Fei 10–20 Uhr) anhand von über 450 Objekten über das Lebenswerk des exzentrisch-genialen spanischen Künstlers Salvador Dalí (1904–89). Nebenan bietet seit 2015 das **Deutsche Spionagemuseum** (Leipziger Platz 9, Tel. 030/398 20 04 51, www.deutsches-spionagemuseum.de, tgl. 10–20 Uhr) nicht nur Spannendes über spektakuläre Spionagefälle des 20. Jh., sondern schlägt auch den Bogen von der Antike bis zur Gegenwart.

25 Berliner Abgeordnetenhaus und Detlev-Rohwedder-Haus

Zwei Gebäude mit bewegter politischer Vergangenheit.

Niederkirchnerstr. 5 und
Wilhelmstr. 97
U2 Potsdamer Platz,
Bus M41, M48, 200, 347

Im ehemaligen *Preußischen Landtag* (1892–97) debattiert seit der Restaurierung 1993 das Berliner Parlament im **Berliner Abgeordnetenhaus** (www.abgeordnetenhaus.de, Führung nach Voranmeldung, Tel. 030/23 25 10 64). Schon vorher war die Hausgeschichte turbulent: Hier tagten 1918 die Arbeiter- und Soldatenräte, 1936 ließ NS-Reichsluftfahrtminister Hermann Göring das Gebäude zum ›Haus des Fliegers‹ umgestalten, und 1949–53 diente es als erster Regierungssitz der jungen DDR.

Nahebei steht das frühere Reichsluftfahrtministerium (1935/36) der NS-Zeit. Hinter diesen Mauern konstituierte sich im Oktober 1949 die Volkskammer der DDR und besiegelte die Gründung eines zweiten deutschen Staates. Später diente der Bau als Haus der Ministerien, nach der Wiedervereinigung zog die Treuhandanstalt ein. An deren ersten Präsidenten, der 1991 von unbekannten Terroristen ermordet wurde, erinnert der Name **Detlev-Rohwedder-Haus**. Seit 1999 ist hier das *Bundesfinanzministerium* (www.bundesfinanzministerium.de) ansässig.

26 Museum für Kommunikation

Spannend-anschauliche Sammlung rund um Kommunikation und Post.

Leipziger Str. 16, Ecke Mauerstraße
Tel. 030/20 29 40
www.mfk-berlin.de
Di 9–20, Mi-Fr 9–17, Sa/So/Fei 10–18 Uhr
U2 Mohrenstraße, U2, U6 Stadtmitte,
Bus M48, 200, 265

Ein repräsentativer Neobarockbau aus wilhelminischer Zeit beherbergt das 1872 als Postmuseum gegründete Museum für Kommunikation. Es verdeutlicht interaktive Prozesse, zeigt multimediale Themengalerien zu moderner Kommunikation, aber auch historische Telegrafenapparate, die erste Telefonzelle Berlins (von 1929), Landkarten für Post und Verkehr sowie eine reiche Kollektion von Postwertzeichen. Deren Highlights sind die Exemplare der *Roten* bzw. der *Blauen Mauritius* (Mitte 19. Jh.), der wohl berühmtesten Briefmarken der Welt.

27 Martin-Gropius-Bau

Eleganter Rahmen für große internationale Wechselausstellungen.

Niederkirchnerstr. 7
Tel. 030/25 48 60
www.gropiusbau.de
bei Ausstellungen: Mi–Mo 10–19 Uhr
S1, S2, S25 und U2 Potsdamer Platz,
S1, S2, S25 Anhalter Bahnhof,
Bus M29, M41

Errichtet wurde der Martin-Gropius-Bau 1877–81 im Stil der Neorenaissance. Die Architekten waren Heino Schmieden und Martin Gropius, ein Verwandter des berühmteren Kollegen Walter Gropius.

Wie war der Naziterror möglich? Nüchterne Analyse in der Topographie des Terrors

Der Bau steht in der Nachfolge von Karl Friedrich Schinkels Bauakademie, architektonischer Glanzpunkt ist der Lichthof, um den sich die Etagen galerieartig emporranken. Bis 1920 beherbergte er das *Königliche Kunstgewerbemuseum*, das mit der Dokumentation historischer Produkte aus aller Welt ein Ansporn sein sollte für das preußische Handwerk. Nach dem Krieg wurde der gewaltige Bau aufgrund seiner Lage direkt an der Mauer nur schleppend rekonstruiert. Seit den frühen 1990er-Jahren finden im Martin-Gropius-Bau große internationale **Wechselausstellungen** statt. Das Ausstellungsprogramm zu kulturgeschichtlichen Themen sowie zu Strömungen und Akteuren der modernen und zeitgenössischen Kunst zieht über 500 000 Besucher pro Jahr an.

28 Topographie des Terrors

Dokumentation zur Schreckensherrschaft der Nazis im ›Dritten Reich‹.

Niederkirchnerstr. 8
Tel. 030/254 50 90
www.topographie.de
tgl. 10–20 Uhr, Freiluftausstellung
tgl. 10 Uhr bis Sonnenuntergang
S1, S2, S25 und U2 Potsdamer Platz,
S1, S2, S25 Anhalter Bahnhof,
U6 Kochstraße, Bus M29, M41

Neben dem Martin-Gropius-Bau erinnert die Gedenkstätte Topographie des Terrors an die Gräuel der Nazizeit. Der Ort, heute eine weite, gepflasterte Freifläche, ist mit Bedacht gewählt, denn auf diesem Areal befanden sich 1933–45 die wichtigsten Institutionen der Machthaber für Terror und Verfolgung: das Hauptquartier der gefürchteten Geheimen Staatspolizei, **Gestapo**, und ab 1939 das von Reichsführer SS Heinrich Himmler gegründete **Reichssicherheitshauptamt**. Dessen Leiter Reinhard Heydrich hatte zuvor den im nahen Prinz-Albrecht-Palais untergebrachten **Sicherheitsdienst SD** der SS befehligt. Die im Krieg beschädigten Bauten wurden 1955 abgerissen, 1987 gestaltete man das Freigelände zum **Ausstellungsforum** um, das Reste der historischen Bebauung und ein 200 m langes Stück Berliner Mauer einbezieht. 2010 wurde das **Dokumentationszentrum** eröffnet, ein grauer, flacher Gebäudekubus von Ursula Wilms und Heinz W. Hallmann. Es macht mittels Foto- und Texttafeln, Multimedia-Präsentationen und historischen Schriftstücken die Geschichte von Gestapo, SS

Unglaublich – am Checkpoint Charlie drohten im Kalten Krieg USA und UdSSR einander

und Terrorbürokratie nachvollziehbar. Die Stiftung Topographie des Terrors betreut überdies das **Dokumentationszentrum NS-Zwangsarbeit Schöneweide** (Britzer Str. 5, Tel. 030/63 90 28 80, Di–So 10–18 Uhr, S8, S9, S45, S47 Schöneweide). Dort erinnert eine Ausstellung an die Qualen der Zwangsarbeiter zur NS-Zeit.

29 Checkpoint Charlie

Erinnerungen an den Kalten Krieg und spektakuläre Fluchtaktionen.

Friedrichstraße/Zimmerstraße
U6 Kochstraße, U2 Stadtmitte,
Bus M29

Im August 1961 hatte der Bau der Mauer aus der Friedrichstraße eine Sackgasse gemacht. Zwar gab es hier einen Grenzübergang, doch den durften nur Diplomaten und Militärs der Siegermächte, DDR-Funktionäre und Mitarbeiter der Ständigen Vertretung der BRD in der DDR passieren. Trotzdem sorgte dieser Kontrollpunkt C, auf amerikanisch ›Checkpoint Charlie‹ genannt, an der Sektorengrenze oft für Schlagzeilen. Etwa als sich hier am 27. Oktober 1961 Panzer der USA und der UdSSR im Abstand von nur 200 m schussbereit gegenüber standen. An die damaligen kalten Zeiten erinnern heute noch ein viel fotografierter Nachbau des ersten Kontrollhäuschens hinter einem Wall von Sandsäcken und das zweisprachige Warnschild ›Achtung! Sie verlassen den amerikanischen Sektor!‹

Mehr Informationen zu dem geschichtsträchtigen Ort vermitteln nördlich der berühmten Kreuzung 175 große Fototafeln der open air **Checkpoint Gallery** (Friedrichstraße zwischen Zimmer- und Schützenstraße) des Berliner Forums für Geschichte und Gegenwart. Dazu kam vor einigen Jahren das **Zentrum Kalter Krieg** (tgl. 10–18 Uhr, www.bfgg.de/zentrum-kalter-krieg.html). **Black Box** tauften die Berliner gleich den überschaubar konzipierten schwarzen Flachbau. In ihm erzählen Medienstationen, Filme und Originalobjekte vom damaligen Geschehen und setzen es in internationalen Zusammenhang.

Südlich des Checkpoints dokumentiert das private **Mauermuseum Haus am Checkpoint Charlie** (Friedrichstr. 44, Tel. 030/253 72 50, www.mauermuseum.de, tgl. 9–22 Uhr) die Geschichte dieses monströsen Bauwerks und das Leben in der geteilten Stadt von 1961 bis 1989. Auch der gewaltfreie Kampf für Menschenrechte weltweit ist Thema.

Der Künstler **Yadegar Asisi** zeigt in seinem Rundumpanorama zum Thema Mauer den Alltag der 1980er-Jahre. Mit einer Soundkulisse unterlegt, blickt man auf eine typische Straßenszene in Kreuzberg (Friedrichstr. 205, www.asisi.de, tgl. 10–18 Uhr).

Themenwechsel: Um eine beliebte Zwischenmahlzeit geht es in der multimedialen Ausstellung des nahen **Deutschen Currywurst Museums** (Schützenstr. 70, Tel. 030/88 71 86 47, www.currywurstmuseum.com, tgl. 10–18 Uhr, s. S. 169) – inklusive Kostprobe.

30 Ehem. Anhalter Bahnhof

Nur noch eine Ruine erinnert an Berlins berühmtesten Bahnhof, der einst eine prächtige Kulisse abgab.

Askanischer Platz
S1, S2, S25 Anhalter Bahnhof,
Bus M29, M41

Am 1. Juli 1841 fuhr vom Anhalter Bahnhof ein erster Zug in Richtung Jüterbog ab. Bald war er Berlins **Fernbahnhof Nr. 1** für Züge Richtung Süden, nach Dresden, München, Rom und Athen. Daher baute ihn Franz Schwechten ab 1880 zu einem repräsentativen Neorenaissance-Kopfbahnhof mit einem 62,5 m überspannenden Dach aus Glas und Stahl aus.

Hier empfing Kaiser Wilhelm II. 1889 mit großem Pomp den italienischen König Umberto. 1919 begrüßten Tausende den Linkssozialisten Karl Liebknecht bei seiner Rückkehr aus dem Zuchthaus Luckau. Und 1938 bejubelten noch größere Menschenmassen den aus dem annektierten Österreich heimkehrenden Adolf Hitler. Am 30. April 1945 flutete die SS angesichts der anrückenden Roten Armee die Tunnel des unterirdischen S-Bahnhofs. Das Bahnhofsgebäude war dabei stark beschädigt worden, erfüllte aber noch bis 1952 seine Funktion, ehe man es sieben Jahre später sprengte. Erhalten blieb nur ein Teil der Fassade mit dem Portikus.

Ein Modell des Bahnhofs im Jahr 1939 und zwei allegorische Figuren, die einst die große Uhr schmückten, sind heute im Deutschen Technikmuseum [Nr. 95] zu sehen, das von hier über den Anhalter Steg des Landwehrkanals zu erreichen ist.

Auf dem ehemaligen Bahnhofsgelände ragt heute das **Tempodrom** (Möckernstr. 10, Tel. 030/74 73 70, www.tempodrom.de) empor. Dessen markante Beton-Zeltdachkonstruktion (vom Architekturbüro Gerkan, Marg und Partner, 2001) bietet Platz für ein vielfältiges Kultur-, Show- und Musikprogramm sowie für die Bade- und Saunalandschaft *Liquidrom* (www.liquidrom-berlin.de).

Die Berliner Mauer – Geschichte und Geschichten

Ein schmales, oft unterbrochenes Band aus zweireihig verlegtem Kopfsteinpflaster führt quer durch und um Berlin. Eingraviert ist die Inschrift ›Berliner Mauer 1961–1989‹, ansonsten zeichnet es eher unauffällig, wenngleich immer wieder präsent den einstigen Verlauf der **Berliner Mauer** nach.

Deren Bau begann am 13. August 1961 als trauriger Höhepunkt des **Kalten Krieges**. Die DDR-Regierung ließ um den Westteil Berlins insgesamt 155 km Sperranlagen anlegen. Allein 43,1 km trennten die beiden Stadthälften voneinander. Es hieß, der *Antifaschistische Schutzwall* solle gegen Spionage und Aggression aus dem Westen schützen. Tatsächlich aber diente die Mauer dazu, die große Fluchtbewegung gen Westen im Gefolge der deutschen Teilung einzudämmen.

Die Zahlen waren beträchtlich. Allein im Westberliner Notaufnahmelager Marienfelde kamen bis 1990 rund 1,35 Mio. DDR-Abtrünnige vorläufig unter. Eine original erhaltene Flüchtlingsunterkunft aus den 1950er-Jahren ist in der **Erinnerungsstätte Notaufnahmelager Marienfelde** (Marienfelder Allee 66–80, Tel. 030/75 00 84 00, www.notaufnahmelager-berlin.de, Di–So 10–18 Uhr, Führungen So 15 Uhr) zu sehen.

Die Reaktion der US-Regierung auf den Mauerbau war verhalten, was viele

Berliner enttäuschte. Andererseits hatte **US-Präsident John F. Kennedy** schon im Juli 1961 versprochen, dass es in der Frage der Freiheit West-Berlins keine Kompromisse geben werde. Entsprechend stürmisch wurde er bei seinem Berlin-Besuch 1963 empfangen. Als Kennedy am 26. Juni vor dem Rathaus Schöneberg die berühmten Worte »Ich bin ein Berliner!« ausrief, jubelte ihm die Menge zu. Über den Berlinaufenthalt Kennedys informiert das kleine Museum *The Kennedys* [s. S. 76].

Nur zwei Tage später fuhr Kremlchef **Nikita Chruschtschow** am 28. Juni 1963 im offenen Wagen durch Ost-Berlin. Auch ihn feierten die Menschen am Straßenrand und auch er legte seine Weltsicht in einer Rede dar, freilich vor dem Roten Rathaus.

Heute ist von der Mauer, die Berlin fast 30 Jahre trennte, nur noch wenig zu sehen. Um Mauerreste und Gedenkstätten zu bewahren und die Erinnerung wach zu halten, beschloss der Berliner Senat 2006 das **Gesamtkonzept Berliner Mauer** (www.berlin.de/mauer, www.chronik-der-mauer.de). In der zentralen **Gedenkstätte Berliner Mauer** [Nr. 74] im Dokumentationszentrum an der Bernauer Straße ist ein Teilstück der mauerbegleiteten Grenze in ganzer Tiefe erhalten. Auf dem gesamten 1,4 km langen Grenzstreifen sind die Spuren der Sperren und Fluchttunnel sichtbar und mit zahlreichen Medienstationen aufbereitet. Den innerstädtischen Verlauf der Mauer markiert die bereits erwähnte Doppelreihe

Pflastersteine. Ihnen folgt die **Geschichtsmeile Berliner Mauer**, an der 30 gusseiserne Tafeln mit Fotografien und viersprachigen Texten an historischen Orten über Teilung, Mauerbau und Maueröffnung informieren. Geglückte Tunnelfluchten kommen dabei ebenso zur Sprache wie tragische Todesfälle. Interessierte können den **Berliner Mauerweg** inklusive Außenring per Rad oder zu Fuß erkunden. Für Tagestouren und Spaziergänge sind 14 Teilstrecken ausgewiesen, die auch mit öffentlichen Verkehrsmitteln zu erreichen sind.

Was die Teilung ihrer Stadt für die Berliner bedeutete, veranschaulicht eine Ausstellung im **Tränenpalast** [s. S. 35] am Bahnhof Friedrichstraße. Hier präsentiert im einstigen Grenzübergang für die Ausreise von Ost nach West die Stiftung Haus der Geschichte der Bundesrepublik Deutschland biografische Beispiele, Originalobjekte und Zeitzeugeninterviews.

Der Anfang vom Ende der Mauer und der Teilung Deutschlands zeichnete sich 1986 mit dem Antrittsbesuch des russischen Präsidenten Michail Gorbatschow in Berlin ab. Darüber berichten Informationstafel am **Brandenburger Tor** ebenso wie über die Rede des US-Präsidenten Ronald Reagan 1987 mit dem berühmt gewordenen Ausspruch: »Mister Gorbatschow, open this gate!«

Erinnerungen an ein geteiltes Land – Gedenkstätte Berliner Mauer an der Bernauer Straße

Kulturforum, Botschaftsviertel und Tiergarten – Kultur, Politik und Natur in schöner Eintracht

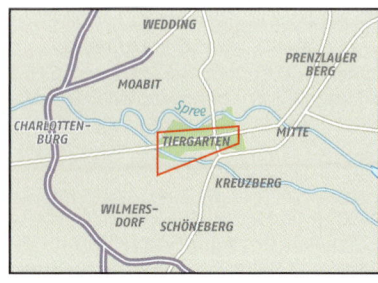

Das **Kulturforum** nahe dem Potsdamer Platz gilt als westliches Pendant zur Museumsinsel. Denn auch die hiesigen Kunstsammlungen wie die **Gemäldegalerie** und die (zur Zeit für Sanierungsarbeiten geschlossene) **Neue Nationalgalerie** haben Weltrang. Eine erste Adresse in Sachen klassische Musik ist die **Berliner Philharmonie**, Heimatbühne der legendären Berliner Philharmoniker.

Kleine Fluchten ins Grüne verheißt der **Tiergarten**, ein sehr beliebter Park, der zudem mit Sehenswürdigkeiten wie der **Siegessäule** und dem **Schloss Bellevue** aufwartet. Das Tiergartenviertel, im 19. Jh. noch Ausflugsziel vor den Toren der Stadt, avancierte im 20. Jh. zur vornehmen Wohngegend und war bis 1945 **Botschaftsviertel**. Die Rückkehr der Diplomaten nach Berlin in jüngerer Vergangenheit gab Anlass für allerlei Neubauten mit zum Teil exzentrischem Flair des 21. Jh.

31 St.-Matthäus-Kirche

Gotteshaus in neobyzantinischem Stil – und rundherum viel Kunst.

Matthäikirchplatz 4
Tel. 030/262 12 02
www.stiftung-stmatthaeus.de
Di–So 11–18 Uhr
S1, S2, S25 und U2 Potsdamer Platz,
Bus M41, M48, M85, 200

Die St.-Matthäus-Kirche wurde 1844–46 nach Plänen von Friedrich August Stüler als dreischiffige Halle in neobyzantinischem Stil errichtet. Bis 1960 war sie nach Kriegsschäden äußerlich wieder originalgetreu mit drei gleich hohen Spitzdächern, rückwärtigen Apsiden und Viereckturm wiederhergestellt worden, wurde aber innen zum Teil zeitgenössisch ausgestattet. Dazu gehören klassisch-moderne Werke wie der *Christuskopf* von Gerhard Marcks oder die *Glasfenster* von Sigmund Hahn. Es ist aber auch ein spätgotischer *Schmerzensmann* der Riemenschneider-Schule zu sehen. Jüngster Neuzugang ist die Skulptur *Antlitz* (1971) von Vadim Sidur.

Der Aufstieg auf die Siegessäule belohnt mit einem grandiosen Berlinpanorama

Musikfreunde schätzen zudem die hier regelmäßig stattfindenden Konzerte.

Im Aufgang zum **Turm** hängen 16 Gemälde zum Matthäus-Evangelium von Gisela Breitling. Vom Turmumgang oben bietet sich ein schönes Stadtpanorama.

Heute steht die St.-Matthäus-Kirche als Solitär inmitten des **Kulturforums** (Tel. 030/266 42 42 42, www.kulturforum-berlin. com), aber Mitte des 19. Jh. war sie eingebettet in eines der vornehmsten Viertel Berlins. Das riss man aber zur NS-Zeit im Zuge der größenwahnsinnigen Planungen für eine Welthauptstadt *Germania* ab.

Die städtebaulichen Konzepte der Nachkriegszeit mündeten im Bau des Berliner Kulturforums nach Plänen von *Hans Scharoun* (1893–1972), einem renommierten Vertreter des organischen Architekturstils. Scharoun entwarf die 1960–63 errichtete Berliner Philharmonie [Nr. 36]. In den folgenden Jahrzehnten kamen die Staatsbibliothek [Nr. 37] – von Scharouns Schüler Wisniewski vollendet – und die drei Museen [Nr. 33–35, 38] von anderen Händen hinzu.

Dank seiner hochkarätigen Sammlungen gilt das Kulturforum als Pendant zur Museumsinsel, auch wenn dieser Stadtraum recht kühl und abgeschieden wirkt.

32 Gemäldegalerie

 Hier haben die Alten Meister aus Ost und West wieder eine gemeinsame Bleibe gefunden.

Matthäikirchplatz 8
Tel. 030/266 42 42 42
www.smb.museum
Di, Mi, Fr 10–18, Do 10–20,
Sa/So 11–18 Uhr,
S1, S2, S25, U2 Potsdamer Platz,
Bus M41, M48, M85, 200

Mit der deutschen Teilung war der wertvolle Bestand europäischer Malerei des 13.–18. Jh. der Gemäldesammlung auseinandergerissen worden. Begeistert wurde daher ihre Neueröffnung am Kulturforum im Jahr 1998 gefeiert. Die wiederver-

*Alte Meister, junge Schüler – große abend-
ländische Malerei zeigt die Gemäldegalerie*

einte Sammlung mit glanzvollen Werken
Alter Meister gehört zu den bedeutendsten ihrer Art in Europa.

Im Zentrum des Museumsgebäudes
der Architekten Hilmer und Sattler öffnet
sich eine von Säulen gegliederte, glas-
überkuppelte Wandelhalle. In den 18 Sälen und 41 Kabinetten werden um die
1000 Meisterwerke präsentiert – Arbeiten
von Jan van Eyck, Rogier van der Weyden,
Albrecht Dürer und Lucas Cranach d. Ä.,
von Frans Hals, Peter Paul Rubens, Antho-
nis van Dyck, von Sandro Botticelli, Raffael,
Tizian, Giorgione und Caravaggio, Mante-
gna und Bellini, von Nicolas Poussin, Antoine Watteau und Francois Boucher.

Absoluten Weltrang besitzt die **Rem-
brandt-Sammlung**. Sie umfasst 16 Gemälde des großen Niederländers, darunter ›Simson und Delilah‹ (1628), ›Simson
bedroht seinen Schwiegervater‹ (1635)
und ›Jakob im Kampf mit dem Engel‹
(1660). Die Studiengalerie im Sockelge-
schoss zeigt weitere 400 deutsche, altnie-
derländische und italienische Gemälde
des 13.–16. Jh. sowie flämische, französische und englische Malerei des 17. und
18. Jh. Für Aufsehen sorgte 2012 die Dis-
kussion um die Wiedervereinigung der
Gemäldegalerie mit der Skulpturensammlung des Bode-Museums auf der
Museumsinsel [Nr. 19]. So hatte Wilhelm
von Bode die beiden Kunstgattungen
einst präsentiert. Diskutiert wird nach wie
vor, das Kulturforum um ein Gebäude für
moderne Kunst zu erweitern.

33 Kupferstichkabinett und Kunstbibliothek

*Eine der größten grafischen
Sammlungen der Welt.*

Matthäikirchplatz
Tel. 030/266 42 42 42
www.smb.museum
Di– Fr 10–18 (Kunstbibliothek 9–16),
Sa/So 11–18 Uhr
S1, S2, S25 und U2 Potsdamer Platz,
Bus M29, M41, M48, M85, 200

Der 1994 eröffnete Bau für Kupferstichkabinett und Kunstbibliothek ist mit der
Gemäldegalerie durch das Foyer räum-
lich verbunden.

Das Kupferstichkabinett ist eine der
größten grafischen Kollektionen der Welt.
Es besitzt rund 110 000 Zeichnungen,
Aquarelle, Pastelle und Ölskizzen, dazu
550 000 Druckgrafiken vom Mittelalter bis
zur Gegenwart, darunter Meisterwerke
von Botticelli, Dürer, Rembrandt, Picasso
und Andy Warhol. Hinzu kommen mehr
als 100 illuminierte Handschriften, über
400 Miniaturen des 11.–16. Jh., etwa 250 In-
kunabeln (Drucke der Frühzeit) sowie
rund 1500 illustrierte Bücher des 17.–20. Jh.

Zur Kunstbibliothek gehört eine Foto-
sammlung, deren Bestände das *Museum
für Fotografie* [Nr. 110] am Bahnhof Zoo in
Form von Ausstellungen präsentiert.

34 Kunstgewerbemuseum

*Gebrauchskunst und Kunsthandwerk
vom Mittelalter bis heute.*

Matthäikirchplatz
Tel. 030/266 42 42 42, www.smb.museum
Di–Fr 10–18, Sa/So 11–18 Uhr
S1, S2, S25 und U2 Potsdamer Platz,
Bus M41, M29, M48, M85, 200

Das 1985 eröffnete Kunstgewerbemuseum hatte Rolf Gutbrod als Stahlskelett-
bau mit vorgeblendeter Ziegelfassade
entworfen. Das Haus wurde Ende 2014
nach umfangreichen Renovierungsarbeiten wiedereröffnet.

In der Sammlung sind alle Sparten europäischen Kunstgewerbes vom Mittelalter bis in die Gegenwart vertreten. Heraus-
ragende Stücke sind der **Welfenschatz**
mit dem reich verzierten Welfenkreuz aus
dem 11. Jh. und das *Lüneburger Ratssilber*
(15./16. Jh.). In interessantem Kontrast dazu
steht die Sammlung zu zeitgenössischem
Produktdesign und eine nach der Renovierung neu eröffnete Modegalerie.

35 Musikinstrumenten-Museum

400 Jahre Musikgeschichte im Spiegel ausgewählter Instrumente.

Tiergartenstr. 1
Eingang: Ben-Gurion-Straße
Tel. 030/25 48 11 78
www.sim.spk-berlin.de
Di–Fr 9–17, Do 9–20, Sa/So 10–17 Uhr
S1, S2, S25 und U2 Potsdamer Platz,
Bus M41, M48, M85, 200

Unweit der Philharmonie [Nr. 36] steht das gleichfalls von Hans Scharoun geplante, jedoch erst 1984 eingeweihte Musikinstrumenten-Museum (MiM). Seine vielfältige Sammlung besteht aus über 3200 Instrumenten des 16.–20. Jh. Rund 800 von ihnen sind in der Dauerausstellung zu sehen, darunter auch einige Unikate aus der Renaissance und aus dem Barock. Die meisten dieser Kostbarkeiten sind sogar noch bespielbar. Besondere Aufmerksamkeit weckt die riesige, tongewaltige *Mighty Wurlitzer Theaterorgel* (Vorführung Sa 12 Uhr, nach der 11-Uhr-Führung) von 1929.

Im Studio können Besucher ausgewählte historische oder moderne Instrumente ausprobieren. Die Fachbibliothek des Hauses hält über 40 000 Bände bereit, das Bildarchiv 55 000 Dokumente. Unter demselben Dach befinden sich noch ein Konzertsaal, einige Restaurierungswerkstätten sowie das SIM-Café.

Die Kino- und Theaterorgel ›Mighty Wurlitzer‹ im MiM erklingt regelmäßig bei Konzerten

36 Berliner Philharmonie

Konzertsäle von besonderer ästhetischer und akustischer Brillanz.

Herbert-von-Karajan-Str. 1
Tel. 030/25 48 80
Tel. 030/25 48 89 99 (Tickets)
www.berliner-philharmoniker.de
Führungen tgl. 13.30 Uhr, Tel. 030/
25 48 81 34
S1, S2, S25 und U2 Potsdamer Platz,
Bus M41, M48, M85, 200

Die Philharmonie wurde von Hans Scharoun nach akustischen Kriterien konzipiert: Der Orchesterraum befindet sich fast im Mittelpunkt des **Konzertsaals** und wird von den Zuschauerreihen umringt.

Bemerkenswert ist auch die zipfelig ausgezogene **Dachsilhouette**, die Scharoun als Himmelszelt verstanden wissen wollte. 1963 wurde das Gebäude eingeweiht, 1979 erhielt es seine goldschimmernde Kunststoffverkleidung. In Anspielung auf ihren langjährigen Chefdirigenten **Herbert von Karajan** (1908–89) und wegen ihrer exzentrischen Bauform wurde die Philharmonie einst *Zirkus Karajani* genannt. Nebenan entstand 1984–87 der **Kammermusiksaal**. Diese ›kleine Philharmonie‹ bietet knapp 1100 Plätze.

Seit 2002 ist **Sir Simon Rattle** Chefdirigent der *Berliner Philharmoniker* und künstlerischer Leiter der Philharmonie. Mit ›Rhythm Is It‹, ›Trip to Asia – Die Suche nach dem Einklang‹ und ›A Musical Journey‹ dokumentieren mehrere Kinofilme sein Wirken bei den Philharmonikern. 2013 feierte das Orchester den 50. Geburtstag seines Hauses mit drei Konzerten.

37 Staatsbibliothek zu Berlin – Haus Potsdamer Straße

Riesige Forschungsbibliothek der Moderne und Gegenwart.

Potsdamer Str. 33
Tel. 030/26 60
www.staatsbibliothek-berlin.de
Mo–Fr 9–21, Sa 10–19 Uhr
S1, S2, S25 und U2 Potsdamer Platz,
Bus M29, M41, M48, M85, 200

Die Staatsbibliothek Unter den Linden [Nr. 7] war nach dem Mauerbau für BRD-Bürger nicht mehr zugänglich. Daher errichtete Hans Scharoun im Westen 1967–76 für die hiesige Staatsbibliothek einen Neubau an der Potsdamer Straße. Die räumliche Trennung blieb zwar nach der Wiedervereinigung bestehen, doch firmieren seit 1991 beide Büchersammlungen unter dem gemeinsamen Namen Staatsbibliothek zu Berlin – Preußischer Kulturbesitz. Das Bibliotheksgebäude an der Potsdamer Straße wird zurzeit bei laufendem Betrieb umfassend saniert. Das ›Bücherschiff‹ ist 229 m lang, 152 m breit und versammelt auf einer Gesamtfläche von 81 000 m² rund 11 Mio. Bücher und Druckschriften aus aller Welt mit dem Schwerpunkt Geistes- und Sozialwissenschaften. Allein 430 Nachlässe gehören zum Bestand, darunter die von Herder, Fichte, Schopenhauer, Hegel, Mendelssohn, Hauptmann, Baedeker und Sauerbruch.

38 Neue Nationalgalerie

Mies van der Rohes klassisch-moderner Bau birgt Meisterwerke des 20. Jh.

Potsdamer Str. 50
Tel. 030/266 42 42 42
www.smb.museum
Bis vorauss. 2019 wg. umfangreicher Sanierung geschl.
S1, S2, S25 und U2 Potsdamer Platz,
Bus M29, M41, M48, M85, 200

Architekt *Ludwig Mies van der Rohe* schuf den quadratischen Stahl-Glas-Bau (1965–68) der Neuen Nationalgalerie als Universalraum. Die Haupthalle erweist sich als riesige Raumhülle, die nur von den Treppen zu den Ausstellungssälen im Untergeschoss unterbrochen wird.

Die Sammlung zur Kunst des 20. Jh. umfasst Hauptwerke von Edvard Munch, Pablo Picasso, Ernst Ludwig Kirchner, Max Beckmann, Otto Dix, Paul Klee, Max Ernst, Salvador Dalí, Francis Bacon, Gerhard Richter und Andy Warhol. Zu den bekanntesten Arbeiten zählen ›Der Potsdamer Platz‹ von Ernst Ludwig Kirchner und ›Die Skatspieler‹ von Otto Dix.

Das Gebäude selbst wurde als Wahrzeichen der Moderne in die Denkmalliste des Landes Berlin aufgenommen. Nach fast fünfzigjähriger Nutzung der Neuen Nationalgalerie sind nun umfassende Instandsetzungsmaßnahmen erforderlich. Mit der Sanierung beauftragt wurden David Chipperfield Architects, die bereits den Wiederaufbau des Neuen Museums verantworteten und aktuell das zentrale

Die exzentrisch geformte Berliner Philharmonie wurde nach akustischen Kriterien konzipiert

nördlichen Charlottenburg. Im hiesigen Gefängnis waren bis 1945 viele Widerstandskämpfer gegen das Nazi-Regime inhaftiert, heute beherbergt es eine Ausstellung. Der Raum, in dem die Hinrichtungen stattfanden, ist ein Ort stillen Gedenkens.

40 Bauhaus-Archiv – Museum für Gestaltung

Erinnerungen an die bedeutendste Kunst- und Designschule des 20. Jh.

Klingelhöferstr. 14
Tel. 030/254 00 20
www.bauhaus.de
Mi–Mo 10–17 Uhr
U1, U2, U3, U4 Nollendorfplatz,
Bus M29, 100, 106, 187

Bereits 1964 hatte Walter Gropius (1883–1969) ein Museumsgebäude für das von ihm mitbegründete Bauhaus entworfen. Erst zehn Jahre nach dem Tod des Meisters wurde es 1976–79 in seiner Heimatstadt Berlin realisiert.

Hauptmerkmal des Hauses ist die klar gegliederte Betonfassade mit den hoch aufragenden Shed-Dächern. Archiv und Museum für Gestaltung bilden die weltgrößte Sammlung zum Bauhaus, jener Kunstschule, die Baukunst und Design des 20. Jh. im Weltmaßstab prägte. Gezeigt werden Architekturmodelle und Entwürfe, Gemälde, Zeichnungen und Möbel von Bauhaus-Künstlern wie Ludwig Mies van der Rohe, Oskar Schlemmer, Marcel Breuer oder Laszlo Moholy-Nagy.

Eingangsgebäude für die Museumsinsel, die James-Simon-Galerie, errichten.

Die umfangreiche Sammlung zur Kunst des 20. Jh. wird zwischenzeitlich in halbjährlich wechselnden Ausstellungen im Hamburger Bahnhof gezeigt [Nr. 71].

39 Gedenkstätte Deutscher Widerstand

Dokumentation an historischem Ort.

Stauffenbergstr. 13–14
Eingang über den Ehrenhof
Tel. 030/26 99 50 00
www.gdw-berlin.de
Mo–Mi, Fr 9–18, Do 9–20, Sa/So/Fei
10–18 Uhr
S1, S2, S25 und U2 Potsdamer Platz,
Bus M29, M48, M85, 200

Die Gedenkstätte Deutscher Widerstand befindet sich im Hof des **Bendlerblocks**, 1935–45 Sitz des Oberkommandos der Wehrmacht. Hier wurden am 20. Juli 1944 die vier deutschen Wehrmachtsoffiziere von Stauffenberg, Mertz von Quirnheim, von Haeften und Olbricht nach ihrem gescheiterten Attentat auf Hitler standrechtlich erschossen.

Im 2. Stock des Gebäudes informiert eine Ausstellung über den ›Widerstand gegen den Nationalsozialismus‹.

Ein weiterer Standort dieser Erinnerungsstätte ist die **Gedenkstätte Plötzensee** (Hüttigpfad, www.gedenkstaette-ploetzensee.de, März–Okt. tgl. 9–17, Nov.–Febr. tgl. 9–16 Uhr, Bus 123, S41, S42) im

Die Gedenkstätte Deutscher Widerstand erinnert an tapfere Menschen mit Gewissen

Hinzu kommen kunsthandwerkliche und industrielle Erzeugnisse, die den Einfluss der Bauhausbewegung auf das moderne Design zeigen. Ein Erweiterungsbau für das beliebte Museum ist in Planung und bereitet das 100-jährige Gründungsjubiläum 2019 vor.

41 Botschaftsviertel

Berlins ›neues‹ Diplomaten-Areal zeigt architektonische Highlights.

Stauffenbergstraße, Tiergartenstraße, Rauchstraße, Klinghöferstraße
S1, S2, S25 und U2 Potsdamer Platz,
Bus M29, 200

Nach dem Krieg war das Diplomatenviertel südlich des Tiergartens weitgehend dem Verfall preisgegeben. Aber schon kurz nach der Wiedervereinigung wurden hier alte Botschaftsgebäude restauriert und durch teils spektakuläre Neubauten ergänzt.

Von Hans Hollein stammt das Konzept der **Österreichischen Botschaft** (Stauffenbergstr.1) mit ihrer schwungvollen Schaufassade. Dem Bauhaus scheint die streng kubisch geformte **Indische Botschaft** (Tiergartenstr. 16/17) verpflichtet. Älteren Datums ist die **Japanische Botschaft** (Tiergartenstr. 24/25), die 1938–42 von Ludwig Moshammer errichtet und 1987 originalgetreu rekonstruiert wurde. Nebenan steht die 1938–42 im neoklassizistischen Stil gestaltete **Italienische Bot-**

schaft (Hiroshimastr. 1). Als gesamtskandinavisches Diplomatencenter kommen die **Nordischen Botschaften** (Rauchstr. 1) hypermodern daher, das norwegische Segment etwa ziert ein luftiger Baukörper aus Espenholz. Gegenüber fordert die **Mexikanische Botschaft** (Klinghöferstr. 3–11) mit ihrer an Le Corbusier erinnernden Lamellenfassade Beachtung.

Die Szenerie wird zusätzlich belebt durch originelle Neubauten von *Vertretungen deutscher Länder*, wie etwa der **Nordrhein-Westfalens** (Hiroshimastr. 12–16), 2000–2002 mit einer parabelförmigen Rautenfassade aus Holz errichtet. Weitere Länder-Repräsentanzen entstanden in den *Ministergärten* nördlich vom Leipziger Platz.

42 Tiergarten

Beliebter Park und eines der größten Erholungsgebiete der grünen Stadt.

Straße des 17. Juni
S5, S7, S75 Tiergarten und Bellevue,
U9 Hansaplatz,
Bus 100, 106, 187, 200

Idyllische Wasserläufe, Teiche und Wiesen, der weit verzweigte *Neue See* mit Café und Bootsverleih, reichlich Spazierwege, die an allerlei Brunnen und Skulpturen (oft Denkmäler großer deutscher Dichter und Komponisten) vorbeiführen – so präsentiert sich der Tiergarten heute

Die Siegessäule: Martialisches Monument aus vergoldeten Geschützrohren

Eine Idylle, die Staat macht: Schloss Bellevue, Amtssitz des Bundespräsidenten

wieder. Nach dem Zweiten Weltkrieg hatten die Berliner die Bäume abgeholzt und im Park Kartoffeln und Rüben gezogen. Doch schon 1949 gab der legendäre Regierende Bürgermeister jener dramatischen Jahre, Ernst Reuter (1889–1953), mit dem Anpflanzen einer Linde das Zeichen zur Wiederaufforstung.

Die Geschichte des Tiergartens begann 1527, als Brandenburgs Kurprinz Joachim der Jüngere einen Tier- und Lustgarten zur Jagd anlegen ließ. Friedrich der Große veranlasste 1742 die Umgestaltung zu einem Barockpark. Im 19. Jh. verwandelte Peter Joseph Lenné diesen in einen englischen Landschaftsgarten. In der Neuzeit hat der 2006 eröffnete *Tiergartentunnel* wesentlich zur Verkehrsberuhigung des Gebietes beigetragen. So konnten große Teile des Parks wieder zusammenwachsen, ganz im Sinne Lennés.

Nach wie vor führt die **Straße des 17. Juni** Richtung Brandenburger Tor quer durch den Tiergarten. Die Trasse wurde schon 1695 als Verbindung zwischen Stadtschloss und Schloss Charlottenburg angelegt. 1938 ließ sie NS Generalbauinspektor Albert Speer zu einer 40 m breiten Aufmarschroute ausbauen. 1953 erhielt die Straße in Erinnerung an den Volksaufstand in der DDR ihren heutigen Namen. Sie führt vorbei am **Sowjetischen Ehrenmal** von 1946. Die 6 m hohe Figur eines Rotarmisten mit geschultertem Gewehr soll aus Marmorblöcken der im Krieg zerstörten Neuen Reichskanzlei angefertigt worden sein.

43 Siegessäule

Symbol von Preußens Gloria.

Großer Stern
April–Okt. tgl. 9.30–18.30,
Nov.–März tgl. 9.30–17 Uhr
Bus 100, 106, 187

›Goldelse‹ nennen die Berliner ihre **Viktoria** wenig respektvoll. Die populäre goldglänzende Figur der römischen Siegesgöttin bekrönt die Siegessäule auf dem Platz Großer Stern inmitten des Tierparks. Sie trägt Lorbeerkranz und Speer und ist keineswegs eine zierliche Dame – immerhin ist sie von Kopf bis Fuß stolze 8 m hoch und ihr Gewicht beträgt 35 t. Wer ihr auf der luftigen **Aussichtsplattform** in 48 m Höhe Gesellschaft leisten möchte, muss eine Wendeltreppe mit 285 Stufen im Inneren der Säule erklimmen.

1864 hatte der spätere Kaiser Wilhelm I. den Baumeister Johann Heinrich Strack mit der Errichtung eines Monuments beauftragt, das mit Beutestücken aus den siegreichen Feldzügen jener Zeit zu bestücken sei. Strack ließ bis 1873 die Siegessäule aus vergoldeten Geschützrohren errichten. Am quadratischen Sockel aus rotem Granit zeigen Bronzereliefs Szenen aus den Befreiungskriegen. Ein Glasmosaik an der Innenwand des Säulengangs thematisiert die deutsche Einheit nach dem Sieg über Frankreich 1871.

Am **Großen Stern**, von dem fünf belebte Durchfahrtsstraßen und einige Gehwege ausstrahlen, stehen die **Statuen**

*Kosmopolitischer Ort für zeitgenössische
Kunst – das Haus der Kulturen der Welt*

von Otto Bismarck, Generalfeldmarschall
Helmuth Graf von Moltke und Kriegsmi-
nister Albrecht von Roon, allesamt in den
Jahren nach 1900 vollendet. Bismarck und
Moltke standen wie die Siegessäule bis
1938 vor dem Reichstag, dann wurden sie
von den NS-Behörden hierher versetzt.

44 Schloss Bellevue

*Das frühklassizistische Schloss ist
Amtssitz des Bundespräsidenten.*

Spreeweg 1
www.bundespraesident.de
S5, S7, S75 Bellevue, U9 Hansaplatz,
Bus 100, 106, 187

Wo heute das weiße Schloss Bellevue
den nördlichen Teil des Tierparks über-
blickt, hatte sich zunächst ab 1746 Georg
Wenzeslaus von Knobelsdorff, der Leibar-
chitekt Friedrichs des Großen, ein Haus
gebaut. Ein frühklassizistisches Schloss
namens Bellevue entstand hier erst 1785–
87 nach Plänen von Philip Daniel Boumann für Prinz August Ferdinand, Friedrichs jüngsten Bruder. Nach Zerstörung
im Krieg wurde Bellevue 1959 rekonstruiert und dient seit 1994 als Amtssitz des
Bundespräsidenten. Eindrucksvoll und
wie im Original von Carl Gotthard Langhans klassizistisch konzipiert zeigt sich
der ovale *Festsaal* (1791) im Obergeschoss.
   Der 1784 angelegte **Schlosspark** galt
als einer der schönsten Landschaftsgär-
ten der Stadt. Weil er herrliche Aussichten auf andere Schlösser, Parks und die
Spree erlaubte, nannten ihn die Leute
bald Bellevue, ›schöner Ausblick‹. Im Süd-
teil steht heute das elliptisch gebaute
Bundespräsidialamt (1996–98, Gruber
und Kleine-Kraneburg).

45 Hansaviertel

*Am Nordwestrand des Tiergartens
entstand eine Ikone der Moderne.*

Altonaer Straße, Bach-, Lessingstraße,
Klopstockstraße und Bartningallee,
U9 Hansaplatz, Bus 106, 187

Charakteristisch für das Hansaviertel sind
frei im Grünen stehende, von der Straße
zurückgesetzte moderne Wohngebäude

– eine lockere Mischung aus Flachbauten,
vier- bis sechsstöckigen Blöcken und
Hochhäusern, die auch soziale und kulturelle Einrichtungen beherbergen. 48 Architekten aus 13 Ländern – unter ihnen
Alvar Aalto, Walter Gropius, Max Taut und
Oscar Niemeyer – waren an der Planung
der Siedlung beteiligt, die als Zentrum
der *Internationalen Bauausstellung* 1957
fungierte und als einmaliges Bauzeugnis
der klassischen Moderne gilt.
   In der Altonaer Straße 22 ist das **GRIPS-
Theater** [s. S. 175] ansässig, das unter Leitung von Volker Ludwig seit 1994 zum
bekanntesten Kinder- und Jugendtheater Deutschlands wurde.
   Die **Akademie der Künste** (Hanseaten-
weg 10, Tel. 030/200 57 20 00, www.adk.de)
wurde 1960 nach Plänen von Werner
Düttmann für den West-Berliner Spross
der traditionsreichen Hochschule erbaut.
In Ost-Berlin bestand seit 1950 eine ei-
genständige Deutsche Akademie der
Künste. Die seit 1993 wiedervereinte Einrichtung kehrte 2005 an ihren alten
Standort am Pariser Platz zurück [s. S. 20].
In den Räumen im Hansaviertel finden
weiterhin Ausstellungen und andere
kulturelle Veranstaltungen statt. Vor dem
Gebäude stehen moderne Skulpturen,

zum Beispiel Henry Moores Bronzefigur ›Die Liegende‹ (1956).

TOP TIPP Westlich des Hansaviertels lädt die **Königliche Porzellan-Manufaktur Berlin** (Wegelystr. 1, Tel. 030/39 00 90, www.kpm.de, Mo–Sa 10–18 Uhr) in die *KPM Welt* ein. Der Rundgang durch die 1763 von Friedrich dem Großen gegründete Manufaktur dokumentiert Geschichte und Herstellung des kostbaren ›weißen Goldes‹ sowie Glanzstücke der Sammlung. Ein Werksverkauf [s. S. 166] schließt sich an. Das KPM Café serviert Gaumenfreuden, selbstverständlich in und auf hauseigenem Porzellan.

46 Haus der Kulturen der Welt

Internationale Kunst- und Kulturevents in kühner Architektur.

John-Foster-Dulles-Allee 10
Tel. 030/39 78 71 75
www.hkw.de
tgl. 10–19 Uhr
(Ausstellungen: Mi–Mo 11–19 Uhr)
S5, S7, S75 Hauptbahnhof,
U55 Bundestag,
Bus M85, 100

Das Haus der Kulturen der Welt (HKW) im nördlichen Teil des Tiergartens hieß ursprünglich Kongresshalle und war der US-amerikanische Beitrag zur Internationalen Bauausstellung im Jahr 1957. Der geschwungenen Dachform wegen verpasste der Berliner Volksmund der Halle den Namen ›Schwangere Auster‹. Im dazugehörigen großen Wasserbecken fällt die Bronzeplastik ›Zwei Formen‹ (1956) des für seine abstrakten Skulpturen bekannten Bildhauers und Zeichners Henry Moore auf.

Unter seinem heutigen Namen ist der Bau seit 1989 dem interkulturellen Dialog in verschiedenen Facetten und Sparten gewidmet. Zum regelmäßigen und vielfältigen Kanon der hier stattfindenden Veranstaltungen gehören Ausstellungen, Konzerte und Musikfestivals.

Nachbar des HKW ist seit 1987 das **Berliner Carillon** (Tel. 030/85 12 8 28, www.carillon-berlin.de), ein Konzertglockenspiel mit 68 Klangkörpern, aufgehängt in einem 42 m hohen quaderförmigen Granitturm. Besonders hörenswert sind die Konzerte (in der Regel Mai–Sept. So 15 Uhr, anschließend Turmführung) des Carillonneurs Jeffrey Bossin.

Zwischen Alexanderplatz und Märkischem Ufer – Alt-Berlin und Zukunftstrends

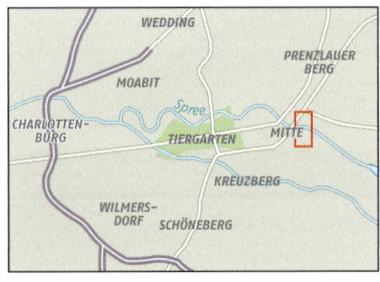

Im Gebiet zwischen **Alexanderplatz** und **Märkischem Ufer** findet man einen interessanten baulichen Querschnitt der Berliner Stadtgeschichte: mittelalterliche Häuser der alten Residenzstadt Berlin-Cölln, Rokoko-Palais reicher Bürger, repräsentative Verwaltungsgebäude aus der Zeit der frühen Industrialisierung, DDR-Plattenbauten und mit dem **Nikolaiviertel** im Schatten des **Fernsehturms** den Versuch, ein altes Stück Berlin architektonisch wieder aufleben zu lassen. Das **Märkische Museum** jenseits der Spree führt ebenfalls durch die Stadtgeschichte. Neue Trends vertritt das *DomAquarée* mit Riesenaquarium und **DDR-Museum**.

47 Alexanderplatz

Der Alex – berühmt, beliebt und ein städtebauliches Experimentierfeld.

S5, S7, S75 und U2, U5, U8 Alexanderplatz, Tram M2, M4, M5, M6, Bus M48, 100, 200, 248, TXL

Einem Besuch von Russlands Zar Alexander im Jahr 1805 verdankt der frühere Exerzierplatz seinen Namen. Mit dem Bau der Stadtbahn 1882 entwickelte er sich zum größten Verkehrsknotenpunkt des Berliner Ostens. Darüber hinaus lockten berühmte Kaufhäuser wie Wertheim und Tietz zahllose Kunden an. Und nicht zuletzt stand der Alexanderplatz auch immer wieder im Brennpunkt der Geschichte: Hier fanden während der bürgerlichen Revolution 1848 Barrikadenkämpfe statt und in den Jahren 1918/19 kam es zu Tumulten zwischen Polizei und Arbeitern. Am 4. November 1989 demonstrierten etwa 500 000 Menschen für einen demokratischen Wandel in der DDR.

Dem lebhaften Zentrum der Metropole setzte *Alfred Döblin* (1878–1957) mit seinem Roman ›Berlin Alexanderplatz‹ 1929 ein literarisches Denkmal. Doch die Bomben des Zweiten Weltkriegs machten das dicht bebaute Areal um den **Alex** zum Trümmerfeld. In den 1960/70er-Jahren versuchte der Ostberliner Magistrat,

dem Areal durch den Bau mehrerer **Hochhäuser** – zum Beispiel Interhotel, Haus des Lehrers, Haus des Reisens und Haus der Elektroindustrie – hauptstädtisches Flair zu geben. Im Zuge des-

Das Alexa ist mit rund 180 Läden und Bistros eines der größten Einkaufszentren in Berlin

sen wurde der Alex zur Fußgängerzone umgestaltet, behielt aber seine Funktion als wichtiges Drehkreuz für Bus, Tram, U- und S-Bahn.

Bald nach der Wiedervereinigung wurden Ideen zur Umgestaltung des Alexanderplatzes entwickelt. Die Entscheidung fiel 1993 für Hans Kollhoffs **Masterplan**. Er sah eine hufeisenförmige Einfassung des Platzes mit achtgeschossigen Bauten und mehreren Hochhaustürmen vor, die historische Bausubstanz einbeziehen sollte. Doch das Projekt kam nie zur Ausführung. Immerhin wurden einzelne Neubauten errichtet, Freiflächen fußgängerfreundlich umgestaltet und bestehende Bauten restauriert. Dazu gehören die beiden achtgeschossigen Häuser an der Südseite des Platzes. Das **Alexander-** und das **Berolinahaus** (1929–32) sind Spätwerke von Peter Behrens, einem Architektur- und Designpionier der Neuen Sachlichkeit. Vor dem Alexanderhaus zeigt die 10 m hohe **Urania-Weltzeituhr** (1969) aus Stahl, Aluminium und Emaille die jeweils aktuelle Stunde in den 24 Zeitzonen der Welt an.

An der Alexanderstraße, wo sich einst die Gestapozentrale befand, steht das Einkaufszentrum **Alexa** (2007), ein roter Sandstein-Glas-Bau mit Art-Déco-Anklängen. Neben Läden finden sich hierin auch die **Loxx Miniatur Welten** (Tel. 030/44 72 30 22, www.loxx-berlin.de, tgl. 10–20 Uhr), eine Modellbahnanlage, deren Züge durch Berliner Stadtviertel fahren, nachgebaut im Maßstab 1 : 87.

Die Nordseite des Alexanderplatzes beherrscht das 1967–70 als Interhotel gebaute **Park Inn**. Das drittgrößte Hotel Deutschlands (122 m, 37 Geschosse) hat seit 2005 eine Spiegelglasfassade. Samstags kann man hier wagemutige Base-Flyer beobachten, die sich in Freifallgeschwindigkeit aus 125 m Höhe vom Dach des Park Inn stürzen.

Auf dem Grundstück des Kaufhauses Tietz entstand zu DDR-Zeiten das Centrum-Warenhaus. Josef Paul Kleihues passte es 2006 für **Galeria Kaufhof** den Bedürfnissen eines modernen Kaufhauses an. Besonders gelungen ist der von einer Glaskuppel bekrönte Lichthof mit den 24 m langen freitragenden Rolltreppen. Vor dem Kaufhaus plätschert das Wasser des farbenfroh emaillierten **Brunnens der Völkerfreundschaft** (1970) über 17 große Schalen abwärts.

Welt und Zeit drehen sich auf dem Alexanderplatz – in Form der Urania-Weltzeituhr

48 Fernsehturm

TOP TIPP

Mit stolzen 368 m das vierthöchste frei stehende Gebäude Europas.

Panoramastr. 1 A
www.tv-turm.de
März–Okt. tgl. 9–24,
Nov.–Febr. tgl. 10–24 Uhr
Online-Tickets mit Zeitfenster
S5, S7, S75 und U2, U5, U8 Alexanderplatz, Tram M2, M4, M5, M6,
Bus M48, 100, 200, 248, TXL

Der 1969 eröffnete Fernsehturm steht mitten in der City und ist zugleich das vierthöchste frei stehende Bauwerk Europas. Das Konzept dieses einstigen Prestigeobjekts der DDR entwickelten Hermann Henselmann und Jörg Streitparth, Pläne und Bauleitung übernahmen ab 1965 Fritz Dieter und Günter Franke – mit Pioniergeist, denn man hatte keine Erfahrung mit dem Bau solch hoher Türme im Innenstadtbereich. Die verglaste Kugel von 32 m Durchmesser wiegt 4800 t. Darin befindet sich die **Panoramaetage** (203 m), über der sich das **Restaurant Sphere** (207 m) innerhalb von 30 Min. einmal um die eigene Achse dreht.
Im Fuß des Turms hat das stark umstrittene **Menschen Museum** des Plastinators Gunther von Hagen eine Bleibe gefunden (www.memu.berlin, tgl. 10–19 Uhr).

Den weiten Platz südwestlich vom Fernsehturm ziert der beeindruckende, 1891 von Reinhold Begas in Bronze gestaltete **Neptunbrunnen** (1891): Meeresgott Neptun wird von vier Tritonen getragen. Um ihn herum tummeln sich Putten, mytische Meeres- und Flussbewohner sowie diverse Wassertiere. Die Frauengestalten am Brunnenrand symbolisieren Elbe, Weichsel, Oder und Rhein. Der Brunnen stand einst am Berliner Stadtschloss und wurde 1969 hierher versetzt.

▶ **Reise-Video**
Fernsehturm
QR-Code scannen [s.S.5]
oder dem Link folgen:
www.adac.de/rf0119

49 Berliner Rathaus
Rotes Rathaus

In diesem Neorenaissancebau wirkt Berlins Regierender Bürgermeister.
Rathausstr. 15
Tel. 030/902 60
Mo–Fr 9–18 Uhr
U2 Klosterstraße, Bus M48, 248

Das Berliner Rathaus wird seiner roten Klinkerfassade wegen allgemein ›Rotes Rathaus‹ genannt. 1861–69 wurde der Bau mit drei Innenhöfen und 90 m hohem Viereckturm über dem Hauptportal errichtet. Architekt Hermann Friedrich Waesemann hatte sich bei seinen Plänen am Rathaus von Thorn (heute Polen, einst Westpreußen) orientiert. Zu DDR-Zeiten war es Sitz des Magistrats und der Stadtverordnetenversammlung Ost-Berlins. Heute residieren hier der Berliner Senat und der Regierende Bürgermeister.
Die Fassade schmückt ein **Terrakottafries**, der die Geschichte Berlins von den Anfängen bis zur Reichsgründung 1871 abbildet. Vor dem Haupteingang erinnern zwei Bronzefiguren (*Trümmerfrau* und *Aufbauhelfer*, Fritz Cremer, 1958) an die Mühsal des Wiederaufbaus nach dem verheerenden Zweiten Weltkrieg.
Im Foyer vor dem Wappensaal im ersten Stock lädt der topografische **Medientisch** Besucher ein, Sehenswürdigkeiten Berlins anzuklicken und mehr über historische Hintergründe zu erfahren.
Vor dem Berliner Rathaus wird derzeit am Teilstück der U5 zwischen Alexanderplatz und Brandenburger Tor gebaut (geplante Eröffnung 2020). Bei den Aushub-

arbeiten kamen mittelalterliche Baureste, etwa der Gerichtslaube, zutage. Sie sollen im Rahmen eines **Archäologischen Fensters** in die künftige U-Bahn-Station *Berliner Rathaus* integriert werden.

50 St. Marienkirche

Zweitälteste Pfarrkirche Berlins mit bedeutender Kunst des Mittelalters.

Karl-Liebknecht-Str. 8
www.marienkirche-berlin.de
tgl. 10–18 Uhr
S5, S7, S75 und U2, U5, U8 Alexanderplatz, Tram M2, M4, M5, M6,
Bus M48, 100, 200, 248, TXL

Ganz frei steht auf dem Platz westlich des Fernsehturms die backsteinrote St. Marienkirche, eines der letzten Relikte des berlinischen Mittelalters. Das aus dem 13. Jh. stammende Gotteshaus ist dreifach geweiht, nämlich der Jungfrau Maria, der hl. Anna und dem hl. Mauritius. Der viereckige gestaffelte Turm über dem Westportal wurde im 17. Jh. aus hellem Muschelkalk angefügt, seine barocken Formen gestaltete Carl Gotthard Langhans 1789/90 neogotisch um.

Die Innenausstattung der St. Marienkirche ist bemerkenswert. Berühmt ist vor allem der **Totentanz** in der Turmhalle, das 22 m lange und 2 m hohe Fresko eines unbekannten Künstlers. Es war wohl im Pestjahr 1484 entstanden, um 1730 übertüncht und erst bei der Restaurierung 1860 durch Friedrich August

Stüler freigelegt worden. In 28 Szenen sind Vertreter verschiedener Stände in Gesellschaft des personifizierten Todes dargestellt.

Weitere Attraktionen sind ein *Taufbecken* aus Bronze (1437) und die aus Marmor gestaltete *Barockkanzel* von Andreas Schlüter (1703). Das *Sühnekreuz* beim Hauptportal der Kirche erinnert an die Ermordung des papstnahen Propstes Nikolaus von Bernau im Jahr 1325.

Das einstige **Marx-Engels-Forum** südwestlich der Marienkirche wurde 2010 wegen des Baus der U-Bahn-Linie U5 zwischen Alexanderplatz und Brandenburger Tor für die Öffentlichkeit gesperrt. Das namengebende, überlebensgroße Bronzedenkmal des sitzenden Karl Marx und des neben ihm stehenden Friedrich Engels wurde zur Liebknechtbrücke am Schlossplatz hin versetzt.

51 DomAquarée

Ein Riesenaquarium, das Museum zum sozialistischen Alltag und eine mittelalterliche Kapelle.

Karl-Liebknecht-Straße und Spandauer Straße
www.domaquaree.de
S5, S7, S75 Hackescher Markt,
Tram M1, M4, M5, M6,
Bus M48, 100, 200, 248, TXL

Teil des 2004 erbauten CityQuartier Dom Aquarée ist in seiner Südostecke das **Sea Life Berlin** (Spandauer Str. 3, Tel. 030/

Der Meeresgott und sein Gefolge am Neptunbrunnen mit Blick auf das Rote Rathaus

99 28 00, www.visitsealifeeurope.com, tgl. 10–19, Einlass bis 18 Uhr). In mehr als 30 Aquarien zeigt es Flora und Fauna aus Flüssen und Meeren, von der Spree bis zum Atlantik. Eindrucksvoll sind insbesondere der *Schwarmring*, ein Aquarium um einen verglasten Besucherraum, und das *Atlantik Tiefseebecken* mit Haien und anderem Meeresgetier, denen der Gast in einem Glastunnel ganz nah kommt.

Zum SeaLife gehört auch die Attraktion des **Radisson Blu Hotel** (Karl-Liebknechtstr. 3, s. S. 181). Im Atrium des Hotels ragt der zylinderförmige **Aqua Dom** 25 m hoch auf. Er ist das größte Aquarium seiner Art weltweit. Ein Aufzug führt Besucher und Gäste mitten durch die faszinierende Wasserwelt mit bunten Korallen und Schwärmen exotischer Fische.

Wer ein wenig sozialistischen Alltag nach- oder wiedererleben möchte, ist im **DDR Museum** (Karl-Liebknecht-Str. 1, Eingang an der Spreepromenade gegenüber vom Dom, Tel. 030/847 12 37 31, www.ddr-museum.de, So–Fr 10–20, Sa 10–22 Uhr, online buchbare Zeitfenster-Tickets) richtig. In der spannenden Ausstellung ermöglicht interaktive Technik etwa eine simulierte Trabi-Fahrt durch eine Plattenbausiedlung. Oder man spürt in einer original eingerichteten Wohnung der Lebenswelt jener Zeiten nach. Ein eigener Themenbereich ist Abhör- und Verhörmethoden der Stasi gewidmet. Nebenan tischt das *DDR-Restaurant Domklause* in Form von Broiler, Ketwurst und Grilletta ›Geschichte zum Genießen‹ auf.

Ins Mittelalter versetzt die 1313 erstmals urkundlich erwähnte **Heiliggeistkapelle** (Spandauer Straße 1, Tel. 030/20 93 56 74, Do 12–13 Uhr) hinter dem DomAquarée, die baulich mit der Wirtschaftswissenschaftlichen Fakultät der Humboldt-Universität verbunden ist. Die spätgotischen Deckenmalereien im einschiffigen Inneren entstanden um 1520, die Rippen des Sterngewölbes ruhen auf figurengeschmückten Konsolen.

52 Nikolaiviertel und Nikolaikirche

Das älteste Bauensemble der Stadt ist eine Art stimmungsvolles Museum.

Zwischen Spreeufer, Mühlendamm und Spandauer Straße
www.berlin-nikolaiviertel.com
U2 Klosterstraße, Bus M48, 248

Das autofreie Nikolaiviertel ist eine beliebte Attraktion in Berlin-Mitte. Hier befand sich einst der Kern des alten Berlin, die Osthälfte der Doppelstadt Berlin-Cölln. Zwar war das Nikolaiviertel schon Anfang des 13. Jh. besiedelt, doch mit

Nikolaikirchtürme und Kuppelturm des Alten Stadthauses überragen das Nikolaiviertel

diesen gewachsenen Strukturen hat sein heutiges Erscheinungsbild nichts mehr zu tun. Vielmehr wurde es 1987 zur 750-Jahr-Feier von Berlin von Architekt Günter Stahn auf dem Reißbrett geplant. Der Entwurf beinhaltete auch die Restaurierung einiger der alten Häuser. Die meisten jedoch wurden historisierend neu errichtet, weitere aus anderen Vierteln hierher versetzt. Heute genießen Besucher in den Gassen ein Stück **Altberliner Milieu**. Es gibt hier fünf Museen, einen historischen Pfad mit Informationstafeln, 24 Cafés und Restaurants sowie 50 Läden.

Das Herz des Viertels ist die **Nikolaikirche** (Nikolaikirchplatz, Tel. 030/24 00 21 62,

www.stadtmuseum.de, tgl. 10–18 Uhr), älteste Pfarrkirche Berlins und heute symbolträchtiger Ausstellungsraum. Das Gebäude war wiederholt Schauplatz wichtiger Ereignisse der Berliner *Stadtgeschichte*. Hier traten 1539 Rat und Stadt zum lutherischen Glauben über. 1809 wurde der erste Berliner Magistrat vereidigt und nach der Wiedervereinigung am 11. Januar 1991 trat hier der erste frei gewählte Berliner Senat zu seiner konstituierenden Sitzung zusammen.

Hervorgegangen ist die Nikolaikirche aus einer um 1230 errichteten Feldsteinbasilika, die mehrfach umgebaut wurde und 1879 ihre heutige Gestalt im Stil der Backsteingotik erhielt. Damals kamen auch die markanten, 84 m hohen Doppeltürme hinzu. Die Kirche wurde 1944/45 zerstört, doch 1981 erfolgte der Wiederaufbau nach Originalplänen. Seit 1987 ist die Nikolaikirche Dependance der **Stiftung Stadtmuseum Berlin** und Konzertsaal. Eine Ausstellung erläutert Geschichte und Bedeutung des Gotteshauses. Hinzu kommen Exponate aus dem Bereich Kunsthandwerk und sakrale Kunst, darunter das aus 41 bronzenen Klangkörpern bestehende *Glockenspiel*, ein bemaltes *Zinntaufbecken* (1563), die *Grabkapelle* (1725) des Finanzministers Johann Andreas von Krauth sowie das *Gruftportal*, das Andreas Schlüter um 1700 für den Goldschmied Daniel Männlich schuf. Eines der kostbarsten Objekte ist das *Zehdenicker Altartuch* in der Sakristei. Mit seinen fein gestickten Bibeldarstellungen offenbart

Charme der Vergangenheit – beige-braunes Durchschnittswohnzimmer im DDR Museum

es sich als ein Meisterwerk norddeutscher Textilkunst des 13. Jh.

Im **Lessinghaus** (Nikolaikirchplatz 7) nördlich der Kirche wohnte 23 Jahre lang, 1752–75, der Dichter Gotthold Ephraim Lessing (1729–81). Nur wenige Meter entfernt lädt die Altberliner Gaststätte *Zum Nussbaum* [s. S. 168] zur Einkehr. Das traditionsreiche Haus wurde von der Fischerinsel hierher versetzt. Es war einst Stammlokal des Zeichners **Heinrich Zille**.

Ein kleines Museum ganz in der Nähe widmet sich Leben und Werk dieses Künstlers (Probststr. 11, www.zillemuseum-berlin.de, Mo–Sa 11–18, So 13–18 Uhr).

Etwas weiter zum Schlossplatz hin steht ein Nachbau der **Gerichtslaube** von 1270. Hier ist das Restaurant *Zur Gerichtslaube* [s. S. 168] ansässig. Das Gebäude gehörte zum ersten Berliner Rathaus am Molkenmarkt. Um 1860 mussten diese beiden historischen Gemäuer dem Neubau des Roten Rathauses weichen. Eine weitere Rekonstruktion der Gerichtslaube befindet sich seit 1871 im Park von Schloss Babelsberg [s. S. 161].

Direkt am Spreeufer, in der Burgstraße, steht auf rotem Granitsockel das bronzene Reiterstandbild des **Heiligen Georg im Kampf mit dem Drachen**, ein Werk von August Kiß aus dem Jahr 1855. Dies ist bereits der dritte Standort des Denkmals, denn es befand sich bis 1950 im Hof des Berliner Stadtschlosses. Danach stand es bis 1987 im Volkspark Friedrichshain.

▶ **Reise-Video
Nikolaiviertel**
QR-Code scannen [s. S. 5]
oder dem Link folgen:
www.adac.de/rf0120

53 Ephraim-Palais und Knoblauchhaus

Schöne Bürgerhäuser des 18. Jh. illustrieren Berliner Stadtgeschichte.

Poststr. 16 und 23
Tel. 030/24 00 21 62
www.stadtmuseum.de
Di, Do–So 10–18, Mi 12–20 Uhr (Ephraim-Palais), Di–So 10–18 Uhr (Knoblauchhaus)
U2 Klosterstraße, Bus M48, 248

Das bedeutendste historische Wohnhaus im Nikolaiviertel ist das **Ephraim-Palais**. Das Rokoko-Bauwerk mit der abgerunde-

ten Eckfassade, benannt nach Hofjuwelier und Münzpächter Veitel Heine Ephraim, entstand 1762–66 nach einem Entwurf von Friedrich Wilhelm Diterichs. Die kostbare Fassade wurde 1935/36 aus verkehrstechnischen Gründen abgetragen und in 2493 Teilen eingelagert. 1985–87 baute man das Palais mit den Originalteilen wieder auf, versetzte es aber um 16 m.

Im Inneren zeigt die Stiftung Stadtmuseum Berlin heute Sonderausstellungen zur Berliner Kunst- und Kulturgeschichte. Sehenswert ist auch das ovale *Treppenhaus* mit seiner spiralförmigen Stufenfolge. Einen der Repräsentationsräume in der ersten Etage ziert die Kopie einer *Stuckdecke* (1704) von Andreas Schlüter aus dem 1889 abgerissenen Wartenbergschen Palais.

Schräg gegenüber steht ein weiteres elegantes Palais, das **Knoblauchhaus** von 1761. Die Barockfassade wurde 1806 klassizistisch verändert. In dem Anwesen des Nadlermeisters Johann Christian Knoblauch trafen sich im 18. Jh. bedeutende Persönlichkeiten wie Lessing, Wilhelm von Humboldt, Moses Mendelssohn und Freiherr vom Stein. Gemälde, Fotografien und Porzellan dokumentieren die Geschichte der Familie Knoblauch. In der ersten Etage zeigt die Ausstellung *Bürgerliches Wohnen im Biedermeier* original eingerichtete Räume wie Salon und Bibliothek. Ein Stockwerk höher sind Wechselausstellungen zur Berliner Kulturgeschichte im 19. Jh. zu sehen.

54 Palais Schwerin

Barockes Palais mit wechselvoller Geschichte.

Molkenmarkt 1–3
U2 Klosterstraße, Bus M48, 248

Der **Molkenmarkt** ist die Keimzelle Berlins. Hier siedelten die ersten Bewohner, hier stand das erste Rathaus der Stadt. Zu den wenigen älteren Gebäuden an diesem Platz gehört das Palais Schwerin, 1690 errichtet und bis 1704 von Jan de Bodt für Staatsminister Otto von Schwerin barock umgebaut. 1935 wurde das Anwesen in den Neubau der Reichsmünze einbezogen. Zu DDR-Zeiten residierte hier das Ministerium für Kultur, heute nutzt das Deutsch-französische Jugendwerk den schmucken Eckbau.

Über den Hauptgeschossfenstern finden sich Lünetten mit Puttenreliefs. Bei dem klassizistischen Relieffries an der Fassade handelt es sich um eine Kopie. Das sandsteinerne Original (um 1800) hatte Gottfried Schadow für die Alte Münze am Werderschen Markt geschaffen.

55 Altes und Neues Stadthaus

Prachtbauten des frühen 20. Jh. – und eine Architektur-Sensation.

Klosterstraße und Parochialstraße
U2 Klosterstraße, Bus M48, 248

Kaum war das Rote Rathaus 1869 vollendet, erwies es sich schon als zu klein. Daher schuf Stadtbaumeister Ludwig Hoffmann 1902–11 am Molkenmarkt einen zusätzlichen Verwaltungsbau, der auch repräsentative Funktionen erfüllte. Bis 1990 war dieses **Alte Stadthaus** Amtssitz des Ministerrates der DDR. Heute haben hier Berlins Innensenator und das Landesdenkmalamt ihre Diensträume.

Die Pläne Hoffmanns basierten auf einem trapezförmigen Grundriss mit vier Innenhöfen. Das Äußere bestimmen der hohe, stark plastische Rustikasockel aus grauem Muschelkalkstein, die sich ins Wuchtige steigernden Säulen und der auf den Westflügel gesetzte, 101 m hohe Turm. Seine Kuppel ziert Ignatius Taschners **Fortuna** (um 1911, 2003 rekonstruiert). Die gut 3 m hohe kupferne Figur der Glücksgöttin balanciert leichtfüßig auf einer vergoldeten Kugel.

In der benachbarten Parochialstraße steht das **Neue Stadthaus** (1937–39, Franz Arnous, Günther Starck). Bis 1948 tagte hier der Gesamtberliner Magistrat, dann zogen die West-Berliner Abgeordneten aus und es wurde eine Stadtregierung nur für den Osten gebildet. Heute haben im Haus Abteilungen des Senats und das Standesamt Mitte ihr Domizil.

Der nahe **U-Bahnhof Klosterstraße** birgt Reste des *Berliner Festungsrings* aus dem 17. Jh. Die Wandfliesen der Eingangshalle sind der *Prozessionsstraße von Babylon* im Pergamonmuseum [s.S. 40] nachempfunden. Im Übrigen sorgt ein alter U-Bahn-Waggon der 3. Klasse für ein wenig Bahnhofsnostalgie.

An der Ecke Klosterstraße und Rolandufer zieht die 2004 eröffnete **Niederländische Botschaft** (Klosterstraße 50, www.niederlandeweb.de, Besichtigung auf Voranmeldung) des Rotterdamer Stararchitekten *Rem Koolhaas* die Blicke auf

Ludwig Hoffmanns Altes Stadthaus am Molkenmarkt

sich. Das kühle, dekonstruktivistische Glas-Aluminium-Bauwerk, halb Würfel, halb Paravent, verblüfft mit ungewöhnlichen Durchblicken und kühnen Formbrüchen wie der scheinbar frei schwebenden Skybox an der Westfassade. *Trajekt* nennt sich die Lauframpe, die sich einer Apfelschale gleich um das ganze Gebäude windet.

56 Parochialkirche

Berlins erste Barockkirche dient als Mahnmal der Kriegszerstörung.

Klosterstraße 67
www.parochialkirche.de
www.marienkirche-berlin.de
Mo–Fr 9–15.30 Uhr
U2 Klosterstraße, Bus M48, 248

Grundsteinlegung der reformierten Parochialkirche war 1695, Baumeister waren *Johann Arnold Nering* und später Hofbaumeister Martin Grünberg. Neben der Sophienkirche [s.S. 74] ist das 1703 geweihte Gotteshaus heute die einzige erhaltene Barockkirche Berlins.

Sie ist ein Zentralbau mit Vierkonchenanlage, Vorhalle und dem Kirchturm von 1714. Im Glockengeschoss ertönten 1715 zum ersten Mal die 37 Glocken des *Carillon*. Kirche und Turm brannten 1944 aus. In der notdürftig instand gesetzten Ruine fanden bis 1961 Gottesdienste statt, doch erst

1988 wurde der Bau neu eingedeckt. Die Wiederherstellung (1991–2004) erfolgte dann lediglich als Teilrekonstruktion. Der Verein *Denk mal an Berlin* (www.denk-mal-an-berlin.de) initiierte die Rekonstruktion des Turms, an dessen Vollendung noch gearbeitet wird. Das Kircheninnere wurde überwiegend als Rohbau gestaltet. Zu diesem nüchternen Denkmal der Kriegszerstörung passt auch das *Schrott-kreuz* (1961) von Fritz Kühn. Heute finden in der Parochialkirche sowohl Gottesdienste als auch Ausstellungen statt.

Nebenan steht das **Palais Podewils** (Klosterstr. 68), ein Barockbau von 1704. Die Entwürfe zeichnete Jan de Bodt. Nach Kriegsschäden wurde der Bau 1954 wiederhergestellt und diente später als Jugendkulturzentrum. Seit 2009 unterhält das **GRIPS-Theater** [s. S. 175] hier eine zweite Spielstätte.

In der **Waisenstraße**, einer der ältesten Straßen Berlins, stehen noch einige einfache Traufenhäuser des 18. Jh. Sie wurden auf Resten der einst etwa 4 m hohen Stadtmauer erbaut, die Berlin und Cölln seit dem 13. Jh. umgab. In Haus Nr. 14–16 befindet sich die Gaststätte *Zur letzten Instanz* [s. S. 168]. Ein Ausschank ist an dieser Stelle bereits seit dem Jahr 1621 dokumentiert.

57 Ehem. Franziskaner-klosterkirche

Eine mittelalterliche Ruine als Mahnmal gegen den Krieg.

Klosterstraße/Grunerstraße
Di–So 11–19 Uhr
U2 Klosterstraße, Bus M48, 248

Die Franziskanerklosterkirche galt bis zu ihrer Zerstörung im Zweiten Weltkrieg als eines der wichtigsten Bauwerke der märkischen Backsteingotik in Berlin. Die Basilika mit niedrigen Arkaden und romanisch gedrungenen Pfeilern entstand 1250–65, der gotische Chor wurde im 14. Jh. vollendet. Das *Graue Kloster* wurde bereits 1539 infolge der Reformation aufgelöst. Das Gebäude beherbergte ab 1574 das *Gymnasium zum Grauen Kloster* (heute in Berlin-Wilmersdorf). Allerlei Prominenz drückte hier die Schulbank, etwa Karl Friedrich Schinkel, Gottfried Schadow, Otto von Bismarck und Friedrich Ludwig Jahn (1778–1852), der als ›Turnvater Jahn‹ berühmt wurde.

Kloster und Kirche wurden im Zweiten Weltkrieg weitgehend zerstört und bis auf den Ruinenrest 1968 abgerissen. Der wird seitdem als *Mahnmal* gegen den Krieg konserviert und für Ausstellungen genutzt. Die zwei Säulenkapitelle im umgebenden *Park* stammen aus dem Berliner Stadtschloss.

58 Amtsgericht Mitte

Architektonisches Vorbild für manch anderes Gerichtsgebäude.

Littenstr. 12–17
Tel. 030/902 30
Mo–Fr 9–13 Uhr
S5, S7, S75 und U2, U5, U8 Alexanderplatz, U2 Klosterstraße, Tram M4, M5, M6, Bus M48, 100, 200, TXL

Das Amtsgericht Mitte wurde 1896–1905 erbaut und gilt als Vorbild für die Gerichtsgebäude von Moabit, Schöneberg, Lichtenberg und Pankow. Bis 1990 war das Oberste Gericht der DDR im Haus untergebracht, heute tagen hier das Amtsgericht Mitte und das Landgericht Berlin.

Wer nicht zur Verhandlung geladen ist, kann sich bei einem Besuch uneingeschränkt am prächtigen *Treppenhaus* zur Littenstraße hin erfreuen, in dem Elemente von Gotik, Barock und Jugendstil kombiniert sind.

59 Ermeler Haus

Das klassizistische Bau-Juwel ist heute Teil eines modernen Hotels.

Märkisches Ufer 10
U2 Märkisches Museum,
Bus 147, 165, 248, 265

Das schmucke Bürgerpalais (1760–62) war einst seiner opulenten Innenausstattung wegen berühmt. Der Industrielle Wilhelm Ferdinand Ermeler leistete sie sich, als er 1824 hier einzog. Der klassizistische Fassadenstuck mit Ranken und Palmetten stammt von 1805. Nach dem letzten Krieg wurde das Palais originalgetreu wiederhergestellt und 1968/69 von der Breiten Straße ans Märkische Ufer versetzt.

Inzwischen wurde der Prachtbau in das **art'otel Berlin Mitte** [s. S. 181] integriert. Die reich in Rokoko dekorierten Säle des Ermeler Hauses bilden den stimmungsvollen Rahmen für Restaurant und Banketträume. Schön sitzt man auch im glasüberdachten klassizisti-

Genau hinsehen ist im Zunftsaal wie im gesamten Märkischen Museum durchaus erwünscht

schen Innenhof. In spannendem Kontrast zu dieser historischen Baukomponente steht das moderne Ambiente des Hotels selbst, das mit charaktervollen Gemälden von Georg Baselitz ausgestattet ist.

60 Märkisches Museum

Umfassende Sammlung zur Geschichte Berlins von den Anfängen bis heute.

Am Köllnischen Park 5
Tel. 030/24 00 21 62
www.stadtmuseum.de
Di–So 10–18 Uhr
U2 Märkisches Museum,
Bus 147, 165, 265

Die Erinnerung an Architekturformen der Backsteingotik und Backsteinrenaissance in der Mark Brandenburg bewahrt das Märkische Museum. Es war bereits 1874 als Märkisches Provinzialmuseum im Palais Podewils eröffnet worden. 1899–1908 errichtete Ludwig Hoffmann den jetzigen Bau, der in Teilen zum Beispiel dem Turm des Ratzeburger Doms oder der Fronleichnamskapelle der Katharinenkirche in Brandenburg nachempfunden ist. Heute ist das Märkische Museum Stammhaus der **Stiftung Stadtmuseum Berlin** mit ihren insgesamt fünf Standorten.

Vor dem Eingang des Museums steht die Kopie der Figur des **Rolands von Brandenburg** (1474). Der Komplex beherbergt eine überaus facettenreiche kulturhistorische Sammlung von der Ur- und Frühgeschichte bis in die Gegenwart Berlins. Besonders gut kommen die Exponate in den originalgetreu restaurierten historischen Ausstellungssälen zur Geltung. Die *Gotische Kapelle* etwa beherbergt mittelalterliche Skulptur und Sakralkunst, auch *Zunftsaal*, *Waffenhalle* und *Große Halle* sind sehenswert. Dauer- und Wechselausstellungen bereiten Berlin-Themen interessant auf, vom grundlegenden *Hier ist Berlin!* bis zu zeitgeschichtlichen Ansätzen in *Mauer | Stücke*. In nächster Zukunft will das Museum auf zusätzlichen Ausstellungsflächen im gegenüberliegenden **Marinehaus** (1908–10) Stadtgeschichte bis 1918 präsentieren. Es muss mit Sperrungen einzelner Bereiche gerechnet werden.

In Sichtweite des Märkischen Museums erstreckt sich der **Köllnische Park** zwischen Rungestraße und südlichem Spreeufer. An seinem Rand zeigt das *Zille-Denkmal* (1965) von Heinrich Drake den humoristischen und sozialkritischen Berliner ›Milljöh‹-Zeichner Heinrich Zille (1858–1929) überlebensgroß in Bronze. Dazu gesellt sich noch der **Wusterhausener Bär**, ein Rundturm der Stadtbefestigung von 1718, der einst am Grünen Graben stand und im Jahr 1893 hierher versetzt wurde.

Vom Scheunenviertel zur Bernauer Straße – Kiez, Kultur und Orte des Gedenkens

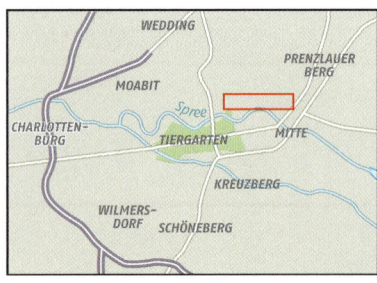

Im **Scheunenviertel** in der *Spandauer Vorstadt* entstanden im 17. Jh. Schuppen und Stallungen für den Viehmarkt am künftigen Alexanderplatz. Um 1900 galt die Gegend als *Hinterhof Berlins*, ein Armenviertel, wo Verbrechen und Prostitution Schreckbilder für biedere Bürger malten. Um die **Oranienburger Straße** waren im 18. und 19. Jh. viele Juden sesshaft geworden. Pogrome, etwa 1922/23, und vor allem die Exzesse der NS-Zeit ließen außer der prachtvollen **Neuen Synagoge** nur wenig von ihrer Kultur übrig. Heute zieht das Viertel mit seiner faszinierenden Mischung aus Szene, Kunst und Ostalgie Berliner wie Besucher gleichermaßen an. Um die **Hackeschen Höfe** blühen Theater, Galerien, Cafés und Nachtleben. Weiter westlich, jenseits der Friedrichstraße, lockt Bemerkenswertes wie Bertolt Brechts **Berliner Ensemble**, das **Deutsche Theater** oder der moderne **Hauptbahnhof**. Von Dinosauriern im **Museum für Naturkunde** bis zu Digitalkunst im **Hamburger Bahnhof** reicht das Spektrum musealer Präsentation. Ein ernstes Geschichtskapitel beleuchtet die **Gedenkstätte Berliner Mauer** im einstigen Grenzstreifen an der Bernauer Straße.

61 Volksbühne

1914 gegründet, gilt die Bühne als eine der aufregendsten Deutschlands.

Linienstr. 227
Tel. 030/24 06 57 77
www.volksbuehne-berlin.de
U2 Rosa-Luxemburg-Platz,
Tram M2, M8, Bus 200, 142, TXL

Im Herzen des Scheunenviertels liegt am **Rosa-Luxemburg-Platz** die Volksbühne [s. S. 174]. Mit dem Bau des Theaters nach Plänen von Oskar Hoffmann wollten die Stadtväter im Jahr 1914 dem zwielichtigen Milieu des Viertels etwas entgegensetzen. Der Name des Theaters geht auf die *Volksbühnenbewegung* (seit 1890) zurück, die auch der Arbeiterschaft zeitgenössisches Schauspiel näherbringen wollte. Dank außergewöhnlicher Inszenierungen avancierte die Bühne innerhalb weniger Jahre zu einer Kultstätte. Ihr erster Intendant war der große Max Reinhardt (1915–18), einer seiner Nachfolger war der gleichfalls berühmte Erwin Piscator (1924–27).

Der 2000 Zuschauer fassende Theatersaal brannte 1943 aus und wurde 1952–54 vereinfacht rekonstruiert. Seit 1992 sorgt

die experimentell-politisch ausgerichte-te Volksbühne unter der Intendanz von *Frank Castorf* immer wieder für Schlagzei-len. Ab 2017 soll Castorf von Chris Dercon abgelöst werden, der zuletzt als Direktor des Museums Tate Modern in London tä-tig war.

An der nordöstlichen Seite des Platzes steht das **Karl-Liebknecht-Haus** (1910), in dem 1926–33 das Zentralkomitee der KPD seinen Sitz hatte. Das nach dem im Ja-nuar 1919 ermordeten Mitbegründer des Spartakusbundes benannte Gebäude ist seit 2007 Zentrale der Partei *Die Linke*.

62 Hackesche Höfe

Berühmte Hofanlage mit Art-Déco-Fassaden und beliebten Lokalen.

Rosenthaler Str. 40/41 und
Sophienstr. 6
www.hackesche-hoefe.com
S5, S7, S75 Hackescher Markt,
U8 Weinmeisterstraße,
Tram M1, M4, M5, M6

Die Hackeschen Höfe sind mit 10 000 m^2 Fläche der größte Hofkomplex Europas. Typisch für die Industrialisierungsphase des 19. Jh. ist die Mischstruktur von Wohn-raum und Gewerbe. Die Pläne für die acht Höfe entwickelte Kurt Berndt 1906, die Gestaltung der Innenhof-Fassaden und Festsäle übernahm August Endell. Von besonderem kunsthistorischen Wert ist der erste Hof zur Rosenthaler Straße hin, der mit seiner bunt glasierten **Art-Déco-Fassaden** begeistert. 1997 wurden die Höfe umfassend restauriert, wobei Wert auf Erhalt der ursprünglichen Strukturen und der damit verbundenen Mischnut-zung gelegt wurde. So lebt man in den hiesigen Wohnungen nicht wirklich ru-hig, denn die Cafés, Bars und Restaurants, Galerien und Modegeschäfte in den Hö-fen ziehen das Publikum in Scharen an.

TOP TIPP Ein fester Bestandteil der Berliner Szene ist das **Chamäleon Theater** [s. S. 175]. Es nutzt den einstigen Ballsaal der Hackeschen Höfe, der 2004 nach Originalvorlagen restauriert wurde. Das Programm des Chamäleon umfasst Musik, Theater, Varieté und Artistik.

Im ersten Hof der Rosenthaler Straße 39, gleich neben den Hackeschen Höfen,

Die Hackeschen Höfe – eine Art-Déco-Kulisse aus bunten Fliesen und schönen Fenstern

unterhält die Gedenkstätte Deutscher Widerstand das kleine **Museum Blindenwerkstatt Otto Weidt** (Tel. 030/28 59 94 07, www.museum-blindenwerkstatt.de, tgl. 10–20 Uhr). Der Bürstenfabrikant Otto Weidt (1883–1947) beschäftigte in Nazideutschland vornehmlich blinde und gehörlose Juden. Die **Gedenkstätte Stille Helden** (tgl. 10–20 Uhr) erinnert an jene, die verfolgten Juden vor der Deportation ein Versteck geboten haben.

Im selben Hof zeigt das **Anne Frank Zentrum** (Tel. 030/288 86 56 00, www.annefrank.de, Di–So 10–18 Uhr) eine multimediale Dokumentation zum Leben von Anne Frank (1929–45). Das Zentrum veranstaltet zur Prävention von Diskriminierung und Rassismus Workshops und Projekttage, die sich vor allem an junge Menschen richten.

63 Sophienstraße

Gründerzeitliche Bauten und die erste Pfarrkirche der Spandauer Vorstadt.

S5, S7, S75 Hackescher Markt,
U8 Weinmeisterstraße,
Tram M1, M4, M5, M6

Die Sophienstraße ist einer der sehr gut erhaltenen Straßenzüge des 18./19. Jh. in Berlin. In den restaurierten Gebäuden sind heute Restaurants und Modegeschäfte, Clubs und Cafés, Galerien und Theater ansässig. Das älteste Haus der Straße (Nr. 11) entstand Mitte des 18. Jh. Hinter seiner hübschen Barockfassade lädt das Restaurant **Sophien 11** [s. S. 168] zum Schmaus ein.

Das *Handwerkervereinshaus* (Nr. 18) von 1905 zieht mit einem prächtig dekorierten Doppelportal aus Terrakotta die Blicke auf sich. Es diente dem 1844 gegründeten *Berliner Handwerkerverein* als Arbeiterbildungs- und Freizeitstätte. In den 1910/20er-Jahren war es Treffpunkt der revolutionären Linken, zu DDR-Zeiten hatte hier das Maxim-Gorki-Theater seine Werkstätten. Seit 1996 bietet das Handwerkervereinshaus mit den **Sophiensaelen** (www.sophiensaele.com) eine Spielstätte für freies Theater und experimentelle Musik.

Beachtenswert sind auch die **Sophie-Gips-Höfe** (Nr. 21) mit dem Café *Barcomi's Deli* [s. S. 170] und der *Sammlung Hoffmann* [s. S. 75] zur Kunst des 20./21. Jh. Nebenan nutzen Institute der Humboldt-Universität die Gebäude **Sophienstr. 22/**

22 a (1898/99). Eine wahre Augenweide ist auch das Nachbarhaus. Hinter neogotischer Fassade birgt es ein erstklassig erhaltenes Jugendstil-Treppenhaus.

Die **Sophienkirche** (Große Hamburger Str. 31, Eingang von hinten, www.sophien.de) wurde 1712/13 als Quersaalbau nach Plänen von Philipp Gerlach errichtet. Der 69 m hohe, original barocke Kirchturm kam 1735 hinzu. Beim Umbau 1892 wurde das Kircheninnere neobarock verändert.

64 Alter Jüdischer Friedhof

Erinnerungsstätten großer jüdischer Tradition in Berlin.

Große Hamburger Str. 26
www.jg-berlin.org
April–Sept. Mo–Do 7.30–17, Fr 7.30–14.30, So 8–17 Uhr, Okt.–März Mo–Do 7.30–16, Fr 7.30–14.30 Uhr, So 8–16 Uhr
S5, S7, S75 Hackescher Markt,
Tram M1, M5, M6

Die Gegend um Sophienstraße und Große Hamburger Straße war einst ein Zentrum jüdischen Lebens in der Stadt. Der **Alte Jüdische Friedhof** wurde 1672, fast zeitgleich mit der Gründung der ersten Berliner Judengemeinde, angelegt und bis 1827 genutzt. An der Friedhofsmauer finden sich rund 20 Inschriftentafeln. Eine davon erinnert an Gumpericht Jechiel Aschkenasi, der 1672 als erster hier beigesetzt wurde. 1943 verwüsteten Nazis den Gottesacker und pflügten die 3000 Gräber um, darunter auch die Ruhestätten von Moses Mendelssohn und Veitel Heine Ephraim, der Hofbankier Friedrichs des Großen gewesen war. So erscheint der Friedhof heute als mit wenigen Grabsteinen gesprenkelte Grünfläche – auch Mendelssohns Grabmal ist lediglich eine Nachbildung.

In der Großen Hamburger Str. 27 steht die **Knabenschule der Jüdischen Gemeinde**, das heutige Jüdische Gymnasium. Eine *Gedenktafel* an der Fassade erinnert an den Philosophen *Moses Mendelssohn* (1729–86), der Mitbegründer dieser ersten jüdischen Schule Berlins (1778) war. NS-Behörden hatten die Knabenschule und das jüdische *Altersheim* nahebei (1943 zerstört) als Sammelstelle für 55 000 Berliner Juden genutzt, um sie dann in die Konzentrationslager Theresienstadt oder Auschwitz zu deportieren. Will Lammerts Bronzegruppe *Jüdische Opfer des Faschismus* (1957) erinnert daran.

Kunstkapriolen, hier ›Black or White‹, beim Freischwimmer-Festival in den Sophiensaelen

Das Scheunenviertel – heißes Pflaster für junge Kunst

In Sachen Kunst liegt Berlin bei der **Avantgarde** voll im Trend. Etwa 400 Galerien zählt die Spreemetropole und jedes Jahr werden 2000 Ausstellungen inszeniert. Die **Sophienstraße** und die **Auguststraße** liegen im Zentrum eines Areals, das mit aktueller Kunst geradezu gepflastert ist: Die **Spandauer Vorstadt** und insbesondere ihr östlicher Teil, das Scheunenviertel, weist mit über **90 Galerien** die größte Konzentration an Kunstagenturen weltweit auf.

Internationaler Gegenwartskunst widmen sich Unternehmen wie **Eigen +Art** (Auguststr. 26, Tel. 030/280 66 05, www.eigen-art.com) und **Deschler** (Auguststr. 61, Tel. 030/283 32 88, www. deschler-berlin.de). Die **Kunst-Werke Berlin** (Auguststr. 69, Tel. 030/243 45 90, www.kw-berlin.de) residieren in einer früheren Margarinefabrik. Im Innenhof lockt das *Café Bravo* (Tel. 030/23 45 77 77), ein Glaswürfelbau, der als begehbares Kunstwerk konzipiert wurde.

Kultstatus hat auch die **Sammlung Hoffmann** (Sophienstr. 21, Tel. 030/28 49 91 20, www.sammlung-hoffmann. de, nach Voranmeldung Sa 11–16 Uhr) in den Sophie-Gips-Höfen, eine bewohnte Galerie in einer alten Nähmaschinenfabrik. Junge Kunst leuchtet hier neben Klassikern wie Joseph Beuys, Gerhard Richter und Bruce Naumann.

Stars des 21. Jh. wie Damien Hirst, Tobias Rehberger, John Bock und Wolfgang Tillmans präsentiert die **Sammlung Boros** (Reinhardtstr. 20, Tel. 030/240 83 33 00, www.sammlung-boros.de, Besichtigung Do–So nach Voranmeldung über Webseite) in einem Bunker mit spektakulär inszenierten Kunsträumen westlich der Friedrichstraße.

65 Oranienburger Straße

Faszinierende Meile für Touristen, Nachtschwärmer und Abenteurer.

S5, S7, S75 Hackescher Markt,
S1, S2, S25 Oranienburger Straße,
U6 Oranienburger Tor, Tram M1, M5, M6

Bei Berlinern und Besuchern gleichermaßen beliebt ist die Oranienburger Straße. Sie verläuft zwischen Hackeschem Markt und Oranienburger Tor und weist ein kontrastreiches Straßenbild auf – mit gut besuchten Kneipen, Cafés und Restaurants, dem nächtlichen Straßenstrich und nicht zuletzt der imposanten Neuen Synagoge [Nr. 66]. An ihrem südlichen Ende und gegenüber dem Bode-Museum liegt der 3 ha große **Monbijoupark**. Er ist nach dem Hohenzollernschloss Monbijou benannt, das einst hier errichtet, doch im Zweiten Weltkrieg völlig zerstört wurde. Der umgebende Park blieb jedoch erhalten und ist dank der Nähe zur Spree, dank Restaurants, Künstlerateliers, Sportanlagen, Kinderschwimmbecken und der sommerlichen **Strandbar Mitte** [s. S. 171] ein viel frequentierter Treffpunkt.

Einer der repräsentativsten Behördenbauten von Berlin ist das frühere **Postfuhramt** (Oranienburger Str. 35/36, Ecke Tucholskystraße) von 1881. Die schöne Fassade mit Terrakottadekor zieren 25 Porträts berühmter europäischer Entdecker – Herodot, Marco Polo, Kolumbus oder Alexander von Humboldt.

Am Westende der Oranienburger Straße wurde 2012 das **Kunsthaus Tacheles** geräumt. Als freies Kommunikationszentrum hatte es großen Einfluss auf die alternative Kunstszene Berlins.

In der trendigen *Auguststraße* ist die **Jüdische Mädchenschule** (www.maed chenschule.org) von 1930 heute ein Hort von Kunst, Kultur und Lebensstil. Das kleine Museum **The Kennedys** (Auguststr. 11–13, Tel. 030/20 65 35 70, www.thekennedys. de, Di–Fr 10–18, Sa/So 11–18 Uhr) wirft anhand von Fotos, Dokumenten und Erinnerungsstücken Schlaglichter auf die glanzvollen und tragischen Geschicke der amerikanischen Politikerdynastie und ihre Bedeutung für das Berlin der Nachkriegszeit.

In den früheren Klassenräumen präsentieren drei Galerien Ausstellungen zur Kunst der Gegenwart und zwei schick designte Restaurants laden zum Verweilen bei kulinarischen Genüssen ein.

Friedrichstadt-Palast – Glamour, Glitzer, lange Beine

Europas größtes Revuetheater verbirgt sich unweit südlich der Mündung Oranienburger Straße/Friedrichstraße hinter der Art-Déco-artigen Betonfassade in der Friedrichstraße 107. Der **Friedrichstadt-Palast** (www.palast.berlin.de, s. S. 175) ist ein prächtig-plüschiges Theater mit Platz für 1895 Zuschauer. Sein Ruhm ist verknüpft mit der wohl längsten **Girlreihe** der Welt: Allabendlich schwingen auf der Bühne über 30 fantasievoll kostümierte Tänzerinnen ihre langen Beine zu flotten Melodien.

Am Anfang, 1867, stand der Bau der ersten Markthalle Berlins am Schiffbauerdamm. Diese wurde aber schon 1873 zur Zirkusarena umgebaut. 1919 richtete Max Reinhardt hier sein **Großes Schauspielhaus** ein, ab den 1920er-Jahren standen dann auch Revuen auf dem Programm. Zu DDR-Zeiten wurden außerdem **TV-Shows** wie ›Ein Kessel Buntes‹ produziert.

Der alte Friedrichstadt-Palast wurde 1980 wegen Baufälligkeit geschlossen. 1984 ersetzte man ihn durch das heutige Theater am neuen Standort Friedrichstraße. Auch hier faszinieren die mit viel Glamour und Glitzer inszenierten Stücke mit Tanz, Chansons, Akrobatik und ausgefeilter Bühnentechnik.

TOP TIPP

Tanzende Truppe in Tüll und Rüschen – Varieté-Unterhaltung im Friedrichstadt-Palast

Gedenkstätte und zugleich Zentrum jüdischer Gegenwart: Berlins Neue Synagoge

66 Neue Synagoge Berlin – Centrum Judaicum

Die einstige Hauptsynagoge dokumentiert jüdisches Leben in Berlin.

Oranienburger Str. 28–30
Tel. 030/88 02 83 00
www.cjudaicum.de
So–Fr ab 10 Uhr
Sa und jüdische Feiertage geschl.
Letzter Einlass 30 Min. vor Schließung, unterschiedliche Schließzeiten beachten, kein Zutritt mit Taschen und Gepäck größer als 55 x 40 x 23 cm
Kuppel nur von April–Sept.
Audioguides verfügbar
S1, S2, S25 Oranienburger Straße,
Tram M1, M5, M6

Ihre goldglänzende, 50 m hohe Kuppel erhebt sich strahlend über der Oranienburger Straße und minarettartige Seitentürme unterstreichen ihr orientalisches Erscheinungsbild. Die Hauptsynagoge Berlins wurde 1859–66 nach Plänen von Eduard Knoblauch durch Friedrich August Stüler erbaut. Mit 3200 Plätzen war sie das größte und prächtigste jüdische Gotteshaus in Deutschland. An ihrer Einweihung nahm als Ehrengast der spätere Reichskanzler Otto von Bismarck teil, und 1930 gab hier Albert Einstein ein Violinkonzert. In der Pogromnacht 1938 setzte die SA das Gebäude in Brand, doch durch das Eingreifen des Polizisten Wilhelm Krützfeld konnten größere Schäden abgewendet werden.

Nach der Bombardierung 1943 blieb der Bau zunächst Ruine, 1958 wurde sein Hauptraum abgerissen. 1988, zum 50. Jahrestag der NS-Pogrome, veranlassten die DDR-Verantwortlichen eine Teilrekonstruktion.

1993 war die Hauptfassade mit ihrer aufsehenerregenden Kuppel wiederhergestellt. Die Umrisse des Hauptsaals sind auf dem Freigelände dahinter mit Steinen markiert. Inzwischen widmet sich auf dem historischen Gelände die Stiftung **Neue Synagoge Berlin – Centrum Judaicum** der Geschichte der Juden in Berlin. Die ständige Ausstellung *Tuet auf die Pforten* informiert auch über die Baugeschichte der Synagoge, Fragmente und Ausstattungsstücke gemahnen an den einstigen Glanz. Auch die Jüdische Gemeinde und der Jüdische Kulturverein haben hier ihren Sitz.

67 Deutsches Theater und Kammerspiele

Beide Häuser stehen für großes Theater und den Mut zum Experiment.

Schumannstr. 13 a
Tel. 030/28 44 12 21
www.deutschestheater.de
U6 Oranienburger Tor,
Tram M1, M5, 12, Bus 147

Unter den zahllosen Bühnen der Stadt nimmt das Deutsche Theater (1849/50, Eduard Titz) einen vorderen Rang ein. Hervorragend war sein Ruf schon zu Beginn des 20. Jh., insbesondere als 1905

Urlaubsfeeling in Berlin-Mitte – abends an der Spree mit Blick auf den Hauptbahnhof

der Intendant und Regisseur *Max Reinhardt* (1873–1943) die Leitung übernahm. Er gründete im Folgejahr neben dem *Großen Haus* die *Kammerspiele* und setzte auf moderne Inszenierungsmittel. Viele bedeutende Schauspieler wie Elisabeth Bergner, Fritz Kortner und Käthe Dorsch standen damals hier auf der Bühne. Als Jude sah sich Reinhardt 1933 gezwungen, beide Häuser, die ihm persönlich gehörten, abzugeben.

Architektonisch bemerkenswert ist das im Stil der italienischen Renaissance gestaltete **Rangfoyer** des Großen Hauses aus dem späten 19. Jh.

Im Foyer der Kammerspiele bietet die **Box** hautnahes Theater zu aktuellen Themen. In der dazugehörigen **Bar** kann man Cocktails schlürfen und am Wochenende auch prickelnde Clubnächte und Konzerte erleben.

68 Berliner Ensemble

Hier hatten die Bühnen-Titanen Max Reinhardt, Bert Brecht und Helene Weigel das Sagen.

Bertolt-Brecht-Platz 1
Tel. 030/28 40 81 55 (Karten)
www.berliner-ensemble.de
S1, S2, S25, S5, S7, S75 und U6 Friedrichstraße, Tram M1, 12, Bus 147

Eine weitere Kultstätte der Bühnenwelt ist das 1892 eröffnete **Theater am Schiffbauerdamm**, ein neobarocker Bau von Heinrich Seeling. Der Theatervisionär Max Reinhardt, der dieses Haus 1903–06 leitete, setzte hier im Zuge seiner Theaterreform die berühmt gewordene Drehbühne durch.

1928 feierte Bertolt Brecht auf dieser Bühne mit seiner *Dreigroschenoper* eine glanzvolle Uraufführung. 1954 kehrte der große Dramatiker mit dem von ihm und seiner Frau Helene Weigel (1900–71) neu gegründeten Berliner Ensemble an seine alte Wirkungsstätte zurück. Nach Brechts Tod 1956 führte Weigel das ›BE‹ bis 1971 weiter.

Inszenierungen von Brechtstücken wie *Mutter Courage und ihre Kinder* oder *Der aufhaltsame Aufstieg des Arturo Ui* machten auch international Furore. Sei-

nen guten Ruf hat sich das Berliner Ensemble bis heute bewahrt. Seit 1999 ist Claus Peymann (* 1937) hier Intendant.

69 Charité

Eine Nobelpreisträger-Schmiede mit Medizinhistorischem Museum.

Charitéplatz 1
Tel. 030/450 53 61 22 (Führungen)
www.charite.de
S1, S2, S25, S5, S75 Friedrichstraße, U6 Friedrichstraße und Oranienburger Tor, Tram M1, M5, 12, Bus 147, 245, TXL

Die **Charité – Universitätsmedizin Berlin**, heute eine gemeinsame Einrichtung der Humboldt-Universität und der Freien Universität Berlin, ist eine Größe der Medizingeschichte. Sie besteht aus rund 130 Kliniken und Instituten, verteilt auf vier Berliner Standorte.

Die Geschichte der Charité (frz. Nächstenliebe) reicht mehr als 200 Jahre zurück. Nukleus war ein 1710 vorsorglich als Pestkrankenhaus errichtetes Gebäude, das aber erst 1726 tatsächlich als Krankenhaus genutzt wurde. In seiner erweiterten Form avancierte es dann 1810 zum Universitätsklinikum.

In den Jahren 1897–1913 wurde die Anlage komplett neu konzipiert. Damals entstanden auf einem parkgrünen Areal – dem heutigen **Campus Charité Mitte** – Spezialkliniken im Stil der märkischen Backsteingotik. Die meisten dieser Gebäude wurden nach den Zerstörungen des Zweiten Weltkriegs wiederhergestellt. Dazu kamen in den 1950er-Jahren neue Zweckbauten, ein Hochhaus in den 1980er-Jahre und gegen Ende des 20. Jh. die verglasten Stahlgebäude.

Die Charité verdankt ihren Ruf als Klinik und Forschungsstätte großen Wissenschaftlern und Ärzten, darunter Albrecht von Graefe, Robert Koch, Paul Ehrlich und Ferdinand Sauerbruch. Als ›Vater der Charité‹ aber wird **Rudolf Virchow** (1821–1902) angesehen, der ab 1856 hier tätig war. Virchow, der Begründer der Pathologie, lieferte viele Grundlagen der modernen, naturwissenschaftlich orientierten Medizin. Ferner trug er die Sammlung des 1899 eröffneten Pathologischen Museums zusammen. Unter dem Namen **Berliner Medizinhistorisches Museum** (Charitéplatz 1, Tel. 030/450 53 61 56, www.bmm-charite.de, Di, Do/Fr, So 10–17, Mi, Sa 10–19 Uhr) zeigt es heute über 1000 Präparate und Modelle aus der Virchow-Sammlung im Rahmen einer Ausstellungen zur Geschichte der Medizin. In der Ruine des Hörsaals, der einst zu Virchows Pathologischem Institut gehörte, finden heute allerlei Events statt.

Weiter nördlich weitet sich hinter der einstigen *Tierarzneischule* (1839/40, Luisenstr. 58) ein kleiner Park. In ihm steht das klassizistische **Tieranatomische Theater**. Es wurde 1787–90 von *Carl Gotthard Langhans*, dem Architekten des Brandenburger Tors, erbaut und vor einigen Jahren umfassend restauriert. Sein runder Hörsaal mit den steil ansteigenden Sitzreihen und Holzgeländern soll als kultureller Veranstaltungs- und Ausstellungsraum dienen und helfen, Wissenschaft publikumswirksam zu vermitteln.

70 Berlin Hauptbahnhof

Gigantisches gläsernes Drehkreuz des europäischen Fernverkehrs.

Europaplatz und Washingtonplatz
www.einkaufsbahnhof.de
S5, S7, S75 und U55 Berlin Hbf.,
Bus M41, M85, 120, 123, 142, 147, 245, TXL,
Tram M5, M8, M10

Pompös und filigran zugleich erhebt sich der Berliner Hauptbahnhof (einst Lehrter Bahnhof) glas- und chromglitzernd nahe des Spreebogens. Jeden Tag halten hier knapp 1300 Züge (Regional- und Fernzüge, S-Bahn, U-Bahn,) und rund 300 000 Reisende nutzen den imposanten **Turmbahnhof**. Die Deutsche Bahn unterhält hier einen der modernsten Kreuzungsbahnhöfe der Welt. Er ist Schnittpunkt der bedeutendsten West-Ost- und Nord-Süd-Verbindungen des gesamten europäischen Fernverkehrs.

Zehn Jahre, 1996–2006, dauerten die Bauarbeiten, dann war der von Meinhard von Gerkan entworfene Etagenbahnhof fertiggestellt. Eindrucksvollstes Merkmal ist die 321 m lange, in Ost-West-Richtung verlaufende, verglaste **Gleishalle**. Ungehindert schweift der Blick von den in 10 m Höhe gelegenen Bahnsteigen der Halle hinüber zum Spreebogen mit Kanzleramt und Reichstag. Doch fast noch spektakulärer als die Aussicht auf die Regierungsbauten ist der Blick 25 m hinab auf die tief in die Erde Berlins versenkten Eisenbahngleise. Sie verlaufen rechtwinklig zum Baukörper in Nord-Süd-Richtung.

Überbrückt wird die Gleishalle von zwei gedrungenen, turmartigen Bügelbauten. Den Europaplatz an der Nordseite schmückt die Skulptur *Rolling Horse* (2007) von Jürgen Goertz.

71 Hamburger Bahnhof – Museum für Gegenwart – Berlin

 Jede Menge Klassische Moderne und zeitgenössische Kunst.

Invalidenstr. 50–51
Tel. 030/266 42 42 42
www.smb.museum
Di–Fr 10–18, Do – 20, Sa/So 11–18 Uhr
S5, S7, S75 und U55 Berlin Hbf., U6 und Tram M5, M6, M10, 12 Naturkundemuseum, Bus 120, 123, 143, 147, 245

Der 1847 erbaute Kopfbahnhof hatte bereits nach vier Jahrzehnten als Verkehrsdrehscheibe ausgedient, denn es gab

Im Hamburger Bahnhof gibt es zeitgenössische Kunst zu sehen

Hoch erhobenen Hauptes beherrscht der Brachiosaurus brancai das Museum für Naturkunde

günstiger gelegene Stationen in Berlin. Im Krieg wurde das spätklassizistische Gebäudeensemble zerstört. Erst in den 1980er-Jahren gelang die Rekonstruktion unter Leitung von *Josef Paul Kleihues* mit neuer Funktion als Ausstellungsort.

Heute zählt der Hamburger Bahnhof – Museum für Gegenwart – Berlin zu den überregional aufregendsten Kultstätten der zeitgenössischen Kunst. Hier finden die riesigen Bestände der *Nationalgalerie der Staatlichen Museen zu Berlin* – aktuell auch Teile aus der geschlossenen Neuen Nationalgalerie [Nr. 38] am Kulturforum – spannende Präsentationsflächen. Außerdem brachte der Berliner Unternehmer *Erich Marx* als Dauerleihgaben Werke von Andy Warhol, Joseph Beuys, Roy Lichtenstein, Anselm Kiefer oder Cy Twombly ein. 2002 kam die *Sammlung Marzona* des Bielefelders Egidio Marzona hinzu, deren Schwerpunkte bei Minimal Art, Konzeptkunst, Arte Povera und Land Art liegen. Das *Medienarchiv* mit Film- und Tondokumenten zum Werk von Joseph Beuys (1921–86) ist gleichfalls hier angesiedelt.

In den benachbarten *Riekhallen* finden große Wechselausstellungen statt. Hier faszinieren auch Exponate aus der umfangreichen **Friedrich Christian Flick Collection** (www.fcflick-collection.com), die zum Teil als Leihgaben und zum Teil

als Schenkung an das Haus gingen. Die facettenreiche Sammlung umfasst etwa 1500 Werke von 150 Künstlern des 20. Jh., darunter zahlreiche Installationen, Environments und Projektionen. Man sieht Arbeiten von Bruce Naumann, Isa Genzken, Candida Höfer, Nam June Paik und Andy Hope 1930 (Andreas Hofer). Hinzu gesellen sich bedeutende Werkgruppen von Künstlern wie Marcel Duchamp, Francis Picabia, Duane Hanson und Cindy Sherman.

72 Museum für Naturkunde

Die Stufen der Evolution und das größte Saurierskelett der Welt.

Invalidenstr. 43
Tel. 030/20 93 85 91
www.naturkundemuseum.berlin
Di–Fr 9.30–18, Sa/So/Fei 10–18 Uhr
S1, S2, S15 Nordbahnhof, U6 und
Tram M5, M6, M10, 12 Naturkundemuseum, Bus 120, 123, 142, 147, 245

Das Museum für Naturkunde ist aus den Zoologischen, Geologischen und Mineralogischen Sammlungen der Humboldt-Universität hervorgegangen und residiert seit 1889 in dem repräsentativen Bau von August Tiede.

Die Dauerausstellung des Museums ist Themen wie Evolution in Aktion, Menschwerdung, System Erde, Kosmos und Sonnensystem gewidmet. Moderne Medien ergänzen die gezeigten Skelette, Präparate, Fossilien, Mineralien, Meteoriten und informative Dioramen.

Im **Sauriersaal** begrüßt der erste der beiden Großstars, der *Brachiosaurus brancai* (13 m hoch, 23 m lang, Gewicht 38 t), das höchste aufgebaute Saurierskelett der Welt, die Besucher. Er stammt wie die vier anderen hier gezeigten Saurier vom Fundort Tendaguru in Tansania und ist etwa 150 Mio. Jahre alt. Begleitend wird für die Besucher die Welt dieser mächtigen Echsen des Oberen Jura virtuell lebendig. Ebenfalls dieser Epoche zuzurechnen ist das Berliner Exemplar des Urvogels *Archaeopteryx lithographica*, der hier im Original zu sehen ist.

Die neueste Attraktion des Museums ist Tristan – der am besten erhaltene *Tyrannosaurus rex* der Welt (170 der 300 Knochen). Er wird in den kommenden Jahren von Wissenschaftlern erforscht und die Ergebnisse in wechselnden Ausstellungen präsentiert.

Ein Rundgang schließt auch die wissenschaftliche Sammlung im restaurierten Ostflügel ein. Sie beeindruckt und erstaunt mit in Alkohol konservierten Tieren in 257 000 Glasgefäßen.

sind Namen zu lesen wie Heinrich Mann († 1950), Arnold Zweig († 1968), Anna Seghers († 1983) und Heiner Müller († 1996). Der Komponist Hanns Eisler († 1962) liegt hier begraben, ebenso John Heartfield († 1968), der Erfinder der zeitkritischen Fotomontage.

Viel besucht werden vor allem die schlichten Gräber von Bert Brecht († 1956) und seiner Frau, der Schauspielerin und Theaterprinzipalin Helene Weigel († 1971).

Das letzte Domizil (1953–71) des Künstlerpaars grenzt gleich nordöstlich an die Friedhofsmauer. Die original eingerichteten Wohn- und Arbeitsräume kann man besichtigen. Im **Brecht-Haus** (Chausseestr. 125, Tel. 030/200 57 18 44, www.adk.de, nur mit Führung Di 10–11.30 u. 14–15.30, Mi, Fr 10–11.30, Do 10–11.30 u. 17–18.30, Sa 10–15.30, So 11–18 Uhr) sind die Brecht-Weigel-Gedenkstätte, das Bertolt-Brecht-Archiv und das Literaturforum beheimatet.

Weiter östlich an der Invalidenstraße liegt der **Friedhof II der Sophiengemeinde** (Bergstr. 29), der ›Musikerfriedhof‹, mit dem Grab von Wilhelm Friedrich Bach († 1845), einem Enkel von Johann Sebastian. Auch Opernkomponist Albert Lortzing († 1851) fand hier seine letzte Ruhestätte, ebenso der Klavierfabrikant Carl Bechstein († 1900) und Walter Kollo († 1940), Schöpfer beliebter Operetten.

73 Dorotheenstädtischer Friedhof

Letzte Ruhestätte vieler Berühmtheiten mit dem Brecht-Haus nebenan.

Chausseestr. 126
www.stiftung-historische-friedhoefe.de
U6 Oranienburger Tor und Naturkundemuseum, Tram M1, M5, M6, M8, M10, 12

Romantisch und reich an Gräbern großer Persönlichkeiten ist der 1762 angelegte und 1814–26 mehrfach erweiterte Dorotheenstädtische Friedhof. Hier ruhen viele der **Dichter**, **Denker** und **Künstler**, die das kulturelle Leben Deutschlands geprägt haben, etwa die Philosophen Johann Gottlieb Fichte († 1814) und Georg Wilhelm Friedrich Hegel († 1831), Preußens großer Baumeister Karl Friedrich Schinkel († 1841) oder die Bildhauer Johann Gottfried Schadow († 1850) und Christian Daniel Rauch († 1857). Weiter

74 Gedenkstätte Berliner Mauer

Zentraler Erinnerungsort für die Todesopfer an der Mauer.

Bernauer Str. 111
Tel. 030/467 98 66 66
www.berliner-mauer-gedenkstaette.de
Besucher- und Dokumentationszentrum Di–So 10–18 Uhr, Gedenkstättenareal tgl. 8–22 Uhr
U8 Bernauer Straße, Tram M10

28 Jahre, vom 13. August 1961 bis zum 9. November 1989, verlief eine Mauer quer durch ganz Berlin. Der ›antifaschistische Schutzwall‹, so der offizielle DDR-Sprachgebrauch [s. auch S. 50/51], schloss die westlichen Sektoren der Stadt durch eine 155 km lange **Grenzanlage** ein.

Tatsächlich sollte er aber in erster Linie DDR-Bürger an der Flucht in den Westen hindern. Parallel zur Mauer verlief ein eigens gesicherter und bewachter *Todesstreifen. Die* DDR-Grenzsoldaten hatten

An der Gedenkstätte Berliner Mauer erhalten viele der Opfer ein Gesicht und einen Namen

Befehl, im Fall von Grenzverletzungen gezielt zu schießen. Das taten viele von ihnen und töteten bis zum Jahr 1989 mindestens 250 Menschen bei Fluchtversuchen.

In der **Bernauer Straße** verlief die innerdeutsche Grenze direkt an den Häusern entlang. Beim Bau der Mauer wurden Familien, Freunde und Nachbarn von einem Tag auf den anderen getrennt. Die Bilder von verzweifelten Menschen, die aus den Fenstern ihrer Wohnungen auf West-Berliner Gebiet hinuntersprangen, gingen damals um die Welt. Berühmt ist auch das Foto von dem jungen DDR-Bereitschaftspolizisten Conrad Schumann (1942–98), der über Stacheldrahtrollen hinweg in das Gebiet des französischen Sektors springt und dabei seine Maschinenpistole wegwirft. Um weitere Fluchtaktionen zu verhindern, wurden alsbald Eingangstüren und Fenster der Häuser zugemauert. Und doch blieb die Bernauer Straße der Ort, an dem die meisten Fluchtversuche stattfanden, die zahlreichen Tunnel sind heute im Pflaster gekennzeichnet. Wie passend, dass nach der Wiedervereinigung 1990 die Abrissarbeiten an der Berliner Mauer gerade hier begannen. Heute befindet sich an diesem historischen Ort eine **Gedenkstätte**, deren Zentrum ein 60 m langer Grenzstreifen mit Mauer bildet. Das Architekturbüro Kohlhoff und Kohlhoff ließ die einstige Barriere künstlerisch verfremdet am Originalort wieder aufbauen. Die 7 m hohen, rostroten Seitenwände gewähren Durchblicke in den an dieser Stelle heute wie damals unzugänglichen Todesstreifen, der so viele Opfer gefordert hat.

Der ehemalige Todesstreifen ist heute begehbar und wird durch Informationsstelen erläutert. Eine mobile Website erklärt viele Themen und stellt Einzelschicksale vor, sodass ein Spaziergang bis hoch zum Mauerpark dieses düstere Kapitel sehr ergreifend nahebringt.

Im benachbarten **Dokumentationszentrum** informiert die Ausstellung *Berlin, 13. August 1961* über den Mauerbau und seine Folgen für die Berliner und die Welt. Hörstationen mit O-Tönen der West- und Ost-Berliner Rundfunksender, Zeitungsartikel und großformatige Fotografien lassen die Atmosphäre in der geteilten Stadt nachfühlen. Ein Modell zeigt das Grenzgebiet im Zustand von 1965.

Mitten im Grenzstreifen stand bis zu ihrer Sprengung im Jahr 1985 die *Versöhnungskirche* (1894). 1995 erhielt die Gemeinde das Grundstück zurück, und auf den Fundamenten des alten Chorraums entstand im Jahr 2000 die ovale **Kapelle der Versöhnung** (www.kapelle-versoehnung.de).

Prenzlauer Berg und Friedrichshain – Lifestyle in alten Arbeitervierteln

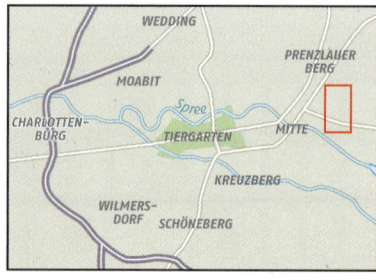

Der Prenzlauer Berg, kurz *Prenzl'berg* genannt, zählt zu den am dichtesten besiedelten und lebendigsten Kiezen der Metropole. Zu DDR-Zeiten lebten in dem vernachlässigten Altbauviertel viele junge Künstler und Intellektuelle und verliehen ihm das Flair eines ›Berliner Montmartres‹. Das machte die Gegend nach dem Mauerfall schnell für breitere Bevölkerungsschichten attraktiv und eine deutliche Gentrifizierung setzte ein. Heute dominieren im Viertel schön restaurierte Häuser aus der Zeit um 1900. Und in gemütlichen Cafés und schrägen Kneipen verkehren Studenten und Young Professionals ebenso wie Alteingesessene, die trotz gestiegener Mieten hier ausharren. Schließlich ist der Prenzlauer Berg mit das berühmteste **Szene-Revier** der Stadt.

Auch das Nachbarviertel Friedrichshain mit seinen bombastischen Stalinzeit-Relikten und dem Kiez-Charme hat sich längst zum Szenetreff entwickelt. Kreative und Yuppies prägen die Atmosphäre rund um **Volkspark Friedrichshain** und **Karl-Marx-Allee**. Wahrzeichen des heutigen Bezirks Friedrichshain-Kreuzberg sind die Türme der **Oberbaumbrücke** (Ende 19. Jh.), die die beiden jahrzehntelang getrennten Stadtteile über die Spree hinweg verbindet. Entlang des östlichen Flussufers erinnert die **East Side Gallery** an politisch kältere Tage und den Mauerfall.

75 Jüdischer Friedhof

Bedeutende Persönlichkeiten der Kulturgeschichte liegen hier begraben.

Schönhauser Allee 23–25
Tel. 030/441 98 24
www.jg-berlin.de
Mo–Do 8–16, Fr 7.30–13 Uhr
U2 Senefelderplatz

Der zweitälteste jüdische Friedhof Berlins (älter ist lediglich der Alte Jüdische Friedhof in der Spandauer Vorstadt, s. Nr. 64) wurde 1827 vor der Stadtmauer angelegt. Einst bestand er aus 750 Familien- und über 20 000 Einzelgräbern. U.a. ruhen hier unter schattigen Bäumen der Komponist Giacomo Meyerbeer († 1864), der Verlegerkönig Leopold Ullstein († 1899) und der Maler Max Liebermann († 1935).

Die von den Nazis und im Zweiten Weltkrieg verwüstete Anlage wurde seit 1990 schrittweise restauriert. Das *Lapida-*

Berliner Luft und Lebensgenuss harmonieren prächtig – Lokalkolorit in der Kollwitzstraße

rium zeigt jene Grabsteine, deren Originalstandort nicht mehr zu ermitteln war.

Hinter der südöstlichen Friedhofsmauer verläuft der **Judengang** (Eingang Knaackstr. 41). Er diente vermutlich als rückwärtiger Friedhofszugang für Begräbniszüge. Heute kann er im Rahmen von Führungen besichtigt werden. Ansonsten kann man am Kollwitzplatz durch zwei durchbrochene Davidssterne in einem dunklen Tor eine Blick auf den stillen ›Totenpfad‹ werfen.

76 Kollwitzplatz und Synagoge

In Prenzl'bergs quirliger Mitte steht Deutschlands größte Synagoge.

U2 Senefelderplatz

Ein Zentrum von Prenzlauer Berg liegt rund um den **Kollwitzplatz**. Quirliges Leben entfaltet sich hier vor allem im Sommer. Die breiten Bürgersteige bieten genügend Raum für die Stühle und Tische der Cafés und Restaurants. Seit 1947 trägt der Platz den Namen der berühmten Grafikerin und Bildhauerin *Käthe Kollwitz* (1867–1945), deren Kunst in der NS-Zeit als ›entartet‹ diffamiert wurde. Ihr Ehemann *Dr. Karl Kollwitz* hatte als Armenarzt ganz

in der Nähe praktiziert. Mitten auf ›ihrem‹ Platz sitzt Käthe Kollwitz als überlebensgroße **Bronzefigur**. Gustav Seitz schuf die Skulptur 1960 nach einem Selbstbildnis der Künstlerin aus dem Jahr 1938.

Südöstlich des Platzes erhebt sich als Wahrzeichen des Viertels sechs Stockwerke hoch der runde, 1852–77 erbaute **Wasserturm** (Ecke Knaack-/Rykestraße). Sein Spitzname *Dicker Hermann* geht auf die Nazigröße Hermann Göring zurück, den fülligen Reichsmarschall. Eine Gedenktafel weist darauf hin, dass die SA 1933 im Maschinenhaus zeitweilig Regimegegner festsetzte. Heute sind in der denkmalgeschützten Industrieanlage Wohnungen eingerichtet.

Ein besonders schöner Straßenzug ist die **Rykestraße**. Unter den eindrucksvollen Gründerzeitbauten fällt die **Synagoge** (Rykestr. 53, Zutritt nur zum Gebet) besonders auf, ein neoromanischer basilikaähnlicher Bau von 1903/04. Mit einst 2000, nach Rekonstruktion heute noch 1200 Plätzen war und ist das Gebäude das größte jüdische Gotteshaus Deutschlands.

Ein Paradebeispiel gelungener Stadtsanierung war schon zu DDR-Zeiten die vom Kollwitzplatz nördlich abzweigende **Husemannstraße**. Noch heute lässt sich hier stilechtes Gründerzeitambiente ge-

nießen. Beinahe *zu* stilecht: Putzige Handwerkerläden mit schmiedeeisernen Zunftzeichen, historische Straßenlaternen, Wasserpumpen an der Straße und echt Berliner Kneipen machen die touristisch gut vermittelbare Mischung aus.

77 Prater Garten

Authentische Biergartenkultur in historischem Ambiente.

Kastanienallee 7–9
U2 Eberswalder Straße,
Tram M1, M10, 12

Nicht nur Wien, auch Berlin hat seinen Prater – obgleich es sich hierbei nicht um einen ausgewachsenen Rummel handelt, sondern ›nur‹ um ein kleines Kulturzentrum mit **Theater** (s. u.), einer gemütlichen **Gaststätte** [s. S. 168] sowie dem ältesten **Biergarten** (April–Sept.) der Stadt. Im Jahr 1837 fing das Vergnügen mit einem Bierausschank in der damaligen Vorstadt an. Eine Gartenbühne und ein Theatersaal zur Unterhaltung der Gäste kamen 1869 hinzu. Um 1900 gehörten zum Programm der äußerst beliebten Einrichtung Varieté, Volkstheater, Operetten und Tanzveranstaltungen. Verschiedentlich fanden hier auch politische Versammlungen statt. Das Publikum war bunt gemischt, gutbürgerliche Kreise ebenso wie Arbeiter. Einen Kinosaal bekam der Prater 1932. Als *Kreiskulturhaus* bot das Anwesen ab 1967 bis zur neuerlichen Einheit Berlins wieder ein vielseitiges Unterhaltungsprogramm.

Seit 1994 nutzt die **Volksbühne** [Nr. 61], die bereits 1946 vorübergehend hierher ausgelagert war, den historischen Theatersaal. Im einstigen Prater-Café bietet die *Galerie im Prater* (Tel. 030/902 95 38 01, www.berlin.de/kunstundkultur-pankow, wg. Sanierung bis voraussichtlich Ende 2018 geschl.) ein Forum für junge Künstler.

78 KulturBrauerei

Kultur, Kulinarisches und Nachtleben, inszeniert in einem Industriedenkmal.

Schönhauser Allee 36
weitere Eingänge: Knaackstr. 97,
Sredzkistr. 1
Tel. 030/44 35 26 14
www.kulturbrauerei.de
U2 Eberswalder Straße,
Tram M1, M10, 12

Das ehemalige Werksgelände der *Schultheiss-Brauerei* ist ein geschlossenes Ensemble von 20 schön dekorierten Backsteinbauten, die um sechs Höfe gruppiert sind. Franz Heinrich Schwechten entwarf die burgartige neoromanische Industrieanlage 1887. 80 Jahre später, 1967, wurde die Brauerei geschlossen.

In den alten Lager- und Produktionsstätten bietet seit 1991 die KulturBrauerei Theater-, Kunst- und Musikevents. ›Kultur-Untermieter‹ im heute sanierten Ge-

KulturBrauerei – wo einst nur Bier floss, schlägt heute die Kultur frohe Wellen

bäudekomplex sind die zum Haus der Geschichte gehörende Ausstellung *Alltag in der DDR,* der hier zum Ärger der Alteinwohner als permanente Unterdrückung und Überwachung präsentiert wird (Di–So 10–18, Do bis 20 Uhr), das integrative Kulturprojekt Theater *Ramba-Zamba* (www.theater-rambazamba.org), das *Russische Panda-Theater* (www.russisches-theater.de), das Kino in der Kultur-Brauerei sowie diverse Veranstaltungsräume wie *Kesselhaus, Palais* und *Salon im Turm.* Ganz zu schweigen von all den Restaurants und Clubs, darunter *Soda/Club 23* oder *frannz Club,* Verlagen, Bands, Musikstudios und Spielhallen.

Im Sommer sind die attraktiven Innenhöfe Schauplätze von Partys und Festivals, z. B. *Open Air Klassik Sommer* (www.klassik-open-air.de) im August. Auch ein stimmungsvoller *Weihnachtsmarkt* findet hier statt.

79 Gethsemanekirche

Eine evangelische Kirche als Symbol des gewaltfreien Widerstandes.

Stargarder Str. 77
www.gethsemanekirche.de
Mai–Sept. tgl. 17–19 Uhr
S41, S42, S8, S85 und U2 Schönhauser Allee, Tram M1, 12

Seit 1893 ragt der heute patinagrüne spitze Helm des Westturms über dem roten Klinkerbau der Kirche und dem umliegenden Helmholtzkiez auf. Vor dem Portal steht ein ›Segnender Christus‹ aus der zerstörten Versöhnungskirche [s. S. 83], vor der Südwand ehrt die Bronzeplastik ›Geistkämpfer‹ (1928) von Ernst Barlach (1870–1938) die friedliche Revolution von DDR-Bürgern in den 1980er-Jahren. Ab Oktober 1989 versammelten sich in der stets offenen Kirche Abend für Abend Tausende Berliner zu Mahnwachen und gewaltfreien Protesten gegen die DDR-Führung.

Innen offenbart sich die Gethsemanekirche als elegante Kombination aus Langhaus, oktogonaler Vierung mit Sternengewölbe und Apsis mit Chorumgang. Stilelemente aus Romanik und Gotik erkennt man, bewegt gestaltete Emporen beleben den Raum. Im Querschiff fällt die Holzplastik ›Betender Christus‹ (1923) von Wilhelm Groß ins Auge.

80 Zeiss-Großplanetarium

Eines der modernsten Planetarien Europas bringt das All zum Greifen nah.

Prenzlauer Allee 80
Tel. 030/421 84 50
www.sdtb.de
Das Planetarium öffnet jeweils 30 Min. vor Veranstaltungsbeginn, Programm und Tickets online
S41, S42, S8, S85 Prenzlauer Allee, Tram M2, Bus 156

Das 1985–87 erbaute Zeiss-Großplanetarium (292 Plätze) ist mit seinen Spezialprojektoren und Laseranlagen eines der größten und bestausgestatteten Sternentheater Europas. Silbern schimmernd präsentiert sich die Außenkuppel mit ihren stolzen 30 m Durchmesser. Die *Projektionskuppel* (immerhin 23 m) beeindruckt im Planetariumssaal. Der computergesteuerte Projektor *Cosmorama* zaubert gut 9000 Sterne auf den künstlichen Himmel. Zudem können astronomische Phänomene an jedem beliebigen Punkt der Erde seit dem Jahr 1 n. Chr. bis ins Jahr 2100 visualisiert werden. Ergänzt wird das Angebot durch Veranstaltungen wie etwa *Weihnachtliche Musik unterm Sternenhimmel.* Um den Kernbau gruppieren sich u.a. ein Café und eine Fachbibliothek.

81 Volkspark Friedrichshain

Die größte Grünfläche im Osten Berlins.

Am Friedrichshain
Tram M4, Bus 200

Der Volkspark im Stadtviertel Friedrichshain entstand ab 1846 auf den damaligen Wiesen vor der Akzisen- und Zollmauer. Er war von Anfang an als Erholungsraum für die Bevölkerung der nahen, dicht besiedelten Stadtviertel gedacht und ist damit der älteste **Stadtpark** Berlins. Der Potsdamer Hofgärtner Gustav Meyer setzte hier Pläne von Lenné um und fügte 1874–76 noch den **Neuen Hain** an. Im Krieg wurden die Baumbestände des Parks arg dezimiert. Neugestaltungen der Anlagen waren 1973 bzw. 2004 abgeschlossen. Der 52 ha große Volkspark bietet Liegewiesen, Sportplätze sowie eine Freilichtbühne mit Sommerkino.

Zwei Bunker im Park, in denen im letzten Krieg Kunstschätze gelagert worden waren, wurden nach Kriegsende gesprengt und mit Trümmern aufgeschüttet. So entstanden inmitten der Grünflächen der **Kleine** (48 m) und der **Große Bunkerberg** (78 m). Von ihren Aussichtsplattformen aus sieht man im Süden des Volksparks den *Friedhof der Märzgefallenen von 1848* und den *Friedhof für die Toten der Novemberrevolution von 1918*.

Im Westteil des Volksparks steht nahe des dortigen Eingangs der neobarocke **Märchenbrunnen** (tgl. 9–20 Uhr), ein Paradebeispiel wilhelminischer Schauarchitektur von 1901–13, geschmückt mit Figuren aus Grimmschen Märchen, von Aschenputtel bis zu den Sieben Zwergen.

82 Karl-Marx-Allee

Die einstige Stalinallee – eine Art feudalsozialistischer Boulevard.

U5 Haltestellen Strausberger Platz bis Frankfurter Tor

1952–56 gestaltete die DDR-Führung die Karl-Marx-Allee nach sowjetischem Vorbild der Stalinzeit. Knapp 3 km lang führt sie vom Alexanderplatz direkt nach Osten zum Frankfurter Tor. Am 16. Juni 1953 riefen die Arbeiter der Großbaustelle zu Streiks und Demonstrationen gegen eine Erhöhung der Arbeitsnormen auf. Am 17. Juni weitete sich dieser Protest zum **Volksaufstand** gegen die DDR-Führung aus, den jedoch auffahrende sowjetische Panzer schnell verstummen ließen.

Den rund 100 m breiten Boulevard säumen als ›Arbeiterpaläste‹ konzipierte Wohnblöcke. Ihr Stil stellt eine Mischung aus preußischem Klassizismus à la Schinkel und sowjetischem Zuckerbäckerdekor dar. Die sanierten Gebäude lohnen unbedingt einen Architekturbummel.

Die Turmbauten am Frankfurter Tor markieren den Beginn der Karl-Marx-Allee

Inspiration – der berühmte Bruderkuss an der East Side Gallery findet reichlich Nachahmer

Im Osten geht die Karl-Marx-Allee in die Frankfurter Allee über. Nur wenig weiter nördlich beherbergt die einstige Zentrale der DDR-Staatssicherheit heute das **Stasi-Museum** (U5 Magdalenenstraße, Ruschestr. 103, Haus 1, Tel. 030/5536854, www.stasimuseum.de, Mo–Fr 10–18, Sa/So/Fei 11–18 Uhr). Hier kann man das original erhaltene Büro Erich Mielkes (1907–2000, DDR-Minister für Staatssicherheit) besichtigen und sich über diverse Observationstechniken informieren, etwa über Filmkameras, Wanzen und in Baumstämmen oder Kleidungsstücken versteckte Fotoapparate. Im einstigen Offizierskasino gibt es zum Kaffee einen Film über das Ministerium für Staatssicherheit [s.S. 90].

83 Warschauer Straße und East Side Gallery

Partymeile und Reste der Berliner Mauer als Leinwand für die Welt.

www.eastsidegallery-berlin.de
S5, S7, S75 und U1 Warschauer Straße

Vom Frankfurter Tor aus führt die **Warschauer Straße** Richtung Spree. Auf ihr rauscht der Verkehr vierspurig, trotzdem ist sie eine der beliebtesten Ausgehmeilen der Stadt. Von der Bar *Fitcher's Vogel*

im Norden zur Diskothek *Die Busche* im Gewölbe unter dem Warschauer Platz vergnügt man sich hier die ganze Nacht.

Berühmt ist ganz in der Nähe die **East Side Gallery** an der Mühlenstraße. Der mit 1,3 km längste erhaltene bzw. wieder aufgebaute Mauerabschnitt begleitet die Spree auf ihrer Ostseite zwischen Warschauer Straße und Ostbahnhof. Im Jahr 1990 bemalten 118 aus aller Welt eingeladene Künstler die grauen Betonplatten. Bekanntestes Motiv dieser East Side Gallery ist Dmitrij Vrubels und Viktoriya Timofeevas Werk **Bruderkuss** (etwa auf Höhe der Mercedes-Benz-Arena), den Erich Honecker und Kremlchef Leonid Breschnew einst tauschten. Ironisch beigefügt ist die Zeile: ›Mein Gott, hilf mir, diese tödliche Liebe zu überleben‹. Ein weiterer bekannter Hingucker ist etwas weiter der Trabi, den die Malerin Birgit Kinder unter dem Titel **Test the Best** abheben und die Mauer durchbrechen ließ.

2009 wurde der unter Denkmalschutz stehende Mauerabschnitt saniert. Doch das historische Kunstwerk ist in Gefahr: 2013 kam es zu Protesten, nachdem ein Mauerstück aus der East Side Gallery herausgebrochen wurde, weil ein Investor am Spreeufer ein Wohnhaus bauen ließ. 2015 beleuchtete der Dokumentarfilm ›Berlin East Side Gallery‹ die 25-jäh-

rige Geschichte des Ortes und die Diskussionen um seine Zukunft.

Zum 25. Jubiläum des Mauerfalls eröffnete im alten Mühlenspeicher **The Wall Museum**, eine audiovisuelle Inszenierung des Themas. Die Ausstellung ist z.T. Michail Gorbatschow gewidmet, der zusammen mit anderen wichtigen Politikern, die für die Wende eintraten, hier geehrt werden soll (Tel. 030/63 96 26 62, www.thewallmuseum.com, tgl. 10–20 Uhr).

84 Oberbaumbrücke

Spreebrücke in Märchenoptik.

Warschauer Str. 43
S5, S7, S75 und U1 Warschauer Straße, U1 Schlesisches Tor, Tram M10, M13, Bus 147, 265, 347

Von zeitgenössischer Burgenromantik ließ sich Architekt Otto Stahn bei seinem Entwurf für die Oberbaumbrücke (1894–96) inspirieren. Also versah er den neogotischen Ziegelbau über die Spree mit zwei 34 m hohen Türmen und zinnenbekrönten Wehrgängen – nach wie vor ein Hingucker im Stadtbild. Nach dem Mauerbau diente die markante, damals

Absolute Kontrolle? Vom Aufstieg und Fall der Stasi

1950 wurde das **Ministerium für Staatssicherheit** (MfS, im Volksmund: Stasi) als Geheimpolizei der DDR und ›Schild und Schwert der Partei‹ gegründet. Seine Hauptaufgabe war es, Systemgegner und solche Bürger, die die Behörden dafür hielten, zu überwachen und zu bekämpfen. Im Laufe der Zeit übernahm die Stasi immer mehr Funktionen: Sie regelte die Passkontrollen an der Grenze, stellte Leibwächter für DDR-Politiker und unterhielt die für den Normalbürger nicht zugängliche Politsiedlung Wandlitz nördlich von Berlin. Das Kerngeschäft blieb jedoch das Bespitzeln und gezielte Zermürben politisch Andersdenkender. Die sog. Zersetzungsmaßnahmen reichten von Arbeitsverbot über das Streuen böswilliger Gerüchte im Freundeskreis bis hin zur Einlieferung in eines der berüchtigten Untersuchungsgefängnisse [Nr. 96]. Ganze Existenzen wurden auf diese Weise zerstört, wie es z.B. der Film ›Das Leben der Anderen‹ (2006) eindrucksvoll vor Augen führt.

Eine Anmutung von Märchenwelten – die Oberbaumbrücke inszeniert Burgenromantik

für den motorisierten Verkehr gesperrte Brücke bis 1963 als **Fußgänger-Grenzübergang** zwischen Ost und West.

Doch mit der Wiedervereinigung kam sie erneut zu Ehren als gelungene Kombination alter und neuer Architektur. Ihr Mittelteil wurde nach Plänen des spanischen Architekten *Santiago Calatrava* mit Metallbögen modern erneuert, das Übrige originalgetreu restauriert. Seit 1995 ist die Brücke auch wieder für den Autoverkehr freigegeben. Auf dem Hochgleis über der Fahrbahn verkehrt die U-Bahn.

An dieser ehemaligen Grenzstation zwischen Ost und West thematisiert das im Jahr 1997 eingeweihte Kunstwerk **Stein – Papier – Schere** von Thorsten Goldberg die vermutliche Grundlage vieler politischer Entscheidungen. Beidseits von Calatravas Mittelbögen steuern Zufallsgeneratoren zwei Sets bunter Leuchtstoffröhren, die sich dann mit Symbolen des bekannten Fingerspiels gegenüberstehen. Am besten sieht man das Schauspiel naturgemäß nachts.

Die Stasi war zuletzt ein riesiger Bürokratieapparat mit grotesken Zügen. Im Herbst 1989 beschäftigte sie insg. 91 000 hauptamtliche und rund 175 000 inoffizielle Mitarbeiter. Letztere waren ›normale‹ Bürger, die Freunde und Familienmitglieder bespitzelten und ihren Stasikontaktleuten darüber berichteten.

Bei der Auflösung der Institution im Jahr 1989 fand man Aktenmassen, die seit 1991 vom *Amt des Bundesbeauftragten für die Unterlagen des Staatssicherheitsdienstes der ehemaligen DDR* (**BStU**, zuerst Gauck-, später Birthler-, dann Jahn-Behörde genannt) verwaltet und ausgewertet werden. Darunter befanden sich sogar Pläne für den **Einmarsch von DDR-Truppen nach West-Berlin**: Am 5. August 1985 unterschrieb MfS-Generalleutnant Wolfgang Schwanitz ein Dokument, das die Aufgaben des MfS im Fall der Eroberung des Westens Berlins im Detail benannte.

Am Aus für die Stasi war die DDR-Bevölkerung maßgeblich beteiligt. Auf Druck der Öffentlichkeit benannte die Volkskammer das MfS am 17. November 1989 in *Amt für Nationale Sicherheit*

(AfNS) um. Neuer Leiter wurde allerdings ausgerechnet der erwähnte General Schwanitz, bis dahin Stellvertreter Erich Mielkes, des langjährigen Ministers für Staatssicherheit. Von Neuanfang konnte also keine Rede sein. Als kurz darauf auch noch bekannt wurde, dass Stasi-Akten vernichtet werden sollten, besetzten Bürger am 4. Dezember 1989 in mehreren Städten die Bezirksstellen des AfNS. Am 14. Dezember wurde das AfNS schließlich aufgelöst.

Als eine der letzten Bastionen stand noch die **Zentrale der Stasi** in Berlin-Lichtenberg. Sie wurde am 15. Januar 1990 ebenfalls von Demonstranten besetzt. Im Hauptgebäude Haus 1 zeigt heute das **Stasi-Museum** [s. S. 89] eine Ausstellung zum MfS.

Aktuell wird darüber diskutiert, wo die Akten der BStU künftig untergebracht werden, denn nach wie vor ist das Interesse an einer Einsichtnahme groß – ca. 5000 Anträge gehen monatlich ein. Auf dem Gelände in der Normannenstraße ist die Einrichtung eines ›Campus der Demokratie‹ als Erinnerungs- und Lernort geplant.

Kreuzberg – Kunst und Architektur zwischen Kiez und In-Szene

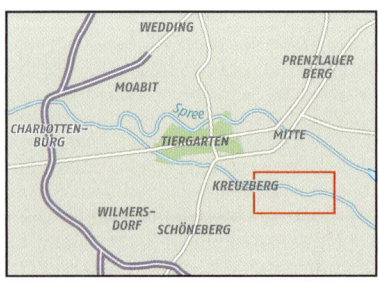

Die Kreuzberger Mischung macht's: Türkische Basarstimmung und Altberliner Milieu, das Straßenbild belebt von alternativen und kreativen Leuten, die schon auch mal Jungunternehmer sein können. Zu Zeiten der Berliner Mauer war **Kreuzberg** ein Randbezirk, stellenweise auf drei Seiten von der innerdeutschen Grenze umgeben. Die Mieten waren billig, es gab eine munter-agressive Hausbesetzerszene und jede Menge alternative Kultur. Mit der Wiedervereinigung rückte Kreuzberg in die Mitte Berlins und lockte finanzkräftige Investoren an. Die Altbauten wurden saniert und in der Folge wandelte sich langsam die Bevölkerungsstruktur. Doch das typische Berliner **Nachtleben** blieb.

Inmitten all des Flairs gibt es auch spektakuläre Architektur, Museen mit Oldtimern oder Jungen Wilden sowie Einblicken in die deutsch-jüdische Kultur der Vergangenheit und Gegenwart. Weltrang hat das **Deutsche Technikmuseum**, originell installiert auf dem Areal des Anhalter Güterbahnhofs am Landwehrkanal. Dem **Jüdischen Museum** verlieh Daniel Libeskind eine aufsehenerregende Metallhülle. Und in einem aufpolierten Glaslager setzt die **Berlinische Galerie** bunte Glanzstücke der Klassischen Moderne und zeitgenössischer Kunst in Szene.

85 Paul-Lincke-Ufer und Maybachufer

Gemütliches Ambiente und ein Stück Klein-Istanbul.

U1, U8 Kottbusser Tor und U8 Schönleinstraße, Bus 140

Geradezu idyllisch wirken hier stellenweise die Straßenzüge, mit Häuserfluchten aus der Gründerzeit auf der einen und hohen Trauerweiden auf der anderen Seite, die den **Landwehrkanal** an beiden Ufern begleiten. Dieser gut 10 km lange Wasserweg war 1845–50 angelegt worden, um Baumaterial ins damals unglaublich schnell wachsende Berlin zu transportiert. Heute tuckern auf ihm immerhin noch Ausflugsdampfer (Anlegestelle Hallesches Tor) entlang.

Am hübschen Paul-Lincke-Ufer auf der Nordseite des Kanals ist eine florierende vielfältige Gastronomie einem entspannten Lebensstil sehr zuträglich. Hier häufen sich kleine Lokale mit Biergärten zur Straße hin. So etwas wie eine Kathedrale des Industriezeitalters stellt das einstige

Umspannwerk Berlin (www.umspannwerk-kreuzberg.de) aus dem Jahr 1928 dar. Der sanierte Komplex dient heute als Veranstaltungsort. Außerdem lockt das Gourmetrestaurant *Volt* [s. S. 167] mit einer Terrasse zum Landwehrkanal.

Am gegenüberliegenden, zum Nachbarbezirk Neukölln gehörenden Maybachufer findet an zwei Nachmittagen in der Woche der sog. **Türkenmarkt** (Di und Fr 11–18.30 Uhr, www.tuerkenmarkt.de) statt, ein großer Freiluftbazar mit riesigem Obst- und Gemüseangebot. Außerdem bieten hier zahlreiche Stände türkische Lebensmittel, Ökoprodukte, Haushaltswaren und Textilien feil.

Ebenfalls beliebt ist **Nowkölln** (www.nowkoelln.de), ein unregelmäßig stattfindender Flohmarkt am Maybachufer. Der hiesige Kiez wird immer mehr von ›Ortsfremden‹ entdeckt. Dafür spricht auch die zunehmende Zahl von unterschiedlichen Bars und Restaurants, die sich im Osten bis zur Weichselstraße etabliert haben. Im Süden reicht das angehende In-Viertel bis etwa zur Sonnenallee, die durch den gleichnamigen Film berühmt geworden ist.

Typisch Berlin – die gelbe U-Bahn auf einer Brücke über dem Landwehrkanal

86 Mariannenplatz

Liegewiese und Stadtteilfest machen den parkgrünen Platz sehr beliebt.

U1, U8 Kottbusser Tor, U1 Görlitzer Bhf.

Am Anfang war das *Diakonissenkrankenhaus Bethanien*. König Friedrich Wilhelm IV. ließ den Gebäudekomplex 1845–47 auf dem *Köpenicker Feld* errichten. Erst 1853 kam südöstlich vom Haupteingang mit seinen zwei schlanken, bleistiftspitzen Portaltürmen der *Luisenstädter Mariannenplatz* samt Park nach einem Konzept von Peter Joseph Lenné hinzu.

1848/49 arbeitete Theodor Fontane als Apotheker im Hospital, bis er sich ganz der Schriftstellerei widmete. Die nach ihm benannte **Fontane-Apotheke** (Di 14–17 Uhr) ist original erhalten und im Nordosttrakt des Haupthauses durch eine Glastür zu besichtigen.

Das Krankenhaus selbst wurde 1970 geschlossen. In die Schlagzeilen geriet es 1971, als Hunderte von Demonstranten Bethanien besetzten, um den Abriss zu verhindern. Die Aktion hatte Erfolg, das Gebäude avancierte 1974 als **Künstlerhaus Bethanien** (Tel. 030/616 90 30, www.bethanien.de, Ausstellungen Di–So 14–19 Uhr, Zugang: Kottbusser Str. 10, Ateliers und Büros: Kohlfurter Str. 41–43)

zum Kulturzentrum. Kunstschaffende aus aller Welt nutzen die Ateliers und Studios. In den Ausstellungssälen wird Gegenwartkunst aller Sparten gezeigt.

Ebenfalls im Gebäudekomplex angesiedelt ist der **Kunstraum Kreuzberg** (Tel. 030/902 98 14 55, www.kunstraumkreuzberg.de, tgl. 11–20 Uhr). Er präsentiert junge Kunst aus Berlin und dem Rest der Welt. Zu den weiteren Mietern gehören eine Musikschule, der Bundesverband Freier Theater sowie diverse soziale Einrichtungen und Initiativen. Nicht zu vergessen das Café-Restaurant *3 Schwestern* (www.3schwestern-berlin.de) im früheren Speisesaal.

Gleichfalls am Mariannenplatz steht die von Friedrich Adler 1864–69 errichtete **St.-Thomas-Kirche** (www.stthomas-berlin.de, tgl. 11–17 Uhr). Die spätklassizistische Basilika mit ihrer gewaltigen Doppelturmfassade und der hoch aufragenden Vierungskuppel war zur Bauzeit mit 3000 Plätzen die größte Kirche Berlins.

Nur wenig weiter nordwestlich erhebt sich an der rechteckigen Wasserfläche des Engelbeckens die **St.-Michael-Kirche**. Theodor Fontane hielt die backsteinerne Basilika mit der schlanken hohen Zentralkuppel für ›Berlins schönste Kirche‹. Der imposante Rundbogenbau im Stil der Schinkelschule wurde 1851–61 errichtet, fiel aber im Februar 1945 wie die übrige *Luisenstadt* schweren Bombardements zum Opfer. Die Ruine wurde beim Wiederaufbau nur partiell rekonstruiert. Ein Förderverein (www.foerdervein-stmichael-kirche.de) will das ändern.

87 Werkbundarchiv – Museum der Dinge

Sammlung zur Design- und Alltagskultur der Moderne.

Oranienstr. 25
Tel. 030/92 10 63 11
www.museumderdinge.de
Do–Mo 12–19 Uhr
U1, U8 Kottbusser Tor, Bus M29, 140

Im Jahr 1907 gründeten Künstler, Architekten und Industrielle den **Deutschen Werkbund (DWB)**, um auch die industrialisierte Alltagswelt künstlerisch-ästhetisch zu gestalten. In den 1920er-Jahren nahm er im Sinne der *Neuen Sachlichkeit* entscheidenden Einfluss auf die Entwicklungsgeschichte von Design und Architektur. Zu seinen bedeutendsten Mitgliedern zählten Peter Behrens, Walter Gropius und Ludwig Mies van der Rohe.

Das Museum der Dinge zeigt im Offenen Depot des Deutschen Werkbundarchivs DWB-Entwürfe von Möbeln, Kunsthandwerk und Industrieprodukten, darunter etwa die wegweisende Frankfurter Küche. Viele Produktdesigns bekannter Firmen wie AEG, Braun, WMF, Bahlsen oder Odol folgten im 20. Jh. der Formensprache der DWB. Weitere interessante Themenfelder sind DDR-Design, Massenware und Kitsch.

Einen sozial- und entwicklungsgeschichtlichen Zugang zum Viertel bietet das **Friedrichshain-Kreuzbergmuseum** (Adalbertstr. 95 b, Tel. 030/50 58 52 33, www.fhxb-museum.de, Di–So 10–19 Uhr). Als *Gedächtnis des Bezirks* bietet es Stadtteilführungen und, in einem typischen Fabrikgebäude des 19. Jh., Ausstellungen zur Geschichte des Kiezes, der Zuwanderung und Demografie.

88 Zeitungsviertel

›taz‹, ›Bild‹ und andere tragen von hier aus zum Weltbild vieler Leser bei.

Zwischen Linden-/Axel-Springer- und Rudi-Dutschke-Straße
U6 Kochstraße, Bus M29

Berlin entwickelte sich um 1900 zur führenden Zeitungsstadt in Deutschland. Einen wichtigen Grundstein hatte das *Verlagshaus Mosse* gelegt, das sich ab 1874 in der Jerusalemer Straße/Ecke Schützenstraße etabliert hatte. Als **Druckhaus Berlin-Mitte** beherbergt es noch heute Verlage, Druckereien und Werbeagenturen.

Ringsum entwickelte sich das Zeitungsviertel im Areal um Koch-, Linden- bzw. Axel-Springer- und Schützenstraße. Im Jahr 1925 waren 64 von 120 Berliner Druckereien hier angesiedelt, darunter auch die *Reichsdruckerei* (1879–81 bzw. 1889–93, Oranienstr. 90/91, Alte Jakobstr. 113–116). In den historischen Mauern, 1997–2000 erweitert um schnittige Neubauten, produziert nun die **Bundesdruckerei** (www.bundesdruckerei.de) Briefmarken, Geldscheine, Personalausweise und Reisepässe.

Eine prägende Gestalt der nachkriegsdeutschen Medienlandschaft war Verlegersohn und Publizist Axel Springer (1912–85). Er baute sein 1946 gegründetes Unternehmen in kurzer Zeit zum größten

Kunst vor der Berlinischen Galerie – das Buchstabenfeld der Architekten Kuehn Malvezzi

Zeitungsverlag Deutschlands – mit der Tageszeitung ›Bild‹ als Flaggschiff. Zwischen 1959 und 1966 ließ der konservative Pressezar sein **Axel-Springer-Hochhaus** (www.axelspringer.de) so nah wie möglich an der damaligen innerberliner Grenze zur DDR bzw. der Mauer errichten. Ironischerweise muss die nach diesem Medienmogul benannte Straße heute der nach dem studentischen ›Revoluzzer‹ benannten Rudi-Dutschke-Straße Vorfahrt gewähren – ein Umstand, der immer wieder zum Schmunzeln anregt. Ganz in der Nähe hat auch die links-alternative Tageszeitung ›**taz**‹ (Rudi-Dutschke-Str. 23, www.taz.de) samt *taz-Café* (Mo–Fr 9–20 Uhr) ihr Domizil.

89 Berlinische Galerie

Lebendige Schau zur modernen Kunst und Stadtarchitektur.

Alte Jakobstr. 124–128
Tel. 030/78 90 26 00
www.berlinischegalerie.de
Mi–Mo 10–18 Uhr
U6 Kochstraße, U8 Moritzplatz,
U1 Hallesches Tor, Bus M29, 248

In einem ehemaligen Glaslager, das 2004 zu einem lichten Bau mit großen Sälen umgestaltet wurde, residiert das Landesmuseum für Moderne Kunst, Fotografie und Architektur, kurz Berlinische Galerie genannt. Nach einer Sanierung, die aus Brandschutzgründen notwendig geworden war, zeigt das Haus seit Sommer 2015

seine Sammlungspräsentation ›Kunst in Berlin 1880–1980‹. Zu sehen sind etwa Arbeiten von Oskar Kokoschka, Max Liebermann, Rainer Fetting, El Lissitzky und Georg Baselitz. Hinzu kommen spannende Wechselausstellungen zum aktuellen Kunstgeschehen und zur Architektur – immer mit einem deutlichen Schwerpunkt auf Berliner Themen. Der Museumsshop mit Büchern und Plakaten, die Kunstbibliothek und das Café Dix mit poppiger Inneneinrichtung und Tischen im Freien sind drei weitere Gründe, in diesem freundlichen Hort der Berliner Kunst länger zu verweilen.

90 Jüdisches Museum Berlin

Ein spektakulärer Bau visualisiert deutsch-jüdische Geschichte.

Lindenstr. 9–14
Tel. 030/25 99 33 00
www.jmberlin.de
Mo 10–22, Di–So 10–20 Uhr
U1, U6 Hallesches Tor, Bus M29, M41, 248

Am 9. November 1992, zum 54. Jahrestag der deutschen Pogrome gegen jüdische Bürger während der NS-Zeit, wurde der Grundstein für dieses Museum gelegt. Der US-Architekt Daniel Libeskind (*1946) schuf einen spektakulären metallverkleideten Bau auf der ›Idee der Zwei Linien‹, die fragmentiert als Zickzack erscheinen und schon vor der Einweihung 2001 ein Publikumsmagnet war.

Integriert in den modernen Komplex ist das barocke **Kollegienhaus** (1735), dessen Hof Libeskind 2007 in ein ›stahldurchzucktes Glashaus‹ (FAZ) für Events verwandelte. Vom Untergeschoss führen drei Gänge in die Museumsbereiche *Garten des Exils*, *Holocaust-Turm* und *Zwei Jahrtausende Deutsch-Jüdische Geschichte*. Zahlreiche Dokumente, Kunstwerke, Alltagsgegenstände, religiöse Kultobjekte und moderne Präsentationen illustrieren die verschiedensten Aspekte deutsch-jüdischer Kultur von den Anfängen bis heute. Wechselausstellungen, Kunstinstallationen und das multimediale Angebot des *Rafael Roth Learning Center* ergänzen das Programm.

Ab voraus. Ende 2017 wird die Dauerausstellung umgestaltet. Der Libeskind-Bau und eine große Sonderausstellung bleiben aber weiterhin zugänglich.

Gegenüber, im nach dem Sponsor benannten Eric F. Ross Bau, der ebenfalls auf architektonischen Entwürfen aus der Feder von Daniel Liebeskind basiert, hat die Akademie des Jüdischen Museums ihren Sitz. Es finden regelmäßig Tagungen und Workshops statt und es gibt eine umfangreiche Bibliothek.

In Richtung Westen findet man an der Ecke Wilhelm- und Stresemannstraße das 1996 eröffnete **Willy-Brandt-Haus** (Tel. 030/25 99 37 12, www.willy-brandt-haus.de, Führungen So 14 und 16 Uhr, Ausstellungen Di–So 12–18 Uhr, Ausweis erforderlich). Die von Helge Bofinger entworfene Parteizentrale der SPD wird wegen ihrer Architektur auch ›Tortenstück‹ genannt. Ein beliebtes Fotomotiv ist im Atrium die 3,4 m hohe *Willy-Brandt-Skulptur* von Rainer Fetting, eine facettenreiche Verkörperung des Bundeskanzlers und Friedensnobelpreisträgers Willy Brandt.

▶ **Reise-Video**
Jüdisches Museum
QR-Code scannen [s.S.5]
oder dem Link folgen:
www.adac.de/rf0130

91 **Friedhöfe Hallesches Tor**

Kulturgeschichte und Grabarchitektur vom Rokoko bis zum Jugendstil.

Mehringdamm/Zossener Straße
U1, U6 Hallesches Tor, U6, U7 Mehringdamm, Bus M41, 248

Fünf Begräbnisstätten bilden zusammen die Friedhöfe vor dem Halleschen Tor. Sie sind die ältesten Berlins, um die 80 000 Menschen fanden hier ihre letzte Ruhe.

König Friedrich Wilhelm I. ließ die Grabfelder ab 1735 damals noch außer-

Ein Davidstern, zerborsten zur Kontur eines Blitzes – das Jüdische Museum Berlin

Damals verwirklichte der Maurermeister Wilhelm Ferdinand August Riehmer einen ehrgeizigen Plan. 1881–99 errichtete er einen attraktiven Komplex aus 18 fünfgeschossigen Wohnhäusern mit Fassaden im üppigen Neorenaissance-Stil. Diese Häuser ließ der Visionär um begrünte, sonnenreiche Höfe gruppieren und durch Innenstraßen verbinden. Zwei *Figuren* am Rundbogenportal der Yorckstraße, Kopfsteinpflaster und Gaslaternen repräsentieren noch das alte Berlin. Modern aber ist die Nutzung der Vorderhäuser. Hier sind heute Kinos, Cafés und das Hotel Riehmers Hofgarten (www.riehmers-hofgarten.de) untergebracht.

93 Bergmannstraße

Hier zeigt sich Kreuzberg von seiner schönsten Seite.

U6, U7 Mehringdamm, U6 Platz der Luftbrücke, U7 Gneisenaustraße und Südstern, Bus M19, 104, 140, 248

In der Bergmannstraße und ihren Seitenstraßen spaziert man durch ein altes, gut erhaltenes Wohnviertel, wie es für Berlin bzw. Kreuzberg um das Jahr 1900 typisch war. Die Häuserfassaden am südlich gelegenen **Chamissoplatz** sind meist stuckverziert. Kopfsteinpflaster, Gaslaternen und Wasserpumpen unterstreichen das gründerzeitliche Flair. In dieser Gegend lebten überwiegend Geschäftsleute, Ärzte und Juristen, oft in der Beletage, dem ersten Stock des Vorderhauses.

In der Bergmannstraße herrscht multikulturelles Flair: Trödler bieten ihre Waren neben modischen Szeneläden an, in den zahlreichen Imbissbuden, Kneipen und Cafés findet jeder Besucher das Richtige. Etwa in der Mitte der Straße öffnet sich nach Norden hin der **Marheinekeplatz**. Ihn dominiert die traditionsreiche, doch modernisierte **Markthalle** (www.meine-markthalle.de, Mo–Fr 8–20, Sa 8–18 Uhr), eine von vier noch erhaltenen in Berlin und Präsentierteller für Nahrungsmittel, Nützliches und Schönes.

Fünf Friedhöfe säumen dann den Ostteil der Bergmannstraße bis zum Südstern und zur ehemaligen Garnisonskirche von 1896. Eher ruhig ist es auch jenseits des Südsterns, denn hier schließt sich der **Volkspark Hasenheide** (www.

halb der Berliner Stadtgrenzen anlegen. Das erste war der *Jerusalemskirchhof* für die Armen aus der Friedrichstadt und Mitglieder der Böhmischen Gemeinde. Innerhalb weniger Jahre kamen die anderen Friedhöfe hinzu, fein säuberlich voneinander getrennt durch Mauern, schön geschmückt mit Marmorstatuen. Im Laufe des 18./19. Jh. wurden hier auch berühmte Persönlichkeiten zur letzten Ruhe gebettet, etwa der Baumeister Georg Wenzeslaus von Knobelsdorff, die Dichter Adelbert von Chamisso und E.T.A. Hoffmann, der Komponist Felix Mendelssohn-Bartholdy, der Schauspieler August Wilhelm Iffland und der Architekt Carl Ferdinand Langhans.

92 Riehmers Hofgarten

Ein prächtiger Park, umgeben von dazu passenden Gründerzeitbauten.

Yorckstr. 83
U6, U7 Mehringdamm,
Bus M19, 140, 248

Ende des 19. Jh. entstanden in Berlin immer mehr Mietskasernen, denn die Bevölkerung nahm sprunghaft zu, die Stadtväter rangen um jeden Quadratmeter Bauland und Spekulanten hatten ihre goldene Zeit.

volkspark-hasenheide.de) an. Turnvater Jahn etablierte hier 1811 den ersten deutschen Sportplatz. Noch heute bietet die Hasenheide viele Freizeitangebote sowie eine Freilichtbühne für Konzerte, Theater und Filmnächte.

Im Süden liegt die **Tempelhofer Freiheit** (www.tempelhoferfreiheit.de, tgl. Sonnenaufgang bis Sonnenuntergang). Die 240 ha große Grünanlage umfasst die Bauten und Landebahnen des früheren Flughafens Tempelhof. Das Gelände ist heute eine beliebte Freizeitfläche für Skater, Sonnenanbeter und Klein und Groß um Drachensteigen zu lassen. Das Flughafengebäude selbst ist architektonisch äußerst interessant und mit verschiedenen Themenführungen zugänglich (Tel. 030/200 03 74 41, Beginn im ehemaligen GAT-Bereich am Tempelhofer Damm).

94 Viktoriapark

Zwischen Wasserfall und Weinberg.

S1, S2, S25 und U7 Yorckstraße
U6 Platz der Luftbrücke,
Bus M19, 104, 140, 248

Gerade mal 66 m misst der **Kreuzberg**, aber das macht ihn immerhin zur höchsten (natürlichen!) Erhebung im Berliner Innenstadtbereich. Deshalb rechnen die Kreuzberger lieber in Zentimetern, dann haben sie auch einen ›Sechstausender‹.

Auf dem Kreuzberg-Gipfel ragt seit 1821 das 20 m hohe **Nationaldenkmal** empor. Inschriften im kreuzförmigen Sockel erinnern an die wichtigsten Schlachten der Befreiungskriege (1813–18). Seinen neogotischen Turm krönt ein Eisernes Kreuz. Nach ihm wurde die Anhöhe und im Jahr 1920 der ganze umliegende Bezirk Kreuzberg genannt.

Rings um den Kreuzberg wurde 1888–94 der **Viktoriapark** mit gebirgsähnlichem Charakter gestaltet. Dazu gehört in Sichtachse der Großbeerenstraße auch ein 24 m hoher künstlicher *Wasserfall*. Im Brunnen unterhalb des Falls glänzt *Der seltene Fang* von 1896. Es ist die Bronze eines Fischers, dem hier eine Nixe ins Netz ging.

Süffigen Gerstensaft produzierte 1862–1937 die **Tivoli-Brauerei** in der Methfesselstraße südlich des Kreuzbergs. Nach 1993 entstand in ihrem 5,7 ha umfassenden, gründerzeitlichen Gebäudeensemble das **Viktoria Quartier** (www.fine

kreuzbergliving.de). Die Sanierung ist gelungen, heute beherbergen die markanten Backsteinbauten moderne Büros, Apartments und Stadthäuser.

Westlich der Methfesselstraße findet sich seit 1435 der **Cöllnische** oder **Götzsche Weinberg**, übrigens der nördlichste Europas. Die Lese ergibt lediglich einige Hektoliter, weshalb das Tröpfchen auch nur zu offiziellen Anlässen im Kreuzberger Rathaus kredenzt wird.

95 Deutsches Technik-museum

 Die Kulturgeschichte der Technik zum Erleben und Mitmachen.

Trebbiner Str. 9
Tel. 030/90 25 40
www.sdtb.de
Di–Fr 9–17.30, Sa/So 10–18 Uhr
S1, S2, S25 Anhalter Bahnhof, U1, U7 Möckernbrücke, U1, U2 Gleisdreieck

Einen sinnfälligen Platz fand das Deutsche Technikmuseum auf dem Areal des ehemaligen Anhalter Güterbahnhofs am südlichen Ufer des Landwehrkanals. Noch im 20. Jh. war das Gelände **Gleisdreieck** als Verkehrsknotenpunkt von Eisenbahn, U- und S-Bahn, Schifffahrt und Straßenverkehr für die Güterversorgung Berlins von größter Bedeutung.

Seit 1982 beherbergen die historischen Lokschuppen, Fabrikgebäude, Markt- und Kühlhallen das Deutsche Technikmuseum. Mit 14 Abteilungen und einer Ausstellungsfläche von imponierenden 25 000 m² gehört es zu den großen Technikmuseen der Welt. Im ganzen Museum finden Vorführungen zu Maschinenfunktionen und Technik statt. Die jeweiligen Termine werden über Info-Bildschirme bekannt gegeben.

Im Eingangsgebäude geht es um Papier-, Schreib- und Drucktechnik, Nachrichtentechnik, Computer- und Textiltechnik. Besonders stolz ist man hier auf ein von Konrad Zuse (1910–95) 1989 eigenhändig nachgebautes Exemplar seines 1936 entwickelten **Z1**. Das war die erste frei programmierbare mechanische Rechenmaschine der Welt – anders gesagt: der erste Computer.

Die zwei unteren Etagen des Neubaus (2003) am Landwehrkanal gehören der Schifffahrt, vertreten zum Beispiel durch einen 33 m langen **Kaffenkahn**. In den beiden oberen Etagen vergegenwärtigt

›Tante Ju‹ – die Junkers Ju 52, in den 1930-Jahren das erfolgreichste Verkehrsflugzeug der Welt

die Abteilung Luft- und Raumfahrt auf 6000 m² mit teils originalen, teils nachgebauten Flugkörpern – von *Otto Lilienthals* Gleitfluggeräten bis zu *Sturzkampfbombern* des Zweiten Weltkriegs – die bewegte Geschichte vom Fliegen. Unübersehbarer Hingucker und Aushängeschild des Museums ist übrigens ein *Rosinenbomber*, der über dem Dach des Neubaus schwebt. Mit solchen Flugzeugen vom Typ Douglas C-47 Skytrain versorgten die Alliierten West-Berlin während der Blockade durch die Sowjetunion 1948/49 über eine Luftbrücke.

In zwei Lokschuppen werden Stationen der Eisenbahnhistorie seit dem Jahr 1800 gezeigt. Filmtechnik, Schmuckherstellung und Kofferproduktion finden sich im Beamtenhaus. Und in der Brauerei gegenüber (nur im Rahmen einer Führung zugängl.) erfährt man alles über die Brautechnik zu Beginn des 20. Jh.

Im benachbarten **Science Center Spectrum** (Möckernstr. 26, www.sdtb.de/spectrum.4.0.html) verdeutlichen über 250 Experimente naturwissenschaftliche und technische Phänomene, z. B. in den Bereichen Akustik, Optik, Elektrizität und Radioaktivität. Vor einigen Jahren wurde die komplett modernisierte Ausstellung wiedereröffnet. Sie bietet viele neue Experimentierstationen zu Themen wie *Spielereien mit Licht und Farbe*, eine *Reise durch mikro- und makroskopische Welten* oder auch die Möglichkeit, im Raum, Lautstärke und Schallausbreitung direkt sichtbar zu machen. In den einzelnen Themenabteilungen werden nun mehr Bezüge zur Alltagswelt, zur Mathematik und zu ausgewählten Objekten des Deutschen Technikmuseums Berlin hergestellt. Interaktive Medienstationen vermitteln vertiefende Einsichten in die jeweiligen Wissensgebiete. Mit speziellen Angeboten und Exponaten bezieht das Science Center Spectrum jetzt auch jüngere Kinder aktiv in seinen Besucherkreis ein.

In den benachbarten Hallen der Ladestraße soll das **Projekt Technoversum** (www.sdtb.de/technoversum.5.0.html) zukünftig die Vernetzung und Verflechtung von Alltagswelt, Wirtschaft, Wissenschaft und Technik beleuchten.

Zum Ausruhen bietet sich der benachbarte **Park am Gleisdreieck** an, der nach einem neuen städtebaulichen Konzept naturbelassene Areale, große freie Flächen und vielfältig gestaltete Sport- und Aktionsräume vereint. Hier ist mitten in Berlin auf einer alten Industriebrache ein beliebter Ort der Begegnung entstanden, der großen und kleinen Eisenbahnfreunden mit seinen durchschneidenden Gleisen viel Vergnügen bereitet.

Von Hohenschönhausen nach Friedrichs-
felde und Treptow-Köpenick –
Streifzüge durch den Berliner Osten

Im Nordosten Berlins liegt ein im 20. Jh. geheimes Areal, das nicht einmal in den offiziellen Stadtplänen der DDR auftauchte. Das einstige sowjetische Speziallager und spätere Stasi-Gefängnis ist heute als **Gedenkstätte Berlin-Hohenschönhausen** viel besucht. Weiter im Süden lockt Erfreulicheres, nämlich das barocke **Schloss Friedrichsfelde** und der artenreich bevölkerte **Tierpark Friedrichsfelde**.

Mit 168 km^2 ist **Treptow-Köpenick** im Südosten der flächengrößte Bezirk Berlins. Zu DDR-Zeiten war es der größte Ost-Berliner Industriestandort, heute sind in viele der gründerzeitlichen Fabriken und Industriebauten moderne Dienstleister eingezogen. Deutlich wird der Wandel im früheren Flugzeug- und Filmpark **Adlershof**, heute Universitätscampus, Technologiepark und Mediencity. Das andere Gesicht von Treptow-Köpenick sind ausgedehnte Grünflächen und Wälder wie der weitläufige *Stadtforst* rund um die 115 m hohen *Müggelberge*. Außerdem laden 165 km Wasserstraßen und sieben Seen zu ausgiebigen Dampferpartien ein. An den Ufern der Spree und am **Müggelsee**, dem größten Gewässer Berlins, finden sich gemütliche Ausflugslokale mit Biergärten. Ein Glanzpunkt ist die Altstadt von **Köpenick** mit dem neugotischen Rathaus und **Schloss Köpenick**, wo exquisites Kunsthandwerk gezeigt wird.

96 Gedenkstätte Berlin-Hohenschönhausen

Vom sowjetischen Speziallager und Stasi-Gefängnis zum Ort des Erinnerns.

Genslerstr. 66
Tel. 030/98 60 82 30
www.stiftung-hsh.de
Besichtigung nur mit Führung, für Einzelpersonen und Gruppen bis zu 6 Personen ohne Voranmeldung März–Okt. tgl. 10–16 stündlich Führungen, Nov.–Febr. 11, 13, 15 Uhr
Tram M5 Freienwalder Straße,
Tram M6, 16 Genslerstraße

Nach dem Zweiten Weltkrieg wurde im Nordosten Berlins das sowjetische **Speziallager Nr. 3** eingerichtet, ab 1946 erweitert zum zentralen *sowjetischen Untersuchungsgefängnis für Deutschland*. Hier

Heiter-elegant und nach Preußens erstem König benannt ist Schloss Friedrichsfelde

hielt man als Spione, Nazis und andere ›feindliche Elemente‹ verdächtige Menschen gefangen, bevor sie in die berüchtigten Gefangenenlager der damaligen UdSSR transportiert wurden. In vielen Fällen traf es Unschuldige, denn bei der Inhaftierung war oft Willkür im Spiel. Die Verhöre durch den Geheimdienst fanden vor allem nachts statt und waren oft von körperlicher Gewalt begleitet.

1951 übernahm das neu gegründete **Ministerium für Staatssicherheit (Stasi)** der DDR das Gefängnis. Ende der 1950er-Jahre erweiterte man die Anlage um einen Neubau und nutzte sie bis 1989 als zentrale Untersuchungshaftanstalt. Tausende von politisch Andersdenkenden, seien es erklärte Regimekritiker oder lediglich Ausreisewillige, wurden hier festgesetzt, verhört und gefoltert. Zu den Bekanntesten zählen der Schriftsteller *Jürgen Fuchs* (1950–99) oder die Malerin *Bärbel Bohley* (1945–2010), deren Engagement für Bürgerrechte den Herrschenden ein Dorn im Auge war. Das Gefängnis und der dazugehörige militärische **Sperrbezirk** waren auf keinem Ost-Berliner Stadtplan eingezeichnet. Im Sperrbezirk hatte man auch Teile des Stasi-Spionageapparates und das **Arbeitslager X** (bis 1974 in Betrieb) angesiedelt, in dem Strafgefangene Zwangsarbeit verrichten mussten.

Zynisch: Gefangenentransporter von Hohenschönhausen, getarnt als Gemüseauto

Seit 1994 ist die Haftanstalt Berlin-Hohenschönhausen eine **Gedenkstätte**, die jedes Jahr mehr Besucher anzieht. Ehemalige Häftlinge führen durch die Zellen und Verhörräume, berichten über die Geschichte des Gefängnisses und erzählen eindrucksvoll von ihren persönlichen Erfahrungen während der Haft.

Die Führung durch die Gedenkstätte beginnt mit einem kurzen *Film* zur Geschichte der Anlage. Anschließend besichtigt man das sog. *U-Boot*, einen halb unterirdisch gelegenen fensterlosen Zellentrakt, wobei die Repression der frühen Jahre im Vordergrund steht. Von hier gelangt man zu den Zellen des *Neubaus* und den Kontrollräumen, von denen aus die Flure überwacht wurden. Ampeln auf den Gängen stellten sicher, dass die isoliert gehaltenen Gefangenen auf dem Weg zum Verhör keinem Mithäftling begegneten. Auch die *Vernehmungsräume* können heute besichtigt werden. Es besteht der Verdacht, dass das MfS hier Häftlinge zu Versuchszwecken systematisch krebserregender Gammastrahlung aussetzte. Schließlich steht man in einer der schwer bewachten Hofganganlagen, *Tigerkäfige* genannt. Donnerstags ist (im Rahmen der 13-Uhr-Führung) auch der *Grotewohl-Express* zu besichtigen, ein getarner Spezialwagen, mit dem politische Gefangene zum Zielgefängnis transportiert wurden.

Abschließend kann man in einer umgebauten ehemaligen Lagerhalle die neu konzipierte **Ausstellung** ›Inhaftiert in Hohenschönhausen, Zeugnisse politischer Verfolgung 1945–1989‹ (tgl. 9–18 Uhr) besuchen. 120 Dokumente illustrieren hier beeindruckend die Geschichte der Haftanstalt.

97 Tierpark und Schloss Friedrichsfelde

Großer Landschaftstiergarten mit kleinem Barockschlösschen.

Am Tierpark 125, Eingänge: Bärenschaufenster und Schloss
Tel. 030/51 53 10
www.tierpark-berlin.de
Winter 9–16.30, Sommer 9–18 bzw. 18.30 Uhr, Fütterung der Großkatzen: Sa–Mo, Mi/Do ca. 15 Uhr, Badezeit der Elefanten: Okt.–Ostern, Sa/So ca. 11–12 Uhr
U5 Tierpark, Tram M17, 27, 37
Bus 296, 396, 194

Der beliebte **Tierpark Friedrichsfelde** im Bezirk Lichtenberg entstand im Jahr 1955 als Gegenstück zum West-Berliner Zoologischen Garten [Nr. 111]. Auf dem weitläufigen, 160 ha umfassenden Areal mit einem Wegenetz von knapp 23 km sind etwa 8000 Tiere aus fast 1000 Arten zu Hause. Die *Parkbahn* führt im Sommer auf einer Rundtour zu den wichtigsten Sehenswürdigkeiten des Tierparks. Gewissermaßen ein Muss ist dabei der Besuch im *Alfred-Brehm-Haus* am Südostrand

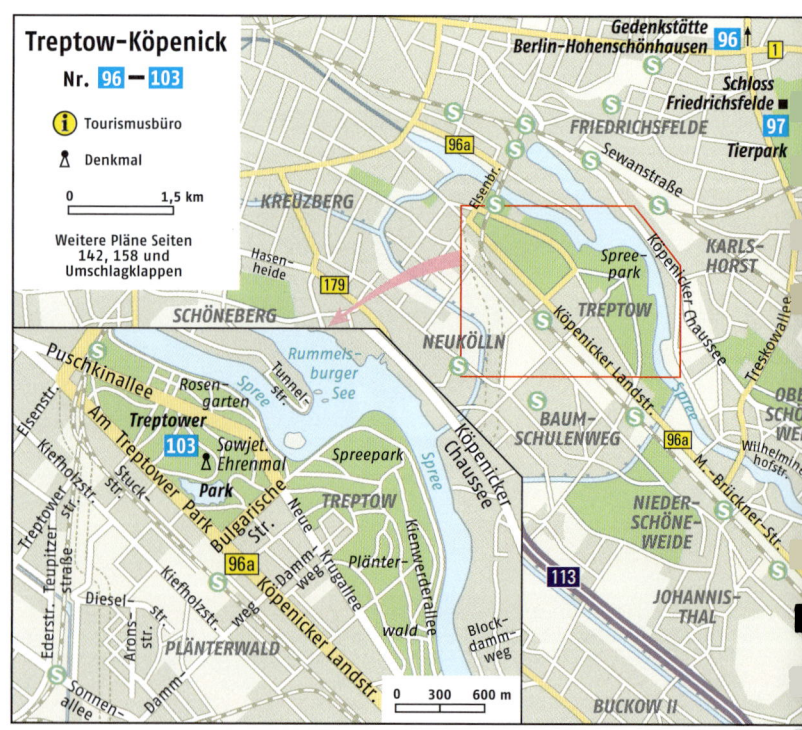

Friedrichsfelder Familienidylle: Selbst die Jüngsten haben Stil – und sei es frisurtechnisch

der Anlage, in dem sibirische Tiger, Löwen, Leoparden, Panther und andere Großkatzen zu beobachten sind. Das benachbarte *Dickhäuterhaus* beherbergt afrikanische und asiatische Elefanten sowie Nashörner und Seekühe. Reptilienfans können in der *Schlangenfarm* eine der weltweit größten Populationen von Giftnattern und Grubenottern bestaunen.

Historischer Nukleus der Anlage ist das **Schloss Friedrichsfelde** (Tel. 030/51531407, www.schlossfriedrichsfelde.de, in Teilen zugänglich). Friedrich Wilhelm, der Große Kurfürst, hatte es 1682 als barockes Lustschloss errichten lassen. Der Nachbesitzer Benjamin Raulé, Generaldirektor der brandenburgischen Marine, kaufte Land hinzu, sodass Peter Joseph Lenné reich-

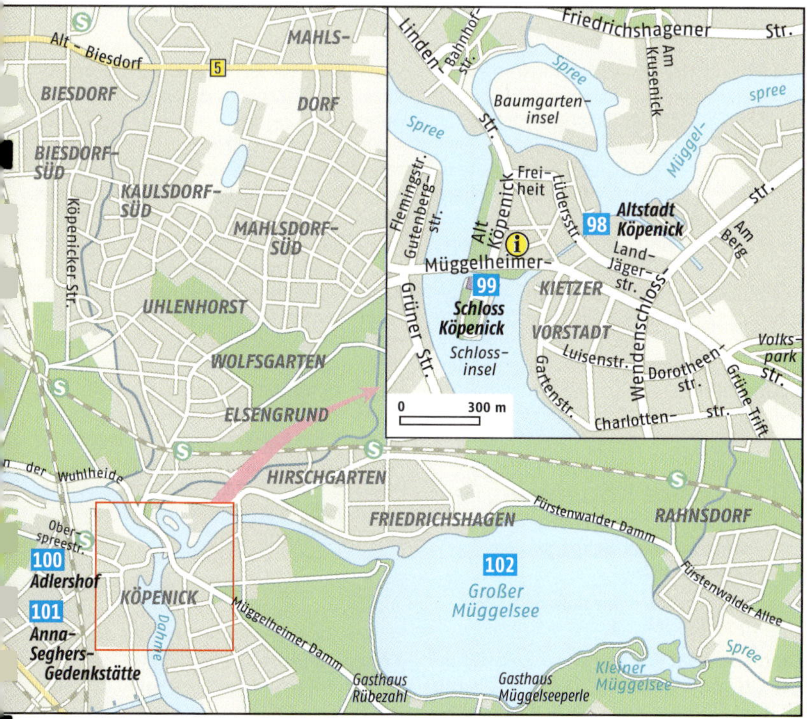

Das Zentrum von Köpenick: mittendrin der Rathaus-Komplex, im Vordergrund das Schloss

lich Platz hatte, als er 1821 ringsum einen Landschaftsgarten anlegte. Der wurde später zum Tierpark umgewandelt.

Das Schloss selbst war nach mehreren Erweiterungen, Umbauten und Besitzerwechseln 1785 innen in klassizistischem Stil gestaltet worden. Aus dieser Zeit original erhalten sind die dreiläufige Treppe mit schönem Eichenholzgeländer und der stuckverzierte Festsaal im Obergeschoss, letzterer stilvolle Kulisse für erlesene Konzerte. In einigen der prächtigen Räume des Schlosses ist die Ausstellung ›Tiergartenhistorie in Berlin‹ untergebracht.

98 Altstadt Köpenick

Schauplatz der weltberühmten Köpenickiade.

S3 Köpenick, dann Tram 62, 63, 68 oder Bus 164, 269

Lange Zeit war Köpenick ein eigenständiger Ort, immerhin ist es ja fast 400 Jahre älter als Berlin. Bereits im 9. Jh. siedelten

slawische Fischer hier am Zusammenfluss von Dahme und Spree. Eine erste befestigte Burg ließ Fürst *Jaczo de Copanic* in der ersten Hälfte des 12. Jh. errichten, die freilich schon kurze Zeit später von den Askaniern unter Albrecht dem Bären zerstört wurde.

Im Jahr 1209 wurde *Cöpenick* erstmals urkundlich erwähnt, 1232 erhielt die Siedlung Stadtrechte. Wirtschaftliche Grundlagen waren neben **Fischerei** zunehmend auch Lohgerberei sowie später Woll- und Seidenweberei. Letztere wurde meist betrieben von im 17./18. Jh. aus Frankreich zugewanderten Hugenotten. Dank des Wasserreichtums avancierte Köpenick im 19. Jh. mit 400 Lohnwäschereien zur ›**Waschküche Berlins**‹, Färbereien und chemische Reinigungen folgten. Erst 1920 wurde der Ort Groß-Berlin eingemeindet.

Die Silhouette der Köpenicker Altstadt dominiert das 1901–04 im Stil der märkischen Backsteingotik erbaute **Rathaus Köpenick** (Alt-Köpenick 21), das ein hübscher fünfteiliger Ziergiebel und der 54 m hohe Uhrturm kennzeichnen. 1906 wurde das Gebäude weltbekannt durch den Gaunerstreich eines gewissen Wilhelm Voigt, des selbst ernannten **Hauptmanns von Köpenick** (s. u.). Im Erdgeschoss des Rathauses widmete man ihm eine ständige *Ausstellung* (tgl. 10–17 Uhr). Auf den Stufen des Eingangsportals erinnert eine lebensgroße *Bronzestatue* (1996, Spartak Babajanan) des uniformierten Voigt an seine *Köpenickiade*.

Der Rathaushof dient alljährlich in Juli und August als Kulisse für **Jazz in Town** (www.jazz-in-town-berlin.de), das renommierte Köpenicker Blues- und Jazzfestival. Auch die kleine Bühne im Gewölbe des hiesigen *Ratskellers* (Tel. 030/655 5178, www.ratskeller-koepenick.de) hat sich bei Jazzfreunden weit über Berlin hinaus einen guten Namen erworben.

Die Gassen rund ums Rathaus warten mit meist einstöckigen **Kolonistenhäusern** aus dem 17./18. Jh. auf. Die hier ansässigen Hugenotten, von Brandenburgs Kurfürst ins Land geholt, mussten weder Steuern zahlen noch Militärdienst leisten. Nach Jahren der Verfolgung im Heimatland Frankreich konnten sie erstmals frei leben, worauf sich auch der Straßenname

Freiheit bezieht. Im Hinterhof des einstigen Amtsgerichts (heute Wirtschaftsamt) in der Freiheit 16 befand sich einst das Gefängnis. Von einer kleinen Außenplattform ist die sog. Hauptmannszelle einsehbar, in der Wilhelm Voigt einsaß.

Ein reizvolles Beispiel friderizianischen Rokokos stellt das **Anderson'sche Palais** (Alt-Köpenick 15) aus der Mitte des 18. Jh. dar. Heute beherbergt das Haus Büros, doch der Durchgang zur *Keramikwerkstatt Jennrich* (www.jennrich-keramik.de) in der Remise ist öffentlich. Auf dem Weg lohnt ein Blick ins ovale Treppenhaus mit schnitzwerkverzierter Holztreppe.

Am Alten Markt, östlich des Rathauses, informiert das **Heimatmuseum** (Sterndamm 102, Tel. 030/902 97 33 51, www.museum-treptow-koepenick.de, Do 10–18, So 14–18 Uhr) anhand von archäologischen Funden, Karten, Urkunden sowie mithilfe eines großen Foto- und Pressearchivs über die wechselvolle Stadtgeschichte. Die liebevoll präsentierte Sammlung residiert in einem mit großer Sorgfalt restaurierten Fachwerkhaus von 1655, das ursprünglich einmal Teil eines innerstädtischen Gutshofs war.

Frechheit siegt – der Hauptmann von Köpenick

Im Frühjahr 1906 verschlug es den 1849 in Tilsit geborenen und bereits mehrfach straffällig gewordenen Schuster **Wilhelm Voigt** nach Berlin. Hier landete der 57-Jährige am 16. Oktober 1906 einen Coup, über den bald alle Welt schmunzelte: Bei einem Potsdamer Trödler erstand er für 20 Reichsmark die Uniform eines kaiserlichen Gardeoffiziers. In dieser Verkleidung nahm er an der Neuen Wache im Wedding zehn Soldaten unter sein Kommando und fuhr mit ihnen per Vorortzug nach Köpenick. Im dortigen Rathaus ließ er auf vorgeblich ›allerhöchste Kabinettsordre‹ hin Bürgermeister Dr. Langerhans, Oberstadtsekretär Rosenkranz und Kassenrendant von Wiltberg verhaften, beschlagnahmte gegen Quittung die Stadtkasse mit 4000 Reichsmark und verschwand unbehelligt.

Der **Gaunerstreich** erregte viel Heiterkeit, hatte doch niemand zuvor die preußische Obrigkeit so dreist zum Narren gehalten. Zehn Tage später wurde Voigt verhaftet und zu vier Jahren Gefängnis verurteilt, doch nach der

Hälfte der Zeit vom Kaiser begnadigt. Danach veröffentlichte Voigt seine **Autobiografie** (›Mein Lebensbild‹, 1909) und reiste mit einem Zirkus als ›Hauptmann von Köpenick‹ um die Welt, bevor er sich schließlich in Luxemburg niederließ. Doch im Zuge der Inflation nach dem Ersten Weltkrieg verlor Wilhelm Voigt sein ehrlich erworbenes Vermögen. Er starb 1922 mittellos, seine letzte Ruhe fand er in einem Armengrab auf dem Luxemburger Friedhof Notre-Dame.

1931 bereitete der Schriftsteller **Carl Zuckmayer** (1896–1977) den Stoff in einem volksnahen Bühnenstück auf – ein Dauerbrenner der Theatergeschichte, den Helmut Käutner 1956 zu dem Film ›Der Hauptmann von Köpenick‹ mit Heinz Rühmann in der Hauptrolle verarbeitete. Heute wird die **Köpenickiade** am Originalschauplatz vor dem Köpenicker Rathaus als 20-minütiges *Straßentheater* (im Sommer Mi, Sa 11 Uhr) nachgespielt. Auch der historische Festumzug des *Köpenicker Sommers* folgt alljährlich im Juli Voigts Spuren.

Schloss Köpenick präsentiert sich seit 1690 als typisches Bauwerk des niederländischen Barock

Auf dem **Platz des 23. April** an der Alten Spree erinnert ein 6 m hoher granitener Gedenkstein (1969, Walter Sutkowski) an die *Köpenicker Blutwoche* im Juni 1933. Damals verschleppten und folterten SA-Männer mehr als 500 Gegner der Nationalsozialisten. Viele Gefangene wurden getötet, 23 von ihnen auf diesem Platz.

Den Stadtteil **Fischerkietz**, gleich gegenüber der Altstadt, prägen hübsch herausgeputzte Straßenzeilen mit alten Fischerkaten. Hier am Ostufer der Dahme lädt das älteste **Flussbad** (Gartenstr. 42, Tel. 030/65 88 00 94, Mai–Sept. Mo–Fr 13–21, Sa 13–18, So 11–18 Uhr) Berlins mit einem aufgeschütteten, 50 m langen Sandstrand zum Sommerspaß ein.

99 Schloss Köpenick

TOP TIPP *Barocker Rahmen für exquisite Raumkunst und ausgesuchte kunstgewerbliche Schätze.*

Schlossinsel 1
Tel. 030/266 42 42 42
www.smb.museum
April–Sept. Di–So 11–18,
Okt.–März Do–So 11–17 Uhr
S47 Spindlersfeld, Tram 27, 60, 61, 62, 67, Bus 164, 167 (Schlossplatz Köpenick)

Köpenick hat eines der prächtigsten Barockensembles der Hauptstadt zu bieten. Das **Wasserschloss** liegt idyllisch auf der südlich der Köpenicker Altstadt vorgelagerten **Schlossinsel** in der Dahme, durch einen schmalen Holzsteg mit dem Festland verbunden. Bereits im 9. Jh. stand hier eine grabengesicherte Burg, die Kurfürst Joachim II. von Brandenburg im Jahr 1558 durch ein erstes Wasserschloss ersetzte. In seiner heutigen Form geht es auf den Großen Kurfürsten zurück, der es 1677–90 als Lustschloss für seinen Sohn, den späteren König Friedrich I., erneuern ließ. Der Holländer Rutger van Langervelt schuf damals einen klar strukturierten Bau. Einzige Schmuckelemente sind die Dachbalustrade und der Mittelrisalit mit Portal und Rundgiebel.

Im Souterrain des Schlosses erläutern vielfältige Exponate und Dokumente die Bau- und Siedlungsgeschichte der Insel. Weitere 21 üppig geschmückte Säle nutzt das **Kunstgewerbemuseum im Schloss Köpenick**, eine Dependance des am Kulturforum residierenden Kunstgewerbemuseums [Nr. 34]. Hier zeigt die Ausstellung ›Raumkunst aus Renaissance, Barock und Rokoko‹ einen Querschnitt durch die höfische und bürgerliche Wohn- und Repräsentationskunst des 16.–18. Jh. Neben opulentem barockem Stuck und bemalten Plafonddecken, seidenen Tapisserien und formschönen Leuchten sind vor allem die getäfelten Wandverkleidungen hervorzuheben. Gleich im Erdgeschoss findet sich mit der *Haldensteiner Prunkstube* (1548) ein herausragendes Beispiel der hoch entwickelten

Intarsienkunst der Renaissance. Nicht minder prunkvoll ist die Zimmervertäfelung aus dem unterfränkischen *Schloss Höllrich*, in dessen Kassettendecke (1555) teils versilberte Wappenmedaillons eingearbeitet sind.

Das 1. Obergeschoss ist mit erlesenen deutschen Möbeln aus Renaissance und Rokoko eingerichtet. Unter den schmucken Stücken sticht vor allem der *Augsburger Kabinettschrank* (um 1650) hervor, gefertigt aus schwarz schimmerndem Ebenholz und verziert mit vergoldeten Metallen und Einlegearbeiten. Links vom Treppenaufgang dokumentiert das *Lackkabinett* (1740–50) aus dem Turiner Palazzo Graneri della Roccia die im 18. Jh. in Europa beliebte Chinamode.

Im 2. Obergeschoss glänzt das barocke *Spiegelkabinett* (1724/25) aus dem unterfränkischen Schloss Wiesentheid mit einer reich verzierten Stuckdecke. Wände und Fußboden sind mit aufwendigen Marketeriearbeiten aus Zinn und Perlmutt sowie Hölzern wie Nussbaum und Pappel ausgestattet. Vorbei am prachtvollen Buffet der Basler Safranzunft gelangt man zum *Großen Silberbuffet* (um 1698), dessen neun Gießgarnituren Teil des brandenburgischen Staatsschatzes waren. Hauptsaal des Köpenicker Schlosses ist der **Wappensaal**, den der Tessiner Giovanni Caroveri um 1685 mit üppigem Barockstuck ausstattete. 18 Hermenpilaster gliedern den rechteckigen Saal, in

Das Große Silberbuffet ist im Kunstgewerbemuseum in Schloss Köpenick zu sehen

dessen Mitte das heute nur noch 160-teilige *Tafelservice* (1767/68) aus dem Breslauer Stadtschloss ausgestellt ist.

Weitere Glanzstücke der friderizianischen Porzellankunst sind in der Studiensammlung im Dachgeschoss zu bestaunen, die überdies Gerät aus Glas, Silber, Zinn und Messing umfasst.

Gewissermaßen nebenbei erlaubt die oberste Etage auch Einblicke in die Konstruktion des Dachstuhls und schöne Ausblicke auf den prächtigen figurenverzierten **Schlossgarten**. Dieser wurde um 1690 nach englischem Vorbild angelegt, Rhododendronsträucher und ehrwürdiger alter Baumbestand rahmen die Liegewiese. Besonders zu erwähnen sind eine rund 350-jährige Flatterulme und ein 150 Jahre alter Schwarznussbaum.

Am Ostufer der Insel komplettiert die 1685 geweihte **Schlosskapelle** (geöffnet zu ev.-reform. Gottesdienst So 10 Uhr sowie zu Konzerten) das barocke Ensemble. Sie ist ein Werk *Johann Arnold Nerings* (1659–95), der als bedeutendster Vertreter des märkischen Barock gilt. Die Kapellenfassade in ionischer Pilasterordnung zeigt die Sandsteinfiguren der vier Evangelisten. Innen sind die reich geschnitzte Kanzel und das herrliche Deckengemälde von Giovanni Caroveri sehenswert.

Der Große Müggelsee bietet vielerlei Möglichkeiten für Sommerausflüge auf dem Wasser

100 Adlershof

Wissenschafts- und Technologiepark.
www.adlershof.de
S45, S46, S8, S85, S9 Adlershof

Das 420 ha große Areal im Südosten von Treptow-Köpenick ging aus einem 1754 gegründeten Gutshof im damaligen Vorort Adlershof hervor. Dazu hatte eine experimentelle Plantage mit Maulbeerbäumen für die *Seidenraupenzucht* gehört. Diese Zuchtversuche misslangen zwar, aber am 9. September 1909 eröffnete auf dem Areal ein bedeutend erfolgreicheres Pilotprojekt – das **Flugfeld Johannisthal**, der erste Motorflugplatz in Deutschland. Bald kamen Test-, Entwicklungs- und sogar Filmeinrichtungen hinzu. Der Flugbetrieb wurde 1954 eingestellt, aber die Verbindung des Areals Adlershof-Johannisthal zu Technik und Forschung blieb auch zu DDR-Zeiten bestehen.

Nach der deutschen Wiedervereinigung entstand hier die **WiStA** (*Wissenschafts- und Wirtschaftsstadt Adlershof*) als Standort für technologieorientierte Unternehmen, ergänzt durch naturwissenschaftliche Fachbereiche der Berliner Humboldt-Universität, einige weitere Forschungsinstitute sowie die **Medienstadt Adlershof**, in der Kinofilme, Fernsehformate und Hörbücher produziert werden. Mit über 900 Unternehmen, fast 15 000 Beschäftigten und 800 Studierenden gehört Adlershof zu den größten Wissenschafts- und Technologieparks der Welt.

Viele der hier ansässigen Institute und Firmen öffnen ihre Türen in der alljährlich Ende Mai in Berlin und Potsdam veranstalteten ›Langen Nacht der Wissenschaften‹ (z. B. www.lndw.tu-berlin.de).

Eines der auffälligsten Gebäude auf dem 4,2 km² großen Gelände ist das **Innovationszentrum für Photonik** (Rudower Chaussee). Der dreigeschossige Glaspalast mit seinen farbigen Jalousetten entstand 1996–98 nach Entwürfen des Architektenteams *Louisa Hutton* und *Matthias Sauerbruch*. Der imposante Bau wird seiner fließenden Wellenform wegen auch ›Amöbe‹ genannt. Außerdem sind Teile des Areals als *Natur- und Landschaftspark* ausgewiesen. Auf den verbliebenen Rollbahnen tummeln sich Inlineskater und Skateboarder.

101 Anna-Seghers-Gedenkstätte

Ein Stück literarisches Berlin.
Anna-Seghers-Str. 81
Tel. 030/677 47 25
www.anna-seghers.de
Di, Do 10–16 Uhr und nach Vereinbarung
S45, S46, S8, S9 Adlershof

Als die Straße noch Volkswohlstraße hieß, wohnte hier ab 1955 die Schriftstellerin Anna Seghers (1900–83). Nach ihrem Tod wurde die Straße ihr zu Ehren umbenannt. Die Räume, in denen sie gelebt hatte, wurden als Gedenkstätte der Öffentlichkeit zugänglich gemacht. In zweien davon zeugen schlichtes Mobiliar aus den 1950er-Jahren, eine Remington-Schreibmaschine und die rund 9000 Bände umfassende Bibliothek von einem arbeitsamen Künstlerleben.

Seghers war 1933 als Jüdin und KPD-Mitglied vor den Nazis ins Ausland geflohen. Ihr 1942 erschienener Roman ›Das siebte Kreuz‹ war eines der erfolgreichsten Werke der Exilliteratur und trug im Ausland wesentlich zur Aufklärung über den Nationalsozialismus und seine Hintergründe bei. Die Schriftstellerin kehrte 1947 aus dem Exil zurück und zog 1950 in die DDR.

102 Großer Müggelsee

Größte Badewanne der Berliner.

S3 Friedrichshagen oder Rahnsdorf, Tram 60, 61, 87, 88, Bus 161

Der Große Müggelsee und sein östliches Anhängsel, der *Kleine Müggelsee*, zählen zu den beliebtesten Ausflugszielen im Osten Berlins. Beide Seen umfassen ein etwa 4,5 km x 2,5 km großes Terrain, neben Wannsee und Tegeler See das größte **Wassersportzentrum** der Stadt.

Die überwiegend unverbauten Ufer des bis zu 11 m tiefen Großen Müggelsees säumen ausgedehnte Ahorn-, Erlen- und Kiefernwälder. Ein guter Ausgangspunkt für **Schiffstouren** (Stern- und Kreisschifffahrt, s. S. 180) ist das frühere Spinnereidorf **Friedrichshagen** am Austritt der Müggelspree im Nordwesten des Sees. Der Anleger findet sich im *Müggelpark*. Fußgänger erreichen durch den *Spreetunnel* von 1926 eine Badestelle am Westufer. Technikfans wird das nahe **Museum im Wasserwerk** (Müggelseedamm 307, www.museum-im-wasserwerk.de, Nov.–März Fr–So 11–16, April–Okt. Fr/Sa 10–17, So 10–16 Uhr) am See begeistern. In dem neogotisch anmutenden märkischen Backsteinbau (1893) erhält man Aufschluss über die Geschichte der Berliner Wasserversorgung.

Rahnsdorf am Nordsufer des Müggelsees zeigt noch ländliches Flair. Den Mittelpunkt des hufeisenförmig angelegten Angerdorfs bildet die 1887 errichtete Dorfkirche. Reizvoll ist auch eine **Kanupartie** (Bootsverleih: Surf- und Segelschule Müggelsee, s. S. 179) durch *Neu-Venedig*, ein in den 1920er-Jahren angelegtes Wasserlabyrinth aus fünf schmalen Kanälen, das von 14 Brücken überspannt wird. An den Ufern liegen hinter Trauerweiden versteckt idyllische Grundstücke mit Lauben und Bootshäusern.

Badefreunde nutzen gern das 1912 eröffnete **Strandbad Müggelsee** (Fürstenwalder Damm 838, Tel. 030/6487777), auch bekannt als Strandbad Rahnsdorf. Es kann mit Sandstrand, Sonnenschirmen, Strandkörben und FKK-Bereich aufwarten, die Gebäude sind zum Teil denkmalgeschützt. Während die Gebäude des Strandbads derzeit saniert werden, sind die Renovierungsarbeiten der Uferkante seit 2015 abgeschlossen. Der Badebetrieb wird provisorisch und bei freiem Eintritt beibehalten.

Am Südufer des Müggelsees ragen die sanft gerundeten, bewaldeten **Müggelberge** auf, mit 115 m mangels Konkurrenz sozusagen Berlins höchstes Gebirge. Von den Schiffsanlegern Müggelseeperle und Rübezahl, wo jeweils Ausflugslokale liegen, können Wanderer auf gut ausgebauten Wegen die *Köpenicker Heide* und den *Berliner Stadtforst* zwischen See und Bergen erkunden. Beliebt als Ausflugsziel ist der 30 m hohe **Müggelturm**, der 1960 an der Stelle eines abgebrannten Vorgängers errichtet wurde. Von seiner Aussichtsplattform genießt man ein fulminantes Panorama mit den Müggelseen, der Stadt und ihrem Umland – an klaren Tagen ist im Westen gar der fast 40 km entfernte Teufelsberg in Grunewald auszumachen.

103 Treptower Park

Grüne Lunge im Südosten mit Volkssternwarte und Sowjetischem Ehrenmal.

S41, S42, S8, S85, S9 Treptower Park, S8, S85, S9 Plänterwald, Bus 166, 265

Über 85 ha erstreckt sich der Treptower Park an ihrem Südufer entlang der Spree. In seinem nördlichen Drittel verläuft die von Platanen gesäumte Puschkinallee. Die einladende Grünanlage wurde 1876–88 als einer der ersten Volksparks der Stadt nach Plänen des Gartenbaudirektors und Lenné-Schülers Gustav Meyer gestaltet. Neben Wäldchen, Blumenrabatten und großem Karpfenteich verfügt die Anlage über mehrere Spiel- und Sportwiesen, auf denen die Berliner in Bewegung kommen können.

Im Osten des Treptower Parks ragt das **Sowjetische Ehrenmal** auf. Der Architekt Jakow Belopolski und der Bildhauer Jewgeni Wutscheritsch schufen die monumentale Gedenkstätte 1947–49 für 5000 hier bestattete sowjetische Gefallene des Zweiten Weltkrieges mit allem Pathos des Kunstgeschmacks zu stalinistischer Zeit. Zwei Rundbogenportale führen von Norden und Süden her auf das Gelände, Trauerbirken und ikonografisch interessante Granitreliefs mit Kriegsszenen säumen den weiteren Weg. Im Zentrum der Anlage führt eine Treppe zu dem marmornen Mausoleum auf einer flachen Hügelkuppe. Es wird von der annähernd 12 m hohen und 70 t schweren *Kolossal-statue* eines sowjetischen Soldaten bekrönt. An seine linke Schulter schmiegt sich Schutz suchend ein Kind. Mit einem Schwert in der rechten Hand zerschlägt er das Hakenkreuz als Symbol des am Ende doch niedergerungenen Angreifers Deutschland.

Unweit nordöstlich steht die **Archenhold-Sternwarte** (Tel. 030/536 06 37 19, www.sdtb.de, Mi–So 14–16.30 Uhr, Führungen Do 20, Sa/So 15 Uhr), die älteste Volkssternwarte Deutschlands. 1896 zeigte der Astronom *Friedrich Simon Archenhold* (1861–1939) hier im damals neuen Gebäude erstmals das von ihm entwickelte bewegliche Linsenfernrohr. Mit 21 m Länge und 130 t Gewicht ist es bis

Von Feinden zu Freunden – die Alliierten in Berlin

Kurz vor Kriegsende trafen sich im Februar 1945 im Kurort Jalta auf der russischen Halbinsel Krim Premierminister *Winston Churchill* (Großbritannien), Präsident *Franklin D. Roosevelt* (USA) und Kremlchef *Josef Stalin* (Sowjetunion) zur sog. **Krim-Konferenz**. Dabei beschlossen sie, Deutschland nach dem Krieg in Zonen aufzuteilen. Mit Berlin sollte ebenso verfahren werden: die Westalliierten (GB, USA und später Frankreich) sollten den westlichen Teil der Stadt erhalten, die UdSSR den Ostteil. In Kraft trat der Beschluss nach der deutschen **Kapitulation**, die am 7. Mai 1945 in Reims bzw. am 8. Mai in Berlin-Karlshorst unterzeichnet wurde. Jahrzehnte später war vor der Wiedervereinigung Deutschlands der Abzug aller alliierten Truppen aus Berlin im sog. **Zwei-plus-Vier-Vertrag** (1990) für das Jahresende 1994 festgelegt worden.

Mehrere Museen bereiteten und bereiten die Geschichte aus unterschiedlichen Blickwinkeln auf. Die Sowjetarmee etwa richtete 1967 im ehemaligen Offizierskasino der Wehrmachtspionierschule, dem Ort der Kapitulationsunterzeichnung, das *Museum der bedingungslosen Kapitulation des faschistischen Deutschland im Großen Vaterländischen Krieg 1941–1945* ein. In seinen Mauern eröffnete dann im Jahr 1995 das neu organisierte **Deutsch-Russische Museum Berlin-Karlshorst** (Zwieseler Str. 4, Tel. 030/50 15 08 10, www.museum-karlshorst.de, Di–So 10–18 Uhr), das von Institutionen aus beiden Ländern gemeinsam betreut wird. Es dokumentiert deutsch-russische Beziehungen zwischen 1917 und 1990. Im Fokus stehen die politischen und militärischen Ereignisse des Zweiten Weltkriegs. Schauobjekte und Dokumente führen Soldatenalltag, Kriegsgefangenschaft und Schicksal der Zivilbevölkerung beider Länder eindrücklich vor Augen. Im Originalzustand erhalten ist der Saal, in dem 1945 die Kapitulation der deutschen Wehrmacht besiegelt wurde.

Die westlichen Alliierten beleuchten ihre Sicht der Geschichte mit dem 1998 auf dem früheren US-Militärgelände in **Zehlendorf** eröffneten **Alliiertenmuseum** (Clayallee 135, Tel. 030/818 19 90, www.alliiertenmuseum.de, Di–So 10–18 Uhr). Ein Schwerpunkt der Ausstellung im früheren *Outpost Theater* (1952) ist die **Berliner Luftbrücke**. Während der Blockade West-Berlins durch sowjetische Truppen 1948/49 versorgten alliierte Flugzeuge diesen Teil der Stadt aus der Luft mit Nahrungsmitteln, Kohle und Medikamenten. Diese sog. *Rosinenbomber* brachten damals 2,3 Mio. t Fracht nach West-Berlin. Auf dem Freigelände des Museums steht einer dieser Rosinenbomber, ebenso ein Wachturm der Berliner Mauer und das Kontrollhaus vom Checkpoint Charlie [Nr. 29]. Die *Nicholson-Gedenkbibliothek* ist der Dokumentation des **Kalten Kriegs** gewidmet. Sogar ein Teil jenes *Spionagetunnels* ist zu sehen, den der amerikanische und britische Geheimdienst 1953/54 gruben, um die sowjetischen Kommunikationsleitungen in Berlin anzuzapfen.

heute das imposanteste seiner Art in der Welt. Ein Objektivdurchmesser von 68 cm macht es möglich, die Gestirne in 210-facher Vergrößerung zu beobachten. 1959 wurde ein **Zeiss-Kleinplanetarium** mit einer 8 m messenden Himmelskuppel angebaut.

Auf dem Freigelände stehen u. a. ein Spiegelteleskop (500 mm) und ein sonnenphysikalisches Kabinett. Im Inneren beleuchten Fotos und Texttafeln die Geschichte der Sternwarte. *Albert Einstein* (1879–1955) stellte hier am 2. Februar 1915 seine Relativitätstheorie vor. Unter den Exponaten finden sich auch ein 283,5 kg schwerer Meteorit sowie allerlei Globen und Messinstrumente. Interessant für Astronomiebegeisterte ist auch die genaue Rekonstruktion eines historischen Beobachtungsraums aus dem 19. Jh.

Nördlich der Sternwarte liegt am Ufer der Spree das Gasthaus **Zenner Eierschale** [s. S. 168]. Das Ausflugslokal wurde 1821/22 von *Carl Ferdinand Langhans* im klassizistischen Stil erbaut. Noch heute ist es mit 1500 Plätzen eines der größten Gartenlokale von ganz Berlin.

Vom Biergarten lässt sich bestens das große Feuerwerkspektakel *Treptow in Flammen* genießen, das alljährlich im Juni auf der **Insel der Jugend** (früher Abteiinsel) inszeniert wird. Das künstliche Spreeeiland ist seit 1916 mit dem Festland durch eine 76 m lange Stahlbetonbrücke verbunden, deren Tortürme von hübschen Fachwerkaufbauten gekrönt sind. Seit DDR-Zeiten ist hier der *Jugendclub Insel* (kulturAlarm e.V., Tel. 030/80 96 18 50, www.inselberlin.de) mit Sommergarten ansässig. Für Veranstaltungen kann man die gesamte Insel mieten, Ausflügler können einfach eine *Bootstour* unternehmen oder *Kanu* fahren (Tel. 0170/489 26 80 www.kanuliebe.de).

Steigt man am S-Bahnhof Treptower Park aus, fallen sofort die **Treptowers** an der Elsenbrücke ins Auge. Zu dem 1995–98 erbauten glasdominierten Bürokomplex gehört auch der mit 30 Etagen und 125 m höchste Berliner Büroturm. Vor der Elsenbrücke ragt die 30 m hohe und 45 t schwere Installation **Molecule Man** (1999) des Amerikaners *Jonathan Borofsky* aus der Spree. Die drei Figuren aus durchlöchertem Aluminium markieren die gemeinsame Grenze der alten Bezirke Kreuzberg, Friedrichshain und Treptow.

Vom **Spreehafen Treptow** verkehren im Sommer *Ausflugsschiffe* (Stern- und Kreisschifffahrt, s. S. 180) nach Charlotten-

Molecule Man – erst aus der Nähe erkennt man die wahre Größe des ›Molekül-Mannes‹

burg, Köpenick und über den Großen Müggelsee bis zur Woltersdorfer Schleuse. Auch ein achtstündiger Schiffsausflug rund um Berlin ist möglich.

Weiter westlich ragt im Park **Schlesischer Busch** einer von zwei in Berlin noch erhaltenen *DDR-Grenzwachtürmen* auf. Der 10 m hohe quadratische Turm wurde restauriert und dient nunmehr als Ausstellungsort der **Kunstfabrik am Flutgraben** (Am Flutgraben 3, Tel. 030/53 21 96 58, www.flutgraben.org), die auch als Galerie und Atelierhaus einen Besuch lohnt.

Schwungvoller Auftakt – eine elegante Stahlbetonbrücke führt auf die Insel der Jugend

Rund um den Ku'damm – flanieren, kaufen, schauen

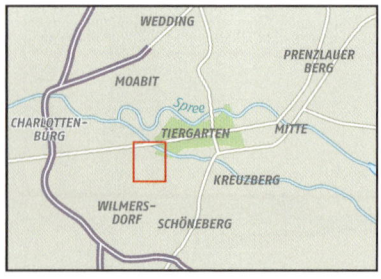

Das Geschäfts- und Kulturzentrum West-Berlins rund um den **Kurfürstendamm** und seine östliche Verlängerung, die **Tauentzienstraße**, gehört zu den interessantesten Adressen der Stadt. Der von den Berlinern kurz Ku'damm genannte, 3,5 km lange Boulevard ist seit jeher beliebte *Flaniermeile*. Luxushotels, Restaurants, Cafés, Kinos, Modegeschäfte und Kaufhäuser bestimmen in weiten Teilen das Straßenbild, insbesondere um das legendäre Warenhaus **KaDeWe** am Ostende der Tauentzienstraße. An manchen Stellen setzen exzentrisch gestaltete Neubaukomplexe wie das **Kranzler Eck** auffällige Akzente.

Aber auch Kunst und Kultur sind rund um den Ku'damm zu finden, etwa im **Theater des Westens** und **Literaturhaus**, **Käthe-Kollwitz-Museum** und **Museum für Fotografie – Helmut Newton Stiftung**. Nicht zuletzt ist der **Zoologische Garten** mit seinem großen Aquarium ein Publikumsliebling.

104 Kurfürstendamm

Vom Reitweg der Kurfürsten zum Laufsteg der Flaneure und Shopper.

S5, S7, S75 und U2, U9 Zoologischer Garten, U1, U9 Kurfürstendamm und U1 Uhlandstraße, U7 Adenauerplatz, Bus X9, X10, M19, M29, M45, M46, 100, 109, 110, 200, 204, 245, 249

Die Ursprünge der berühmten Allee gehen auf einen Reitweg zurück, der ab 1542 zum Jagdschloss Grunewald führte. Lange war der Weg nur der kurfürstlichen Familie vorbehalten, daher bürgerte sich der Name Kurfürstendamm ein. Zum großstädtischen Boulevard wurde er erst durch den Ausbau ab 1886, der auf Otto von Bismarcks Initiative zurückging: Der Berliner Westen sollte ein prachtvolles Pendant zum östlich des Brandenburger Tors verlaufenden Boulevard Unter den Linden [Nr. 6] erhalten. Am und um den Kurfürstendamm ließen sich wohlhabende Bürger prunkvolle Stadtpalais errichten. Später kamen einige Künstler und Literaten hinzu. Adel und Politik indessen residierten weiterhin Unter den Linden.

Helmut Jahns Hochhaus überragt das Kranzler Eck am Kurfürstendamm

Seine erste **Blüte** erlebte der Kurfürstendamm in den 1920er-Jahren, als hier Theater, Kabaretts, Revuen, Varietés und Kinos wie Pilze aus dem Boden schossen. Der opulente Baubestand der Gründerzeit wurde im Zweiten Weltkrieg dezimiert, doch was erhalten blieb, beeindruckt noch heute mit majestätischen Proportionen und weltoffener Eleganz. Als Reminiszenz an die Wirtschaftswunderjahre sind bis heute die typischen Schaukästen auf den Gehwegen erhalten – hier stellt sich das Schaufenster gewissermaßen direkt in den Weg der Klienten. Modernen Schwung bringen Geschäftshäuser, Passagen und Shoppingkomplexe des 20/21. Jh., in denen Designershops und Juwelierläden ihr Flair entfalten.

Neben Kinos und Bühnen wie *Theater & Komödie am Kurfürstendamm* oder *Schaubühne am Lehniner Platz* [s. S. 174] gehören zur Gegend um den Kurfürstendamm traditionellerweise große Hotels. Eines der luxuriösesten ist sicher das im Jahr 2013 eröffnete **Waldorf Astoria** [s. S. 181] mit Lang Bar und Spa

Guerlain sowie Restaurant Les Solistes, über das der Pariser Sternekoch Pierre Gagnaire herrscht.

An der Ecke Joachimstaler Straße entstand 2000 das Quartier **Kranzler Eck** des Stararchitekten Helmut Jahn. Neue und alte Bauten werden von einem Hochhaus überragt. Legendär war hier das **Café Kranzler,** der Nachfolger vom Café des Westens, einem Lieblingslokal der Berliner Boheme um 1900. Im Zuge der Umgestaltung hat es jedoch seinen Charme eingebüßt, da es jeweils von den wechselnden Mietern des Ladengeschäfts mit betrieben wird. Am nahen **Ku'damm Eck** erhebt sich das *Swissôtel Berlin* [s. S. 181], ein 44 m hoher Rundbau von 2001.

Viele Geschichten sind auch mit den Gebäuden auf dem Charlottenburger Teil des Kurfürstendamms, zwischen Breitscheidplatz und Adenauerplatz, verbunden: In **Nr. 234**, lange Jahre ein Café, verkehrten vor dem Ersten Weltkrieg viele Offiziersgattinnen, die hier ihre Töchter unter die Haube bringen wollten. Das Haus **Nr. 218** wurde 1902 vom Chinesi-

Alt trifft neu: ›Hohler Zahn‹ und Neuer Glockenturm der Kaiser-Wilhelm-Gedächtniskirche

schen Kaiserreich erworben. Bis 1979 gehörte es der Volksrepublik China und war als Botschaftsgelände exterritoriales Gebiet. Haus **Nr. 217** war in den 1920er-Jahren ein Revuetheater. Hier trat 1926 die Tänzerin *Josephine Baker* in ihrem legendären Bananenkostüm auf. Bis 2002 fungierte es als *Kino Astor*, heute spielt das Modelabel Tommy Hilfiger hier die Hauptrolle. Der Gebäudekomplex **Nr. 193**, das Cumberland-Haus, sollte 1912 als Apartmenthaus nach US-Vorbild eröffnet werden. Jetzt ist es ein Luxus-Wohnhaus und im Kaffeehaus Grosz spiegelt sich mit Säulen und Palmen die Belle Epoque wider.

Ein Bummel lohnt sich auch durch die Seitenstraßen des Ku'damms. Zwischen Joachimstaler Straße und Leibnizstraße sowie um den **Savignyplatz** findet man viele Designerläden, Weingeschäfte, Galerien, Cafés und Restaurants. Die schönen, beschaulichen Straßen gehören seit Langem zu den bevorzugten Wohngegenden Berlins.

Im Inneren der Gedächtniskirche erwartet den Besucher eine eindrucksvolle Lichtwirkung

105 Kaiser-Wilhelm-Gedächtniskirche

Eines der bekanntesten Wahrzeichen von Berlin ist die Turmruine der Kaiser-Wilhelm-Gedächtniskirche.

Breitscheidplatz
www.gedaechtniskirche-berlin.de
tgl. 9–19 Uhr
S5, S7, S75 und U2, U9
Zoologischer Garten,
U1, U9 Kurfürstendamm,
Bus X9, X10, X34, M19, M29, M45, M46,
M49, 100, 109, 200, 204, 245, 249

Gleich nach seiner Thronbesteigung gab Kaiser Wilhelm II. den Auftrag zum Bau einer repräsentativen Kirche zum Andenken an Wilhelm I. Franz Schwechten erbaute sie in neoromanischem Stil rheinischer Prägung mit einem 113 m hohen Westturm und vier Ecktürmen. Im religiösen Leben indes spielte die 1895 vollendete Kaiser-Wilhelm-Gedächtniskirche in den folgenden Jahrzehnten keine große Rolle. Am Totensonntag 1943 zerstörten die Bomben der Alliierten das Gotteshaus – bis auf den Westturm.

1957 wollte man die Ruine abreißen, doch die Berliner protestierten vehement. Man einigte sich auf einen Kompromiss: Der mächtige **Westturm**, mittlerweile nur noch 68 m hoch und ›hohler Zahn‹ genannt, blieb stehen und wurde um einen oktogonalen Sakralraum aus mosaikartig verglasten Betonplatten nach einem Entwurf des Architekten Egon Eiermann ergänzt. Zusätzlich entstanden ein zweiter sechseckiger *Glockenturm* (53 m), eine Kapelle und ein auch für Veranstaltungen zu nutzendes Foyer. Am 17. Dezember 1961 weihte man das Gotteshaus ein. Das Ensemble nennen die Berliner recht salopp ›Lippenstift und Puderdose‹. Der Alte Turm wurde nach einer Restaurierung am 15. September 2013 feierlich wieder eröffnet. Zu jeder vollen Stunde ertönt das Glockenspiel – nach einer Melodie, die Prinz Louis Ferdinand, Enkel Kaiser Wilhelms II., geschrieben hat. Die *Gedenkhalle* im Turm mahnt zu Frieden und Versöhnung. Auf dem *Fürstenfries* sind die Hohenzollernherrscher abgebildet – von Kurfürst Friedrich I. aus dem 15. Jh. bis zum letzten Kronprinzen.

Nach dem Abbau des Baugerüstes am alten Turm Anfang 2014 wurde mit einer Begutachtung und Sanierung der Bausubstanz von Eiermanns Glockenturm begonnen, auch die Kirchenkapelle wird renoviert.

Vor dem Europa-Center können Straßenkünstler stets auf reichlich Zuschauer zählen

106 Europa-Center

Vom Künstlertreff zum nüchtern-modernen Fortschrittssymbol.

Breitscheidplatz
www.europa-center-berlin.de
S5, S7, S75 und U2, U9
Zoologischer Garten,
U1, U2, U3 Wittenbergplatz,
Bus X9, X10, X34, M19, M29, M45, M46,
M49, 100, 109, 200, 204, 245, 249

Wo heute das Europa-Center steht, befand sich in den 1920er-Jahren das legendäre *Romanische Café*, ein Treffpunkt der Berliner Kunst- und Kulturszene. Berühmte Menschen wie Max Reinhardt, Alfred Döblin, Gustaf Gründgens, Richard Tauber und Egon Erwin Kisch saßen im speziell für sie reservierten Raum ›Bassin der Schwimmer‹. Junge Talente nahmen ihren Kaffee im ›Bassin der Nichtschwimmer‹. Im November 1943 wurde das Gebäude ausgebombt. 1963–65 wuchs an dieser Stelle das 22-geschossige **Europa-Center** (Entwurf: Petschnigg, Hentrich, Düttmann, Eiermann) empor, mit Geschäften, Restaurants und dem Kabarett **Die Stachelschweine** [s. S. 175], das heute vor allem unter architektonischen Gesichtspunkten einen Bummel wert ist.

Beliebter Tummelplatz für Berliner und Besucher, für Straßenkünstler und Skateboarder ist der 1983 als Fußgängerzone

Plausch im Literaturhaus-Café unter dem Bildnis Menno ter Braaks von El Bocho

gestaltete **Breitscheidplatz** vor dem Europa-Center. Sein Name erinnert an den SPD-Politiker Rudolf Breitscheid (1874–1944), der im KZ Buchenwald umgebracht worden war. Blickfang im Zentrum des Platzes ist der vom Bildhauer Joachim Schmettau entworfene **Weltkugelbrunnen**, der wegen seiner Form auch ›Wasserklops‹ genannt wird.

107 Käthe-Kollwitz-Museum

Expressionismus und Erinnerung.

Fasanenstr. 24
Tel. 030/882 52 10
www.kaethe-kollwitz.de
tgl. 11–18 Uhr
U1 Uhlandstraße
Bus X10, M19, M29, 109, 110, 249

Mit repräsentativen Villen aus dem 19. Jh. und gediegenen Wohnhäusern des frühen 20. Jh. ist die Fasanenstraße vor allem südlich des Ku'damms eine der architektonisch schönsten und vornehmsten Seitenstraßen des Kurfürstendamms. Hier zeigt in einem 1897 spätklassizistisch umgestalteten Palais von 1871 das **Käthe-Kollwitz-Museum** zahlreiche Werke der herausragenden Künstlerin und wichtigen Protagonistin des Expressionismus. Käthe Kollwitz (1867–1945) hatte mehr als 50 Jahre in Berlin gelebt und gearbeitet.

Das private Museum geht auf die Sammlung des Malers und Kunsthändlers *Hans Pels-Leusden* zurück. Er hatte das Museum initiiert und ihm etwa 100 Druckgrafiken, 70 Zeichnungen und Originalplakate der Grafikerin zur Verfügung gestellt. Besonders umfangreich vertreten sind Selbstbildnisse, Arbeiten zum Thema Tod wie der Holzschnitt-Zyklus Krieg (1922/23) und zum Gedenkblatt für Karl Liebknecht. Zusätzlich zur Dauerausstellung finden meist zweimal jährlich interessante Sonderausstellungen zum Umfeld der zeitlebens sozial engagierten Künstlerin statt.

Das ebenfalls klassizistische Nachbaranwesen (Fasanenstr. 25, 1891–95) beherbergt das Auktionshaus **Villa Grisebach** (Tel. 030/885 91 50, www.villa-grisebach.de) mit Kunsträumen und Galerie. Die Gründerzeitvilla (1889) mit der Hausnummer 23 nutzt das **Literaturhaus Berlin** (Tel. 030/887 28 60, www.literaturhaus-berlin.de) für Literaturausstellungen und Lesungen. Garten und Wintergarten dienen als Café, im Souterrain ist eine Buchhandlung untergebracht. Eine nette Petitesse ist das *Kurt-Tucholsky-Zimmer* mit Möbeln des gesellschaftskritischen Publizisten aus seinem Domizil im schwedischen Hindas. Übrigens hatte Kurt Tucholsky (1890–1935) 1912 am Ku'damm 12 kurzzeitig eine Bücherbar betrieben, die Geistiges anbot – nämlich Literatur und Hochprozentiges zugleich!

In diesem Abschnitt der Fasanenstraße wie auch in anderen Ku'damm-Seitenstraßen finden sich traditionell viele Altberliner **Pensionen**. Nach 1918 vermieteten vor allem Kriegerwitwen einzelne Zimmer ihrer riesigen Wohnungen, um ihr karges Budget aufzubessern. In den 1920er- und 1930er-Jahren gehörten zu den Logiergästen oft Schauspieler und Prominente, darunter zum Beispiel auch der Stummfilmdiva Asta Nielsen, die Fliegerlegende Ernst Udet oder der Dichter Franz Kafka.

108 Jüdisches Gemeindehaus

Kulturelles Zentrum der größten jüdischen Gemeinde Deutschlands.

Fasanenstr. 79/80
Tel. 030/88 02 80
www.berlin-judentum.de
S5, S7, S75 und U2, U9 Zoologischer Garten, U1, U9 Kurfürstendamm, U1 Uhlandstraße,
Bus X9, X10, X34, M19, M29, M45, M46, M49, 100, 109, 110, 200, 204, 245, 249

In der Fasanenstraße wurde 1912 die erste Synagoge im Berliner Westen eröffnet. In dem byzantinisch geprägten Bau nach den Plänen Ehrenfried Hessels fanden 1700 Gläubige Platz. Doch die Synagoge wurde in der Pogromnacht 1938 fast völlig zerstört, ihre Ruine schließlich 1958 gesprengt. Dieter Knoblauch und Heinz Heise errichteten 1957–59 ein neues Gemeindehaus, das alte Portal dient als Haupteingang. Ein Säulenpaar der Fassade des ersten Baus ist heute *Mahnmal,* eine Wand im Hof wurde zur *Gedenkstätte* für die ermordeten Berliner Juden. Das Gemeindehaus bietet als Kulturzentrum ein vielfältiges Programm, seine Bibliothek verfügt über die größte Sammlung jüdischen Schrifttums in ganz Deutschland.

Unmittelbar benachbart liegt als markantes Bauensemble das moderne **Kantdreieck** (1994). Hier krönt eine gigantische silberne Wetterfahne das Bürohochhaus von Josef Paul Kleihues. Gegenüber steht das ›Gürteltier‹ genannte **Ludwig-Erhard-Haus** (1998, www.lehberlin.de). Das Bauwerk des Londoner Architekten Nicholas Grimshaw gilt als Zentrum der hauptstädtischen Wirtschaft. Außerdem ist hier die Berliner Börse beheimatet.

109 Theater des Westens

Munteres Entertainment hinter alten Mauern: Berlins Operetten- und Musicalbühne.

Kantstr. 12
Tel. 018 05/44 44 (0,14 €/Min. Festnetz)
www.stage-entertainment.de
S5, S7, S75 und U2, U9 Zoologischer Garten, U1, U9 Kurfürstendamm, Bus X9, X10, X34, M45, M46, M49, 100, 109, 110, 200, 204, 245, 249

Im pompösen Stil des wilhelminischen Historismus 1895/96 erbaut, bot das ansehnliche Theater des Westens zunächst den geeigneten Rahmen für die Aufführung klassischer **Operetten**. In der Zeit nach dem Zweiten Weltkrieg war es dann Spielstätte der *Deutschen Oper*, bis diese in den Neubau an der Bismarckstraße umzog. Unter der künstlerischen Leitung Helmut Baumanns erwarb sich das Haus schließlich einen guten Ruf als bewährte Bühne für die Aufführung moderner **Musicals**. Seit 2003 wird es von der Hamburger Stage Entertainment betrieben. Aufgeführt werden die angesagten Bühnenshows des 21. Jh.

Nebenan steht der **Delphi-Filmpalast**. Das Gebäude wurde 1927/28 als Tanzlokal errichtet und war ab 1949 als größtes Kino Berlins und Uraufführungsstätte bekannt. 1997/98 wurden der Garten, die sog. Kaisertreppe und die historische Fassade rekonstruiert, die Kinosäle dahinter sind durchaus modern.

Das Portal der 1938 zerstörten Synagoge steht vor dem Jüdischen Gemeindehaus

Das Theater des Westens zeigt zeitgenössische Musicals wie ›Ich war noch niemals in New York‹

Unter dem Kino lockt das **Quasimodo** [s. S. 177] mit hübscher Café-Terrasse. Der gleichnamige, alteingesessene und auch international renommierte Club im Keller bietet mitreißenden Live-Jazz.

110 Museum für Fotografie – Helmut Newton Stiftung

Zeitgenössische Fotokunst und lauter schöne Newton-Menschen in romantischer Architekturkulisse.

Jebensstr. 2
Tel. 030/266 42 42 42
www.smb.museum
Di, Mi, Fr 10–18, Do 10–20,
Sa/So 11–18 Uhr
S5, S7, S75 und U2, U9 Zoologischer Garten, Bus X9, X10, X34, M45, M46, M49, 100, 109, 110, 200, 204, 245, 249

Einst war der 1934–36 errichtete **Bahnhof Zoologischer Garten** gegenüber dem Museum für Fotografie ziemlich berüchtigt. So schilderte es auch der Film ›Wir Kinder vom Bahnhof Zoo‹ von 1981. Doch das Image sollte sich wandeln: Gegenüber eröffnete 2013 eines der besten Hotels der Welt, das **Waldorf Astoria** (www.waldorfastoriaberlin.com). Gegenüber wurde das Shopping Center **Bikini Berlin** komplett modernisiert und auch das Kino **Zoo-Palast** erstrahlt in neuem Glanz.

Einen großen Kulturakzent am Bahnhof Zoo setzt schon seit Jahren das Museum für Fotografie – Helmut Newton Stiftung. Das rege Besucherinteresse gilt vor allem den Werken des US-Starfotografen *Helmut Newton* (1920–2004). Der gebürtige Berliner, der eigentlich Helmut Neustädter hieß und als Jude 1938 emigrieren musste, vermachte der Vaterstadt sein Privatarchiv und einige persönliche Besitztümer. Die Lebenswelt des großen Meisters wird in den Sälen des Erdgeschosses weihevoll inszeniert, komplett mit einem Nachbau des Büros in Monte Carlo, mit Kameras und Outfits und dem protzigen Newton-Mobil. In der ersten Etage kann man den Schönen, Exzentrischen und Geheimnisvollen seiner Fotowelt im Großformat in die Augen sehen. Neben den rassig-kühlen Aufnahmen von Models, mal mit und mal ohne Kleidung, sieht man auch jene Fotos aus der Tagespresse, die Newton zu bisweilen mystisch verklärten Kompositionen inspirierten.

Der restaurierte *Kaisersaal* im zweiten Stock bietet Wechselausstellungen aus den Beständen des Museums für Fotografie, das zur Kunstbibliothek auf dem Kulturforum und den Staatlichen Museen zu Berlin gehört. Der 665 m² große, 11 m hohe, tonnenüberwölbte Saal ist das Prachtstück des neoklassizistischen Gebäudes, das 1909 als Offizierskasino der Landwehrinspektion Berlin eröffnet worden war. Die Ausstattung war erlesen: größtenteils wilhelminisch bunt und üppig, jedoch auch mit Jugendstilornamenten versehen und bereits mit indirekter Beleuchtung ausgestattet.

Fotokunst mit jungem Kulturflair trägt neuerdings das *Amerika Haus* bei. Denn hier ist das **C/O Berlin** (Hardenbergstr. 22–24, Tel. 030/28 44 41 60, www.co-berlin. com, tgl. 11–20 Uhr) eingezogen. Schon an seinem ersten Standort im Portfuhramt an der Oranienburger Straße hat sich das C/O Berlin mit Ausstellungen zur Fotografie von Annie Leibovitz bis Karl Lagerfeld einen großen Namen gemacht.

111 Zoologischer Garten

Ältester und meistbesuchter Tierpark Deutschlands.

Eingänge: Budapester Str. 34 (Elefantentor), Hardenbergplatz 8 (Löwentor),
Tel. 030/25 40 10
www.zoo-berlin.de
März–Okt. 9–18/18.30,
Ende Okt.–Febr. 9–16.30 Uhr
Fütterungen: Affen tgl. 14 und 16 Uhr, Königspinguine tgl. 13.45 Uhr, u.v.m.
S3, S5, S7, S75 und U2, U9 Zoologischer Garten,
Bus X9, X10, X34, M45, M46, M49, 100, 109, 110, 200, 204, 245, 249

Das prächtige **Elefantentor** von 1899 mit den beiden steinernen Dickhäutern, die ein Pagodendach tragen, beeindruckt am Eingang Budapester Straße. Vordenker und Gründerväter dieses ersten Tierparks Deutschlands waren die Naturwissenschaftler Alexander von Humboldt und Martin Lichtenstein sowie der Gartenarchitekt Peter Joseph Lenné. Eröffnet wurde die Anlage bereits 1844, die ersten Tiere stammten aus der *Königlichen Tiersammlung*, die Friedrich Wilhelm IV. den Berlinern schenkte. Ab 1869 begann man dann mit dem Bau von Toren und Tierhäusern in exotischem Stil. 1943 wurde ein großer Teil des Zoos innerhalb von lediglich 15 Minuten zerstört, nur 91 von knapp 4000 Tieren überlebten. Eines der wenigen Gebäude, die das Bombardement überstanden, ist das 1871 eröffnete, viel bewunderte **Antilopenhaus** – ein Paradebeispiel prachtvoll-ägyptisierender Zoobauten jener Zeit.

Heute leben und lärmen auf dem 35 ha großen Gelände und im Aquarium des Zoologischen Gartens rund 17 700 Tiere in 1500 Formen. Damit ist er der artenreichste Tierpark der Welt. Allein im riesigen **Vogelhaus** (3300 m²) tummeln sich 2000 Piepmätze. Publikumslieblinge sind Löwen und Pinguine, Seehunde, Gorillas und Pandas sowie natürlich die Jungtiere jeder Spezies.

Eher keine Schnappschüsse – Impressionen von einer Ausstellung im Museum für Fotografie

Gähnende Lebensfreude – Flusspferddümpeln im tierisch aufregenden Zoo

Nicht weit vom Elefantentor liegt das **Zoo Aquarium** (Budapester Str. 32, www.aquarium-berlin.de, tgl. 9–18 Uhr). Es geht auf das von ›Tiervater‹ Alfred Brehm 1869 gegründete Berliner Aquarium Unter den Linden zurück. 1913 wurde der hiesige Bau eröffnet, dessen Jugendstilfassade mit Saurierdarstellungen akzentuiert ist. Besonderer Blickfang ist die eindrucksvolle Sitzfigur eines Iguanodon vor dem Portal.

Historisches Highlight des Aquariums ist die **Krokodilhalle**, die erste überdachte Freianlage weltweit. Der angrenzende Neubau (1983) birgt sieben Wasserwelten, darunter die Landschaftsbecken, das Haibecken und das Rundumbecken. Die Bewohner all der Aquarien und Terrarien, die Fische, Reptilien, Amphibien und Insekten, begeistern in ihrer Farbenpracht und Formenvielfalt. Neben Schildkröten, Schlangen, Echsen und Kaimanen stehen die schnittigen Riffhaie, die wallenden Quallen und die bunten Tropenfische besonders hoch in der Publikumsgunst.

112 KaDeWe

 Kaufrausch ohne Grenzen im größten Warenhaus auf dem europäischen Kontinent.

Tauentzienstr. 21–24, Wittenbergplatz
Tel. 030/21210
www.kadewe.de
Mo–Do 10–20, Fr 10–21, Sa 9.30–20 Uhr
U1, U2, U3 Wittenbergplatz
Bus M19, M29, M46, 343

Als Einkaufsparadies par excellence gilt das **Kaufhaus des Westens** (kurz KaDeWe genannt). Mit rund 60 000 m² Verkaufsfläche ist es das größte Kaufhaus des Kontinents – und gleichzeitig, nach Reichstag und Brandenburger Tor, die meistbesuchte Sehenswürdigkeit Berlins.

1906/07 errichtete Johann E. Schaudt das Gebäude im Auftrag des Unternehmers Adolf Jandorf. Das Viertel, das sich damals um die Gedächtniskirche entwickelte, sollte ein Warenhaus für gehobene Ansprüche erhalten. Mit Übernahme des Hauses durch Hermann Tietz (Hertie) 1927 erlebte das KaDeWe seine erste große Blüte. Ein Grundpfeiler des bis heute

des Hauses ist seit den 1920er-Jahren die **Feinschmeckeretage** (6. Stock), die größte ihrer Art in Europa. Spezialitäten aus aller Welt locken hier: Man hat die Wahl zwischen 200 Brotarten, 70 Fleischtypen, 1200 Würsten, 1300 Käsen, 500 Kaffee- und Teesorten, 3400 Weinen und 100 Bieren.

TOP TIPP Das Restaurant **LeBuffet** (www.lebuffet.de) im 7. Stock vereint Spezialitäten aus aller Welt unter einem riesigen Glasdach und gewährt schöne Aussichten auf Berlin.

Anschließend führt der Bummel über die **Tauentzienstraße** vorbei an weiteren großen Kaufhäusern, zahllosen Mode- und Sportgeschäften.

Südöstlich des Wittenbergplatzes, am **Nollendorfplatz**, entstand 1905/06 ein Jugendstilgebäude für das Neue Schauspielhaus, bald besser bekannt als **Metropol-Theater**. *Erwin Piscator* machte es berühmt, als er 1927 hier das Stück ›Hoppla, wir leben!‹ von Ernst Toller inszenierte. Inzwischen firmiert das Haus als **Goya** (www.goya-berlin.com). Es umfasst einen Nachtclub und elegante Veranstaltungsräume, die für Events vermietet werden.

Weiter nördlich ist das **Schwule Museum** (Lützowstr. 73, Tel. 030/69 59 90 50, www.schwulesmuseum.de, Mi/Fr, So/Mo 14–18, Do 14–20, Sa 14–19 Uhr) in einer früheren Druckerei ansässig. Das Museum widmet sich im Rahmen von Wechselausstellungen der ganzen Vielfalt sexueller Identitäten im kulturhistorischen Kontext. Die permanente Schau *Transformation* beleuchtet die Geschlechterordnung und Konflikte um ihre Veränderung seit 1800 als großes Thema der Gesellschaft.

andauernden Erfolgs ist die schier unerschöpfliche Warenpalette, die von Spielwaren bis zu den Kreationen der renommiertesten Designer wie Dior, Chanel, Gucci, Fendi, Prada, Hermes und Tiffany, fast alles umfasst. Ein weiteres Highlight

Das KaDeWe geizt nicht mit Reizen – und inszeniert Dessous in rosarotem Bühnenbild

Rund um Schloss Charlottenburg – erste Adressen für Kunstfreunde

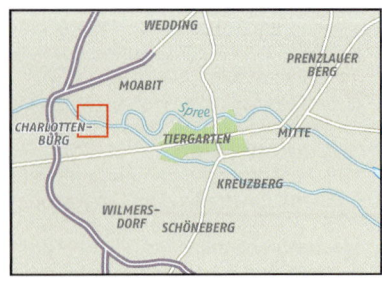

Das Viertel rund um **Schloss Charlottenburg** im Westen Berlins ist ein wahrer Hort der Kunst. Die grandiose Barockanlage des Schlosses bietet im Bund mit den Museen im weitläufigen Park und in der nahen Umgebung – darunter das **Museum Berggruen** mit Picasso, Klee und Matisse, die dem Surrealismus gewidmete **Sammlung Scharf-Gerstenberg** und das **Bröhan-Museum** zu Jugendstil und Art Déco – exquisite Meisterwerke in Fülle. Der Stadtteil hieß bis zur Einweihung des Schlosses Charlottenburg noch Lietzow. Bevor dieses Lietzow 1920 nach Groß-Berlin eingemeindet wurde, war es die zweitreichste Stadt Preußens. Das sieht man noch heute. Selbst der eiligste Spaziergänger wird rund um die Schlossstraße viele repräsentative Bauten entdecken. Vor allem die vornehmen Wohnhäuser etwa zwischen Kaiserdamm und Neuer Kantstraße am Lietzensee zeugen von der Prosperität jener Jahrzehnte. Der damalige Bürgerstolz kulminierte im **Rathaus** von Charlottenburg mit seinem hoch aufragenden Turm und gewaltigen Baukörper.

113 Schloss Charlottenburg

Größtes und glanzvollstes der Berliner Hohenzollernschlösser.

Spandauer Damm/Luisenplatz
Tel. 030/32 09 10
www.spsg.de
Altes Schloss: April–Okt. Di–So 10–18,
Jan.–März Di–So 10–17 Uhr
Park: tgl. 6 Uhr bis Sonnenuntergang
S41, S42 Westend, U7 Richard-Wagner-Platz, U2 Sophie-Charlotte-Platz,
Bus M45, 109, 309

In einst ländlicher und bewaldeter Umgebung errichtete Johann Arnold Nering 1695–99 Schloss Lietzenburg, benannt nach dem nahe gelegenen Dorf Lietzow. Kurfürst Friedrich III. schenkte es 1696 als **Sommerresidenz** seiner Frau Sophie Charlotte, die daraus das geistige Zentrum Berlins machte. Einer ihrer engsten

Charlottenburg ist nach Sophie Charlotte von Hannover, Preußens erster Königin, benannt

Freunde war der Philosoph Johann Gottfried Leibniz, Gründer der Berliner Akademie der Wissenschaften.

Als sich Friedrich III. im Jahr 1701 zum *König in Preußen* (als Friedrich I.) krönte, ließ die nunmehrige Königin ihr Schlösschen repräsentativ ausbauen – mit dem Resultat, dass es heute als glanzvollstes Kapitel barocker Baukunst im Hohenzollernreich gilt.

Die Bauarbeiten zogen sich noch lange nach dem Tod Sophie Charlottes (1668–1705) hin. Zu diesem traurigen Anlass wurde es jedoch in Schloss Charlottenburg umbenannt. Fast 100 Jahre sollte es dauern, bis das **Alte Schloss** seine endgültige prunkvolle Gestalt und Ausdehnung erreicht hatte. Bis 1713 wurde das Kleinod an beiden Seiten erweitert und getreu dem Vorbild Versailles durch den 48 m hohen Kuppelturm über dem Mittelbau ergänzt. Bekrönt wird die Kuppel von einer vergoldeten *Fortuna*, die als Wetterfahne dient. Zu den Architekturprojekten jener Epoche gehört auch die dem Westflügel benachbarte **Orangerie**, in der man heute Kunstausstellungen einrichtet.

1740–47 ließ Friedrich der Große als Pendant zur Orangerie den **Neuen Flügel** im Osten errichten. Die Pläne zeichnete Georg Wenzeslaus von Knobelsdorff. Unter Friedrich Wilhelm II. wurde der Gebäudekomplex 1788–91 um die **Kleine Orangerie** und das **Schlosstheater** von Carl Gotthard Langhans ergänzt, womit eine Gesamtlänge von 505 m erreicht war.

Nach der Revolution von 1918/19 ging das Schloss in den Staatsbesitz des Deutschen Reiches über und diente fortan als Museum. Im Zweiten Weltkrieg wurde es fast völlig zerstört. Jahrzehntelang dauerten Wiederaufbau und Restaurierung, doch mittlerweile ist der ursprüngliche Zustand weitgehend wiederhergestellt.

Brandenburgischer Mythos: der bronzene Große Kurfürst im Ehrenhof des Schlosses

Barocker Geniestreich: das Reiterstandbild des Großen Kurfürsten

Im Ehrenhof, vor dem Mittelbau des Schlosses, steht seit 1952 das bronzene Reiterstandbild (1698–1700) des Großen Kurfürsten von Andreas Schlüter. König Friedrich I. hatte das fast 6 m hohe Denkmal in Auftrag gegeben. Es zeigt seinen Vater Kurfürst Friedrich Wilhelm in der Pose des siegreichen Feldherrn. Ihm zu Füßen symbolisieren am Marmorsockel dramatisch bewegt vier Sklavenfiguren die unterworfenen Feinde.

Dieses Werk Schlüters gilt als das bedeutendste Reiterstandbild des Barock in Deutschland. Es stand ab 1703 auf der Langen Brücke vor dem Berliner Stadtschloss. Während des Zweiten Weltkriegs wurde die monumentale Skulptur in Sicherheit gebracht. 1947 versank sie bei einer Havarie im Tegeler Hafen, konnte aber 1949 wieder geborgen werden. Als Kopie ziert das Reiterdenkmal auch das Foyer des Bode-Museums [s.S. 41].

Historische Räume

Die historischen Räume im rechten Seitenflügel und vor allem im **Mitteltrakt** von Schloss Charlottenburg wurden in den 1950er-Jahren wiederhergestellt, zurzeit erfolgt eine grundlegende Sanierung. Im hiesigen Erdgeschoss sind die *Eichengalerie* und das *Porzellankabinett* untergebracht. Letzteres präsentiert kostbares chinesisches und japanisches Porzellan aus dem 17. und 18. Jh. Um die Wirkung der herrlichen Geschirr-Kreationen noch zu erhöhen, ließ König Friedrich I. die Sammlung mittels zahlloser Wandspiegel optisch vervielfältigen.

Im Vestibül des **Neuen Flügels** erfreut eine zweite Fassung der Schadowschen *Prinzessinnengruppe* [s. S. 31] das Auge. Im Obergeschoss liegen die prunkvollen Gemächer Friedrichs des Großen und der *Weiße Saal*, der dem Alten Fritz als Speise- und Thronsaal diente. Ein weiterer Augenschmaus ist die 42 m lange *Goldene Galerie* mit ihren kunstvollen Dekorationen aus vergoldetem Stuck.

Der Liebe Friedrichs des Großen zur Malerei des französischen Rokoko ist es zu verdanken, dass man in den Sälen eine beachtliche Kollektion dieses Genres zu sehen bekommt. Sehr beliebt sind acht Gemälde von Jean-Antoine Watteau. Besonders lieblich schildert dieser die ›Einschiffung nach Kythera‹ (1717). Nicht nur kulturhistorisch bemerkenswert ist die Tabakdosensammlung des Alten Fritz.

TOP TIPP Schlosspark Charlottenburg

Zu den beliebtesten Spaziergangsarealen Berlins gehört der Charlottenburger Schlosspark. 1687 von Simeon Godeau als erster französischer Barockgarten in Deutschland gestaltet, wurde die Anlage ab 1825 von Peter Joseph Lenné um einen englischen Landschaftsgarten erweitert. Bis heute gilt sie als ein Glanzstück europäischer Gartenbaukunst.

Von der Straße aus ist die Pracht nicht sogleich zu erahnen, da sich der insgesamt 55 ha umfassende Park vor allem hinter dem Schloss ausdehnt. Der im Osten von der Spree abgeschlossene *Barockgarten* wurde stilgerecht symmetrisch angelegt. Reich gemusterte Broderien erstrecken sich bis zu einem *Karpfenteich*. Die Mittelpartie ist von vierreihigen Alleen eingefasst. Das Zentrum markiert ein achteckiger Brunnen mit Fontäne.

Im nördlichen Teil des Parks steht an der Spree das von Carl Gotthard Langhans 1788 erbaute barocke **Belvedere** (April–Okt. Di–So 10–18 Uhr), ein hübsches dreistöckiges Teehaus. Hier werden heute unter patinagrünem Kuppeldach Porzellan und Dekor aus den Werkstätten der Königlichen Porzellan-Manufaktur (KPM) des 18. und 19. Jh. präsentiert.

Am Ende einer Tannenallee im Westteil des Parks steht ein kleiner dorischer Tempel, das **Mausoleum** (April–Okt. Di–So 10–18 Uhr). Es war 1812 von Heinrich Gentz im Auftrag König Friedrich Wilhelms III. erbaut worden, seine Tempelfront geht vermutlich auf spätere Um-

bauten Schinkels zurück. Es ist die letzte Ruhestätte der beim Volk sehr beliebten, früh verstorbenen Königin Luise (1776–1810). Ihr Marmorsarkophag, eines der Hauptwerke deutscher Bildhauerkunst im 19. Jh., wurde von Christian Daniel Rauch 1811–14 in Italien gefertigt. Im Gedenken an die legendäre Monarchin legen noch heute viele Berliner an ihrem Todestag Blumen am Sarkophag nieder. Auch Luises Ehemann Friedrich Wilhelm III. († 1840) ruht hier, ebenso weitere bedeutende Mitglieder des preußischen Königshauses. Das Herz von König Friedrich Wilhelm IV. († 1861), älterer Bruder des späteren Kaisers Wilhelm I., ist in einer Steinkapsel zwischen den Grabstätten seiner Eltern beigesetzt. Die Marmorsarkophage von Wilhelm selbst († 1888) und Kaiserin Augusta († 1890) entstanden in der Werkstatt von Erdmann Encke.

Am Osteingang der Anlage fügt sich der 2011 sanierte **Neue Pavillon** (April–Okt. Di–So 10–18, Nov.–Mitte Jan. Di–So 12–16 Uhr) harmonisch ins Landschaftsbild ein. Karl Friedrich Schinkel hatte das nach ihm auch Schinkel-Pavillon genannte Sommerhaus auf Veranlassung König Friedrich Wilhelms III. geplant, 1824/25 übernahm Albert Dietrich Scha-

So viel Gold, so viel Grün – die 42 m lange Goldene Galerie im Neuen Flügel

Charlottenburg – gegliederte Stadtlandschaft, akzentuiert von Schloss und Spree

dow die Ausführung. Vorbild war der Palazzo di Chiatamone in Neapel, worin der König 1822 logiert hatte. Im Neuen Pavillon verbrachte der Witwer nach dem Tod von Königin Luise die Sommermonate mit seiner zweiten Gemahlin, der nach damaliger Auffassung standesrechtlich unpassenden Auguste von Harrach (Fürstin Liegnitz).

Das Innere des Neuen Pavillons wurde ebenfalls größtenteils nach den Plänen Schinkels gestaltet. Zwar sind die Räume in Form und Grundriss relativ einheitlich, doch die je eigene Farbgebung betont den individuellen Charakter. In den Gemächern sind heute Möbel und Kunstwerke aus der Schinkel-Zeit ausgestellt.

▶ **Reise-Video
Charlottenburg**
QR-Code scannen [s.S.5]
oder dem Link folgen:
www.adac.de/rf0122

Das neue Museum Berggruen – Picasso und Klee im Stülerbau und Kommandantenhaus

114 Museum Berggruen

TOP TIPP

Berühmte Sammlung mit Werken von Picasso, Klee, Matisse, Cézanne.

Schlossstr. 1/Spandauer Damm
Tel. 030/266 42 42 42
www.smb.museum
Di–Fr 10–18, Sa/So 11–18 Uhr
S41, S42, S46 Westend, U7 Richard-Wagner-Platz, U2 Sophie-Charlotte-Platz, Bus M45, 109, 309

Der Journalist und Kunstsammler Heinz Berggruen (1914–2007) war 1996, 60 Jahre nach seiner Emigration als Jude aus Nazi-Deutschland, in seine Heimatstadt zurückgekehrt. Als Geste der Versöhnung überließ er der Stiftung Preußischer Kulturbesitz seine Kollektion von über 120 Werken der klassischen Moderne zu einem Drittel des Marktwertes. Untergebracht wurde die Sammlung gegenüber von Schloss Charlottenburg, im westlichen Stülerbau. Nach dem Tod Berggruens überließ die Familie dem Haus weitere 70 Kunstwerke. 2013 wurde das Kommandantenhaus als Erweiterungsgebäude eröffnet, musste aber wegen Sanierung bald schließen. Im Mittelpunkt der Schau stehen 100 Gemälde, Skulpturen und Grafiken Pablo Picassos, darunter der *Sitzende Harlekin* von 1905, ein *Sitzender Akt, sich den Fuß trocknend* von 1921 und, als

Signum des Museums, *Der gelbe Pullover (Dora)* von 1939. Mit bedeutenden Werkgruppen sind auch Paul Klee und Henri Matisse vertreten, hinzu kommen einige Gemälde von Paul Cézanne und Skulpturen von Alberto Giacometti.

115 Sammlung Scharf-Gerstenberg

Ein Blick durch den Vexierspiegel – Surrealismus von Goya bis Magritte.

Schlossstr. 70
Tel. 030/266 42 42 42
www.smb.museum
Di–Fr 10–18, Sa/So 11–18 Uhr
S41, S42, S46 Westend, U7 Richard-Wagner-Platz, U2 Sophie-Charlotte-Platz, Bus M45, 109, 309

Im östlichen Stülerbau und im benachbarten Marstall wurde 2008 eine rund 250 Werke umfassende Sammlung zur Kunstepoche des Surrealismus eröffnet. Das Museum Scharf-Gerstenberg erinnert an Otto Gerstenberg (1848–1935), einen der bedeutendsten Kunstsammler seiner Ära. Sein Enkel Dieter Scharf (1926–2001) baute die ererbte, durch den Krieg dezimierten Kollektion weiter aus. So entstand eine raumgreifende Sammlung, die sich

Bezaubernde bronzene Tänzerin mit Armband (um 1900) im Bröhan-Museum

dem Thema Surreale Welten widmet. Neben Gemälden von Max Ernst, René Magritte, Salvador Dalí und Jean Dubuffet gibt es viel Grafik zu sehen, darunter Blätter von großen Vorgängern der Surrealisten wie Piranesi und Goya. Im *Sahuré-Saal* sorgen Klassiker und neuere Protagonisten des surrealistischen Films für

Heinrich Zilles spitzer Stift

Um die Schlossstraße breitet sich ein typisches Berliner Viertel aus – und Erinnerungen an die Zeit des Heinrich Zille (1858–1929) werden wach. 37 Jahre lang lebte und arbeitete Zille in der Sophie-Charlotte-Straße 88. Der ›Rinnsteinmaler‹ wurde berühmt durch seine Zeichnungen aus der Welt des Berliner Proletariats, seine pointierten Bildkommentare und Fotografien, die er u.a. im ›Lustigen Blättern‹ und im ›Simplicissimus‹ veröffentlichte. 1931 brachte man an seinem Wohnhaus eine Gedenktafel an, die später von den Nazis entfernt wurde. Einem Arbeiter, der die Tafel anschließend versteckte, ist es zu verdanken, dass man sie zum 20. Todestag Zilles wieder restaurieren und am Eingang des Zille Ecks in der Zillestraße anbringen konnte. So wird man noch heute dort an den Zeichner des ›Berliner Milljöhs‹ erinnert.

Gruselstimmung. Den passenden Rahmen liefern ägyptische Architekturen, das Kalabscha-Tor und die Säulen des Sahuré-Tempels, die ins Pergamonmuseum umziehen werden, sobald dessen neuer (vierter) Flügel fertiggestellt ist. Zurück in die Realität und ihre Genüsse führt das lichte Museums-Café.

116 Bröhan-Museum

Jugendstil in alter Kaserne.

Schlossstr. 1a
Tel. 030/32 69 06 22
www.broehan-museum.de
Di–So und Fei 10–18 Uhr
S41, S42, S46 Westend, U7 Richard-Wagner-Platz, U2 Sophie-Charlotte-Platz, Bus M45, 109, 309

Das Bröhan-Museum heißt offiziell auch *Landesmuseum für Jugendstil, Art Déco und Funktionalismus.* Als Spezial- und Epochemuseum widmet es sich der Kunst des Zeitraums 1889–1939. Es ist in einer 1893 erbauten früheren Infanteriekaserne nahe bei Schloss Charlottenburg untergebracht.

Die qualitätvolle Sammlung war ein Geschenk des Unternehmers Karl H. Bröhan (1921–2000) an das Land Berlin. Seit 1966 hatte dieser eifrig Kunsthandwerk, auch Schmiede- und Silberarbeiten, Porzellan, Gemälde, Möbel, Gläser und Design der europäischen Stilrichtungen Art Déco, Art Nouveau, Jugendstil und Funktionalismus zusammengetragen. Mit diesem Grundstock wurde 1983 das Museum eröffnet. Die Abteilung mit Gemälden, Pastellen, Zeichnungen und Druckgrafik stellt die Künstler der 1898 gegründeten *Berliner Secession* mit beispielhaften Arbeiten vor. Eine weitere Themengalerie präsentiert das Werk des großen belgischen Architekten und Designers Henry van de Velde.

117 Rathaus Charlottenburg

Geglückte Mischung aus allerlei bauhistorischen Stilen seit dem Barock.

Otto-Suhr-Allee 100
U7 Richard-Wagner-Platz,
Bus M45

Charlottenburg war um 1900 eine der wohlhabendsten Gemeinden des Kaiser-

Gut wilhelminisch: Das Rathaus Charlottenburg weist Neogotik- und Jugendstilformen auf

reichs. Ein stilvolles Zeugnis der damaligen Epoche ist das 1899–1905 erbaute Rathaus. Der von vornherein mitgeplante Erweiterungsbau entstand 1911–15. Aufmerksamkeit fordert zunächst der gewaltige, 88 m hohe **Rathausturm**. Vier Bronzefiguren schmücken seine Ecken am getreppten Aufbau. Weiter unten symbolisieren an der Hauptfassade des Rathauses allegorische Figuren die großen Handwerkszünfte.

Ebenfalls repräsentativ gestaltet sind innen das Treppenhaus und die Festsäle wie der *Intarsiensaal*. Im zweiten Stock findet sich die *Gedächtnishalle* für die Gefallenen der Weltkriege und die Opfer der NS-Gewaltherrschaft. Gegenüber, in der Otto-Suhr-Allee 89, steht das älteste Haus der Straße, es wurde um 1820 erbaut. Die Inschrift *Privilegierte Hof-Apotheke Anno 1799* erinnert an das früher neben dem Rathaus gelegene Geschäft.

Weiter in nordwestlicher Richtung gelangt man zur **Luisenkirche** (1712–16) am Gierkeplatz, der einstigen Pfarrkirche von Charlottenburg. Das Gotteshaus, das Karl Friedrich Schinkel 1823–26 mitsamt Turm neu gestaltete, wurde im Krieg schwer beschädigt. Nach dem Wiederaufbau in veränderten Formen (1950–56) wurde die Kirche 1987/88 innen im Geiste Schinkels rekonstruiert.

Das Westend – von Welthandel und guter Aussicht geprägt

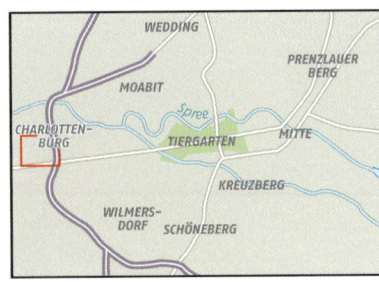

Um 1900 war das Westend eine der neuen feinen Adressen außerhalb der City. Den heutigen Besuchern der Stadt ist dieses Viertel vor allem durch die **Messe Berlin** bekannt, in deren Hallen in aller Welt bekannte Fachausstellungen stattfinden. Ein Spaziergang durch den Bezirk Westend gestaltet sich aber auch für denjenigen abwechslungsreich, der das Olympiagelände mit dem modernisierten **Olympiastadion** und die Waldbühne sehen will oder sich für Kunst und Architektur des 20. Jh. interessiert. Stets sollte man dabei einen Besuch des **Funkturms** einplanen, den die Berliner seit jeher den ›Langen Lulatsch‹ nennen.

118 CityCube und Internationales Congress Centrum (ICC)

Neue Messehalle für eine der führenden Kongressstätten der Welt.

Messedamm/Jafféstraße/Masurenallee
www.citycube-berlin.de
S5 Messe Süd, U2 Kaiserdamm und Theodor-Heuss-Platz, Bus X34, X49, M49, 104, 139, 218, 349

An der Ecke Jafféestraße/Messedamm, auf dem Gelände der ehemaligen Deutschlandhalle, ist in den vergangenen Jahren eines der wichtigsten Bauvorhaben der Hauptstadt entstanden: Der CityCube Berlin. Eine multifunktionale Messe-, Kongress- und Eventarena, die die Messe Berlin fit für die Zukunft machen soll. Aufgrund des ständig wachsenden Raumbedarfs der eigenen Leitmessen (IFA, Fruit Logistica, InnoTrans, ITB, IGW) und der Schließung des ICC Berlin ist dieses Projekt von größter Bedeutung für das Unternehmen und die gesamte Region Berlin-Brandenburg.

Die neue Halle ersetzt das ganz in Aluminium gehüllte Internationale Congress Centrum (ICC), 1973–79 nach Plänen von Ralf Schüler errichtet, das dringend der

Sanierung bedarf. Das anfangs umstrittene, aber längst akzeptierte Raumschiff von 320 m Länge, 80 m Breite und 40 m Höhe zu Füßen des Funkturms erwartet eine ungewisse Zukunft. Mit mehr als 80 Räumen und großem Saal für 5000 Gäste könnte es bei Bedarf die neue Kongressarena entlasten. Der Neubau verfügt jedoch auch über zwei Hauptebenen, flexible Wandsysteme, Tagungsräume und

Eindrucksvolles Lichterspiel: das Berliner Messegelände bei Nacht

kann mit dem angrenzenden Messegelände Süd für den passenden Rahmen für jede Großveranstaltung sorgen. Mit jetzt schon mehr als 400 Kongressen im Jahr ist eine Auslastung jedoch in Zukunft vorstellbar.

119 Messe Berlin

Internationale Fachmessen mit Rekordbesucherzahlen.

Eingänge: Hammarskjöldplatz (Nord), Messedamm (Ost), Jafféstraße (Süd)
www.messe-berlin.de
S41, S42, S46 Messe Nord/ICC,
S5 Messe Süd, U2 Kaiserdamm und Theodor-Heuss-Platz, Bus X34, X49, M49, 104, 139, 218, 349

Die Zahlen können sich sehen lassen: Fast 500 000 Besucher zieht es jedes Jahr Ende Januar zur *Internationalen Grünen Woche*, der größten Ausstellung für Ernährungswirtschaft, Landwirtschaft und Gartenbau in Europa. Ebenso viele Besucher hat Ende August die *Internationale Funkausstellung* und zur *ITB Berlin*, der größten Tourismusbörse der Welt, versammeln sich alljährlich im März 11 000 Unternehmen aus 180 Ländern. **Ausstellungshallen** standen hier schon vor dem Ersten Weltkrieg. Nach einem Brand 1935 gab Richard Ermisch dem Messegelände

sein heutiges Gepräge. Im Zweiten Weltkrieges stark beschädigt, wurde die Messe ab 1950 und erneut Ende des 20. Jh. saniert und erweitert. Das gesamte Areal umfasst heute 188 887 m², davon sind rund 160 000 m² überdachte Ausstellungsfläche. Der 40 000 m² große **Sommergarten** wurde bereits 1930 von Hans Poelzig als Blumenidylle im Zentrum des Messegeländes konzipiert.

120 Funkturm

Stählerner Pionier der Rundfunkhistorie mit herrlichem Panoramablick.

Hammarskjöldplatz 1
Tel. 030/30 38 19 05
Plattform: Mo 10–20, Di–So 10–23 Uhr bei schlechter Witterung geschl.
S41, S42, S46 Messe Nord/ICC,
S5 Messe Süd, U2 Kaiserdamm und Theodor-Heuss-Platz, Bus X34, X49, M49, 104, 139, 218, 349

Der ›Lange Lulatsch‹, wie der mit Antennen 150 m hohe Funkturm von den Berlinern scherzhaft genannt wird, entstand 1924–26 anlässlich der dritten Großen Deutschen Funkausstellung. Er wurde am nordöstlichen Rand des Messegeländes als Antennenträger und als Signalturm für den Flugverkehr errichtet. Außerdem war sein Restaurant von Anfang an eine beliebte Aussichtskanzel der Berliner.

1945 zerstörte eine Granate eine der Hauptstreben des Turms, der sich jedoch mithilfe von 800 kg schweren Schrauben auf den verbliebenen drei Beinen wacker hielt. Übrigens ruhen seine Eckpfeiler auf Porzellan der KPM und weisen ein Gesamtgewicht von 600 t auf. Vom Funkturm wurde 1929 das *erste Fernsehbild der Welt* ausgestrahlt. Bis 1962 diente er zudem als Rundfunk-Sendemast.

Vom **Funkturm-Restaurant** (Tel. 030/ 30 38 29 00, www.funkturmrestaurant.de, Mo geschl.) in rund 55 m Höhe, das über zwei Etagen reicht, und mehr noch von der **Aussichtsplattform** (Mo 10–20, Di–So 10–23 Uhr, wetterbedingte Schließung auch kurzfristig möglich) in 125 m Höhe hat man einen fantastischen Blick.

121 Haus des Rundfunks

Deutschlands ältestes Funkhaus.

Masurenallee 8–14
www.rbb-online.de
Führungen Mo 18, Sa 15 Uhr, nur mit Anmeldung Tel. 030/97 99 31 24 97
U2 Theodor-Heuss-Platz,
Bus X34, X49, M49, 104, 218, 349

Funkhaus hieß der 1929–31 von Hans Poelzig erbaute originelle Klinkerbau mit Satellitenschirm-Grundriss. Hier traten einst Erich Kästner und Alfred Döblin in Hörspielen auf und inszenierte Bertolt Brecht Shakespeares ›Hamlet‹ für den Funk. 1945–56 produzierten die Sowjets in den Sendestudios den ›Berliner Rundfunk‹. Ab 1957 sendete von hier aus der Sender Freies Berlin (SFB). 2003 fusionierte er mit dem Ostdeutschen Rundfunk Brandenburg (ORB) zum **Rundfunk Berlin-Brandenburg (RBB)**. Heute kann man bei einer Führung erfahren, wie Radio gemacht wird und Hörspiele entstehen. Auch in den Fernsehstudios lernen Besucher die hausinternen Abläufe kennen, etwa bei der Produktion der Nachrichtensendung ›Abendschau‹.

122 Georg Kolbe Museum

Eine Sammlung zur Skulptur des 20. Jh. mit viel Garten-Ambiente.

Sensburger Allee 25
Tel. 030/304 21 44
www.georg-kolbe-museum.de
Di–So 10–18 Uhr
S5 Berlin Heerstraße, Bus M49, X49, 218

Im 1928/29 errichteten Wohn- und Atelierhaus des Bildhauers Georg Kolbe (1877 –1947) ist eine Sammlung zur Skulptur des 20. Jh. mit Schwerpunkt auf Kolbes Werk ansässig. Auch rings um das Gebäude gibt es viel Kolbe zu sehen, so im Garten u.a. den ›Tänzerinnenbrunnen‹, im nahen *Georg Kolbe Hain* stehen Werke wie die ›Große Kniende‹, ›Ruhende‹, ›Dionysos‹, ›Großer Stürzender‹ oder ›Mars und Venus‹.

Das Grab des Bildhauers findet man nahebei, auf dem landschaftlich besonders schön gelegenen **Friedhof Heerstraße** (Trakehner Allee 1, S5 und U2 Olympiastadion). Die Gräber sind hier auf Terrassen um den *Sausuhlensee* gruppiert. Neben Kolbe fanden hier auch der Dichter Joachim Ringelnatz († 1934), der Maler George Grosz († 1959), der Dramatiker Curt Goetz († 1960) und Bühnen- bzw. Filmstars wie Grete Weiser († 1970), Tilla Durieux († 1971) und Victor de Kowa († 1973) ihre letzte Ruhestätte.

123 Le-Corbusier-Haus

Moderner Wohnungsbau von einem der größten Architekten des 20. Jh.

Flatowallee 16
www.corbusierhaus-berlin.de
S5 Olympiastadion,
Bus X34, X49, 149, 218

Nach dem Bau seiner Häuser in Marseille und Nantes verwirklichte der Architekt Le Corbusier (1887–1965) in Berlin, am Heilsberger Dreieck, die dritte Version seiner ›Wohneinheit angemessener Größe‹. Das 17-stöckige Gebäude aus Stahlbeton errichtete er 1956–58 anlässlich der *Internationalen Bauausstellung*. Die 557 Wohnun-

Farbenfrohes Fassadengewand – auch das ist die Sprache des Welt-Architekten Le Corbusier

Berlins Olympiastadion – die Stätte großer Sportereignisse zeigt sich heute in neuem Gewand

gen verschiedener Größe und Anordnung sind für 1500 Bewohner gedacht. Diese leben in einer kleinen Stadt für sich, viele mit traumhaftem Blick auf Stadt und Land. Charakteristisch für Le Corbusiers ›plastischen Stil‹ ist die Gliederung der Fassade durch farbig-abstrakte Friese und Balkonbrüstungen. Der Meister distanzierte sich jedoch später von dem Bau, da seine Pläne nachträglich ohne seine Zustimmung geändert worden waren.

124 Olympiastadion

Das größte Sportstadion Deutschlands.

Olympischer Platz 3
Tel. 030/25 00 23 22
www.olympiastadion-berlin.de
April–Okt. tgl. 9–19/20,
Nov.–März 10–16 Uhr, Führungen
April–Okt. tgl. 11, 13, 15, Aug. zusätzlich
17, Nov.–März 11 Uhr
Multimediaguide
S5 u. U2 Olympiastadion, Bus M49, 218

Anlässlich der Olympischen Spiele 1936 wurde das Stadion als Mittelpunkt des 15 Mio. Reichsmark teuren Reichssportfeldes nach Plänen von Werner March (überarbeitet von Albert Speer) erbaut. 2600 Bauarbeiter und Ingenieure stampften die Anlage in zwei Jahren aus dem Boden. Am 1. August 1936 eröffnete Adolf Hitler hier vor 120 000 Zuschauern die XI. Olympischen Spiele. Die Nazis gaben sich damals weltoffen. Judenfeindliche Parolen waren aus dem Stadtbild verschwunden und zum deutschen Olympiateam gehörte auch eine Jüdin. Am 28. Septem-

ber 1937 jubelten im Stadion dann die Massen Italiens Diktator Benito Mussolini zu. In der Folgezeit sah man hier bombastische NS-Mai- und Sonnenwendfeiern.

Ab den 1960er-Jahren wurde das Stadion wieder für Sportveranstaltungen genutzt. Seit dem Umbau 2000–2004 beschirmt ein Dach die nunmehr 76 000 Sitzplätze. Ungewöhnlich ist die geringe Außenhöhe der Arena – sie beträgt lediglich 16,5 m. Dafür wurde das Spielfeld 12 m unter das Bodenniveau abgesenkt, nach dem Umbau liegt es noch einmal 2,65 m tiefer. Zwei hohe Pfeiler markieren das **Olympische Tor** im Osten. Im Westen befindet sich das **Marathontor** mit der Schale des Olympischen Feuers. Hier sind am Tor Tafeln mit den Namen der Olympia-Sieger von 1936 angebracht.

Dahinter liegt das **Maifeld**, das seinen Namen während der NS-Zeit erhielt: Hier trat die *Deutsche Arbeitsfront* am 1. Mai an. Der 77 m hohe **Glockenturm** wurde 1962 wegen Kriegsschäden gesprengt, doch später wieder aufgebaut. Er bietet einen herrlichen Rundblick. Das Maifeld unterstand nach dem Zweiten Weltkrieg bis 1990 den Streitkräften Großbritanniens, die hier alljährlich zum Geburtstag der Queen Paraden abhielten.

Nördlich des Olympiastadions schließt sich das **Schwimmstadion** (7600 Plätze) an. Es wurde anlässlich der Weltmeisterschaften 1978 umgebaut.

Nahebei errichtete man 1936 die **Waldbühne** [s. S. 174]. Sie ist mit 20 000 Plätzen eines der größten Freilichttheater Europas. Werner March gestaltete die NS-Kult- und Feierstätte nach dem Vorbild antiker Theater. Heute finden hier Konzerte und Kinoabende statt.

Spandau und Reinickendorf – Seenidylle zwischen Zitadelle und Flughafen

Spandau war schon immer etwas Besonderes, immerhin ist seine **Altstadt** samt **Zitadelle** älter als Berlin. Eine erste Besiedlung erfolgte bereits im 8. Jh. durch die Slawen, 1232 erhielt man gar das Stadtrecht. Aber 1920 war Schluss mit der Selbstständigkeit, in diesem Jahr wurden Spandau und die umliegenden Gemeinden wie Gatow, Kladow, Pichelsdorf oder Spandau-Zitadelle nach Groß-Berlin eingemeindet. Dann setzte die Moderne ihre Zeichen. Dem historischen Reinickendorf etwa merkt man die Nähe zum **Flughafen Tegel** (Schließung nach Eröffnung des geplanten Berliner Großflughafens.) an. Doch gleichzeitig sorgt das **Tegeler Fließ** für ein Naturidyll am Stadtrand, und den landschaftlichen Reiz des **Tegeler Sees** schätzen alle Berliner.

125 Altstadt Spandau

Kleinstadtflair mit Mittelalter-Anklängen am Westufer der Havel.

S5, S9 Spandau, U7 Altstadt Spandau und Rathaus Spandau,
Bus X33, M32, M37, M45, 130, 134, 135, 136, 236, 237, 337, 638, 639, 671

Die Spandauer Altstadt wurde im Zweiten Weltkrieg stark zerstört, in den 1970er-Jahren taten Abrissbagger ein Übriges. Erst 1978 besannen sich die Verantwortlichen darauf, die verbliebenen Reste mittelalterlicher Bausubstanz lieber zu sanieren. Heute sind der **Reformationsplatz** und der nahe **Marktplatz** Zentren eines Ensembles von Straßen und Gassen, in denen die Vergangenheit optisch noch erkennbar ist.

Die **St.-Nikolai-Kirche** (www.nikolai-spandau.de, Mo–Fr 12–16, Sa 11–16, So 14–16 Uhr, Turmführungen: April–Okt. Sa 12.30 Uhr) am Reformationsplatz mit ihrem steilen Satteldach und dem mächtigen *Westturm* stammt aus der ersten Hälfte des 15. Jh. und ist ein bedeutendes Monument märkischer Backsteingotik. Das Gotteshaus, über einem Vorgängerbau des 13. Jh. errichtet, brannte 1944 aus, doch stellte man es bis 1988 endgültig wieder her. In der dreischiffigen Halle fällt vor allem der 8 m hohe *Renaissancealtar* (1581) aus farbig gefasstem Kalkstein und Tuff ins Auge. Die barocke *Kanzel*

(um 1700), von Friedrich Wilhelm I. für die Kapelle des Stadtschlosses in Potsdam gestiftet, wurde erst 1904 hierher verbracht. Gleich am Eingang der Nordkapelle beeindruckt eine *Kreuzigungsgruppe* aus der ersten Hälfte des 16. Jh.

Vor dem Westportal erinnert das von Erdmann Encke 1889 geschaffene **Denkmal des Kurfürsten Joachim II.** an jenen Herrscher, der offiziell die Reformation in Brandenburg eingeführt hat. Das Ehrenmal für die Gefallenen der Freiheitskriege

gegen Napoleon entwarf Karl Friedrich Schinkel im Jahr 1816.

Viele der umliegenden Häuser stehen unter Denkmalschutz, so der **Gasthof zum Stern** (Carl-Schurz-Str. 47, heute Satt & Selig, www.sattundselig.de) aus dem frühen 18. Jh. und das klassizistische Haus in der Breiten Str. 20, das um 1800 im Stil des Baureformers David Gilly gestaltet wurde. An der Havel (Behnitz 5) präsentiert sich das **Heinemann-Haus** (1795) als Fachwerkbau mit spätbarocken Elementen. Die **Alte Kolkschänke** (Kolk 3) ist über 250 Jahre alt, die **Marienkirche**, ebenfalls im Kolk, wurde 1848 als schlichte dreischiffige Basilika erbaut und nach Kriegsschäden ab 1964 wiederhergestellt.

An der *Charlottenbrücke* kann man vom Schiffsanleger aus auf Havelfahrt gehen (u. a. bis zum Wannsee, Stern- und Kreisschifffahrt, s. S. 180).

126 Zitadelle Spandau

Eine Festung in Renaissanceformen und mit bewegter Geschichte.

Am Juliusturm
Tel. 030/354 94 40
www.zitadelle-spandau.de
tgl. 10–17 Uhr
U7 Zitadelle, Bus X33

Das Hochmittelalter und ihm folgende Epochen brandenburgischer Geschichte haben hier einen hochrangigen architektonischen Zeugen, dem die Renaissance sein Gepräge gab. In strategisch günstiger Lage, ringsum von Wasser umgeben, wurde die 1197 erstmals erwähnte Zitadelle vermutlich um 1160 unter Markgraf Albrecht dem Bären als Burg angelegt. Die Gestalt eines Festungswerks nach italienischem Vorbild erhielt sie ab 1560 unter Kurfürst Joachim II. und vollendet wurde die mächtige Backsteinanlage 1578–94 von Rochus Graf zu Lynar.

Die Zitadelle Spandau war nicht nur militärischer Stützpunkt, sie diente bis 1876 auch als Gefängnis und wurde zudem als eine Art Tresor genutzt. Im Verlies des Juliusturms ließ Reichskanzler Otto von Bismarck 1874 einen Großteil der 120 Mio. Goldmark einlagern, die Frankreich als Entschädigung für den Krieg von 1870/71 gezahlt hatte.

Ab 1935 richteten die NS-Verantwortlichen in der Zitadelle ein *Laboratorium* ein, in dem chemische Kampfstoffe entwickelt und getestet wurden. Bei Kriegsende 1945 warf man Reste der gefährlichen Substanzen einfach in den Brunnen des Zitadellenhofes – ein fatales Erbe.

Den Kern der Festung bildet ein Quadrat von 200 m Seitenlänge und je einer spitzwinkligen Bastion an jeder Ecke. Die vier **Bastionen** tragen die Namen König, Königin, Kronprinz und Brandenburg. Sie sind durch die *Kurtinen* (Außenmauern) miteinander verbunden. Der Zugang zur Zitadelle erfolgt von Süden über einen

Mächtig, trutzig und scheinbar uneinnehmbar präsentiert sich die Zitadelle Spandau

Damm und eine Brücke, dann passiert man das **Kommandantenhaus** (16. Jh.), das 1839 klassizistisch erneuert wurde. Die repräsentativen Innenräume der Zitadelle nutzt heute eine *Ausstellung* zur Ortsgeschichte mit Gemälden, Dioramen und Modellen, Waffen und Helmen.

Linker Hand wendet man sich nun zum **Palas**, dem Wohnhaus der Burg aus dem 15. Jh. Sein Gotischer Saal wird heute als stimmungsvoller Schauplatz für Konzerte genutzt. Die **Westkurtine** hinter dem Palas birgt Reste von Vorgängerbauten der Zitadelle – Befestigungsanlagen und Ringmauern aus dem 11. und 15. Jh. Der benachbarte **Juliusturm** (13. Jh.), als Bergfried und zu Wohnzwecken errichtet, ist der älteste erhaltene Bau der Anlage und dient als Aussichtsturm.

Rechts vom Kommandantenhaus erhebt sich das **Zeughaus** (1856–58), heute Sitz des *Stadtgeschichtlichen Museums Spandau*. Hier wird die Geschichte des Ortes von der Frühzeit bis in die Gegenwart dokumentiert.

In der **Bastion Königin** sind 75 jüdische Grabsteine des 13.–15. Jh. aufgestellt, die man bei Ausgrabungen in den Fundamenten von Palas und Westbau fand. Eventuell wurden sie im 16. Jh. im Zuge von Judenvertreibungen als Baumaterial hierher verbracht.

Seit Kurzem sind im Innenhof zahlreiche Bauelemente aus verschiedenen Zeiten zu sehen – darunter der beeindruckende Kopf der Kolossalstatue Lenins, die 1990 demontiert und in der Seddiner Heide vergraben wurde. In einer spektakulären Aktion war der 3,5 t schwere Granitkopf im September 2015 geborgen worden.

127 Tegeler Fließ

Idylle vor den Toren der Stadt.

S1 Waidmannslust, U6 Alt-Tegel

Das Tegeler Fließ ist das letzte frei mäandernde Gewässer Berlins und wurde bereits 1955 unter Naturschutz gestellt. Es sucht sich durch reizvolle Landschaft seinen Weg durch den Bezirk Reinickendorf von Lübars bis zum Tegeler See.

Wer am Tegeler Fließ entlangwandern möchte, sollte von Alt-Tegel nach Lübars, dem ›schönsten Dorf West-Berlins‹, laufen. Im Jahr 1247 erstmals urkundlich erwähnt, hat die märkische Siedlung ihr ländliches Flair bewahrt – der Bus 222 bringt einen zurück in die Stadt.

128 Tegeler See

Hübsche Wasserlandschaft mit Schloss, Parks und Villen.

S25 Tegel, U6 Alt-Tegel,
Bus 124, 125, 133, 220, 222

Das Tegeler Fließ geht im Tegeler See auf, dem größten der Havelseen. An der Mündung steht ein weiteres Meisterwerk Schinkels, das auch Humboldt-Schloss genannte **Schloss Tegel**. In seinen Mauern zeigt das **Humboldt-Museum** (Adelheidallee 19, Tel. 030/886 7150, nur mit Führung Mai–Sept. Mo 10, 11, 15 und 16 Uhr) seine Schätze. Das Gebäude diente Kurfürst Joachim II. um 1550 als Landsitz, 1765 erwarb es die Familie von Humboldt. Die Brüder Wilhelm und Alexander von Humboldt wuchsen hier auf.

Wilhelm, der Gründer der Berliner Universität, und seine Frau Caroline ließen das Schloss in den Jahren 1820–24 von Schinkel in klassizistischem Stil umbauen. Zum Schmuck verwendete man Originale, aber auch Marmorkopien von antiken Skulpturen, die Wilhelm als Gesandter Preußens in Rom gesammelt hatte. Die Hauptfassade erhielt durch dorische Pilaster und betonte Gesimse einen antikisierenden Charakter. Die vier Ecktürme des Landschlosses entwarf Christian Daniel Rauch, der auch die Reliefs der acht Windgötter schuf.

Die von Schinkel konzipierte Innenausstattung des Schlosses lässt sich noch gut im Vestibül, in der Bibliothek, im Blauen Salon und im Antikensaal begutachten. Im Atrium findet sich der marmorne ›Brunnen des hl. Calixtus‹, ein römisches Original aus dem 3. Jh. n. Chr.

Im **Schlosspark** führt eine prachtvolle, 1792 angelegte Lindenallee an der 400- bis 500-jährigen *Humboldt-Eiche* vorüber zur Grabstätte der Familie Humboldt. Schinkel hatte sie nach dem Tod Carolines (1766–1829) entworfen. Mittig thront die Statue ›Hoffnung‹ (1831) des dänischen Bildhauers Bertel Thorvaldsen auf einer Granitsäule.

Im Norden weitet sich der Tegeler See zur *Großen Malche*. Am Ufer dieser Bucht steht unweit des Schlosses die **Dicke Marie**, Berlins wohl ältester Baum. Die Stieleiche ist angeblich 900 Jahre alt, an die 26 m hoch und der Stamm hat einen Umfang von 6,65 m.

Sehenswert ist auch der **Tegeler Hafen**. Anlässlich der *Internationalen Bauausstellung* 1984–87 entstand hier eine

anmutige Stadtlandschaft mit farbig gestalteten Villen und Reihenhäusern um
ein Wasserbecken mit künstlicher Insel.
Glanzlicht des Hafenviertels ist die *Hum-
boldt-Bibliothek* (Tel. 030/437 36 80, www.
stadtbibliothek-reinickendorf.de, Mo–Fr
11–19, Sa 11–16 Uhr), die 1988 von Charles
Moore erbaut wurde. Während das Gebäude von außen klassizistisch zurück-
haltend wirkt, entfaltet es im Innern einen
nahezu sakral anmutenden Charakter.

An der *Greenwichpromenade* starten
Schiffe nach Spandau und zum Wannsee
(Stern- und Kreisschifffahrt, s. S. 180). An
der Promenade lockt das traditionsreiche
Restaurant **Tegeler Seeterassen** [s. S. 168]
mit einem wunderschönen Blick über
das Wasser hinweg. Nach Norden führt
die Hafen-Brücke zum frei zugänglichen
Freizeitpark Tegel, in dem sich vor allem
an Wochenenden viele Berliner zum Gril-
len oder Bootsfahren treffen. Wer auf
dem Uferweg an der Großen Malche
weiter nach Westen spaziert, sieht auf der
kleinen Halbinsel *Reiherwerder* die **Villa
Borsig** (1911–13) ein schlossartiges neo-
barockes Landhaus. Wo einst die Brüder
Ernst und Conrad der Industriellenfamilie

*Wassersportmöglichkeiten und zugleich lau-
schige Orte der Stille bietet der Tegeler See*

Borsig in der Nähe ihrer Fabriken lebten,
nutzt heute ein Gästehaus nebst Ausbil-
dungszentrum des *Auswärtigen Amtes*
den Komfort der feinen Lage.

Bahnbrechendes Bauen – das Erbe der Berliner Moderne

Unter den Metropolen des 20. Jh. zeichnete sich Berlin durch architektonisch
richtungsweisenden Baureformen aus.

Zu Zeiten der Weimarer Republik
nahm die Wohnungsnot in Berlin dramatisch zu. Damals entwickelte Stadt-
baurat **Martin Wagner** (1885–1957), un-
terstützt von Sozialdemokraten und
Gewerkschaftern, ein modernes, auch
international beachtetes Baukonzept.
Es sah aufgelockerte Siedlungen mit
viel Grün vor. Lichte Domizile mit Bal-
konen oder Loggien, mit separaten
Bädern und Toiletten sollten breiten
Bevölkerungsschichten ein menschen-
freundliches, gesundheitlich-hygieni-
sches und nicht zuletzt würdevolles
Wohnen ermöglichen.

Der **soziale Wohnungsbau** zur Zeit
der Weimarer Republik ist vor allem mit
dem Wirken von **Bruno Taut** (1880–
1938) verknüpft. Der Architekt war maßgeblich an der Planung von vier der
sechs Siedlungen der Berliner Moderne
beteiligt, die 2008 von der UNESCO in
die Liste des Weltkulturerbe aufgenommen wurden. Während die **Gartenstadt**
Falkenberg (1913–16, Treptow, S8, S46,
S85 Grünau) durch Reihen-Einfamilien-
häuser mit Gärten zur Selbstversorgung
geprägt ist und die **Großsiedlung Britz**
(1925–30, Neukölln, U7 Blaschkoallee),
deren Zentrum die berühmte Hufeisen-
siedlung bildet, eine Mischung von Ein-
familien- und Etagenwohnhäusern auf-
weist, gelten die **Siedlung Schillerpark**
(1924–30, Wedding, U6 Rehberge) und
die **Wohnstadt Carl Legien** (1928–30,
Prenzlauer Berg, S8, S42, S41 Prenzlauer
Allee) als beispielhaft für neuartigen
großstädtischen Massenwohnungsbau.
Auch in der **Weißen Stadt** (1929–31, Reinickendorf, U8 Paracelsus-Bad), die
Salvisberg, Ahrends und Büning ent-
warfen, und in der von Gropius, Häring,
Scharoun u.a geplanten **Siemensstadt**
(1929–31, Charlottenburg, U7 Siemens-
damm) traten offene Häuser mit weiten
Rasenflächen und Gemeinschaftsein-
richtungen wie etwa Kinderspielplätze,
Wasch- und Heizhäuser sowie Laden-
zeilen an die Stelle geschlossener, dicht
bebauter Wohnblocks, dunkler Hinter-
höfe und enger Korridorstraßen.

Grunewald und Wannsee – Gartenkunst und Malerei in herrlicher Naturkulisse

Das Naherholungsgebiet der West-Berliner war und ist der 32 km² große **Grunewald** mit den **Havelseen** Wannsee, Grunewaldsee, Krumme Lanke und Schlachtensee. *Spandauer Forst* hieß der Wald einst und war Jagdrevier des preußischen Herrscherhauses. Heute findet man hier schöne Wanderwege und vornehme Villenviertel, die Seen locken mit hübschen Badestränden und Ausflugslokalen. Zu den bedeutendsten Sehenswürdigkeiten zählen das **Jagdschloss Grunewald** und die **Max Liebermann Villa** mit ihren Gemäldesammlungen sowie die **Pfaueninsel** und **Schloss Glienicke** inmitten herrlicher Landschaftsparks.

129 Villenkolonie Grunewald

Noble Wohnsitze mit Seeblick.

S7 Grunewald, Bus M19, 186

1877 entstand an Hundekehlesee, Dianasee und Königssee – reizende Gewässer allesamt – eine vornehme Villenkolonie. Geschäftsleute, Fabrikanten und Künstler zogen hierher, für den Verkehrsanschluss an das Zentrum sorgte ab 1890 die S-Bahn, deren Bahnhof im Stil eines englischen Landhauses gestaltet wurde. Er ist noch heute Startpunkt für Grunewald-Ausflüge. Aber *Mahnmale*, die ab 1987 an Gleisen und Rampen aufgestellt wurden, erinnern daran, dass in der NS-Zeit vom Bahnhof Grunewald aus Berliner Juden in Konzentrationslager und den Tod expediert wurden.

Damals enteigneten die Machthaber jüdische Hausbesitzer. In deren Villen zogen dann Parteigrößen wie Hermann Göring oder Joseph Goebbels (Königsallee 68 bzw. 70) ein.

130 Teufelsberg

Ein Berg aus Trümmerschutt am Nordrand des Grunewalds.

S7 Grunewald, dann etwa 20-minütiger Fußmarsch

Im Norden des Grunewalds erhebt sich der 120 m hohe Teufelsberg, ehemalige amerikanische Abhörstation. Dem höchsten Berg Berlins sieht man heute nicht mehr an, dass er aus 25 Mio. m³ *Trümmerschutt* besteht. Zur kalten Jahreszeit tummeln sich Rodler oder Skifahrer, hier lässt

man Drachen steigen. Spaziergänger genießen vor allem den bezaubernden
Ausblick, weit über das Grün des Grunewalds hinweg bis hin zur Havel.

Am Fuß des Berges liegt der *Teufelssee*,
den im Sommer Fans der Freikörperkul-
tur gern zum Baden und Sonnen nutzen.

131 Jagdschloss Grunewald

*Ältestes Schloss Berlins, mit Gemälde-
kollektion und Jagdzeugmuseum.*

Hüttenweg 100
Tel. 030/813 35 97
www.spsg.de
April–Okt. Di–So 10–18, Nov./Dez. und
März Sa/So/Fei 10–16 Uhr, nur Führung
Herrschergalerie im Winter geschl.
Bus X83, 115 Clayallee, dann
20 Min. zu Fuß

Das Schlösschen am Südostufer des Gru-
newaldsees ist einer der ältesten erhaltenen Profanbauten Berlins. Das idyllisch
gelegene Kleinod wurde 1542 errichtet
und gehörte im späteren 16. Jh. Kurfürst
Joachim II. von Brandenburg. Seiner Lage
wegen trug es den Namen ›Zum grünen
Wald‹, woraus später Grunewald wurde.
Der schlichte Renaissancebau wurde zu
Beginn des 18. Jh. in barockem Stil umgestaltet und durch Wirtschaftsgebäude
zum Geviert erweitert.

Das Jagdschloss wurde in den letzten
Jahren umfassend restauriert und präsentiert nun wieder in der **Gemäldesammlung** hochkarätige Werke deutscher und
niederländischer Meister des 15.–19. Jh.
An die 30 Bilder der *Cranachschule* gibt
es zu bestaunen, darunter die ›Quell-
nymphe‹ und ›Judith mit dem Haupt des
Holofernes‹ von Lucas Cranach d. Ä. Einen
weiteren Themenschwerpunkt bildet *Die
höfische Jagd in der Kunst*. Im Obergeschoss zeigt die Herrschergalerie *Kurfürsten und Könige im Porträt*, nämlich Bildnis-
se der Hohenzollern vom 16. bis 19. Jh.

Das **Jagdzeugmuseum** im ehemaligen Jagdzeugmagazin präsentiert die
auch archäologisch dokumentierte Baugeschichte des Schlosses.

*Im grünen Bereich: Jagdschloss und Grune-
waldsee betonen die ländliche Seite Berlins*

132 Großer Wannsee

Der Schlager aus den 1950ern fordert zu Recht: Pack' die Badehose ein!

S1, S7 Nikolassee und Wannsee
Bus 112, 114, 118, 218, 312, 316, 620

Manch einer, der sich in sommerlicher Hitze auf den Weg zum Wannsee macht, trällert den Conny-Froboess-Hit »Pack' die Badehose ein …« vor sich hin. Das **Strandbad**, erstmals 1907 und dann 1929–30 nach Entwurf Richard Ermischs sozusagen vollgültig im Stil der Neuen Sachlichkeit erbaut, ist immer noch das beliebteste Freibad Berlins. Die großzügig dimensionierte Badeanstalt mit ihren Terrassen und dem 1,3 km langen und 80 m breiten *Sandstrand* kann sogar für sich beanspruchen, die größte ihrer Art in Europa zu sein.

Nördlich erstreckt sich die 25 ha große Halbinsel **Schwanenwerder**, auf der Ende des 19. Jh. ein **Villenviertel** entstand. In den 1930er-Jahren zog Nazi-Prominenz hierher. Nach dem Krieg kam Dwight D. Eisenhower als Militärgouverneur, später übernahm das *Aspen-Institut* das einstige Goebbels-Grundstück an der Inselstr. 10–14, und Verleger Axel Springer ließ sich auf Nr. 24–26 eine Villa bauen. In einem prächtigen Anwesen am See residiert nun das Veranstaltungsforum *Literarisches Colloquium Berlin* (Am Sandwerder 5, Tel. 030/816 99 60, www.lcb.de).

133 Villenviertel Alsen

Die Sommerresidenzen feiner Kreise – und mittendrin der Ort der Planung eines Verbrechens ohne Beispiel.

S1, S7 Wannsee, Bus 114

Im Wald um den Wannsee gab es jahrhundertelang nur einige wenige Bauern-, Fischer- und Gasthäuser. Eines davon war *Stimmings Krug* an der heutigen Wannseebrücke. Hier verbrachte Heinrich von Kleist die letzte Nacht, bevor er seine Gefährtin Henriette Vogel und sich selbst am 21. November 1811 erschoss. Sein Grab liegt an der Bismarckstraße 3.

Anstelle des 1863 abgerissenen Gasthofs ließ sich der Bankier Wilhelm Conrad eine Villa errichten. Er plante auf seinem 70 ha großen Grundstück am Südufer des Großen Wannsees eine Villenkolonie und regte Freunde an, sich ebenfalls hier einzukaufen. Nachdem Conrad 1874 den Bau

der *Wannseebahn* (heute S1) durchgesetzt hatte, entstanden tatsächlich zahlreiche Sommerresidenzen der feinen Gesellschaft. Mit der Umgestaltung des Wald- und Sumpfgebiets wurde der Lenné-Schüler Gustav Meyer beauftragt. Diese erste Villenkolonie außerhalb von Berlin benannte Conrad nach der dänischen Ostseeinsel *Alsen*.

Auch der Maler Max Liebermann (1847–1935) zog sich gerne an den Wannsee zurück. Die **Liebermann-Villa** (Colomierstr. 3, Tel. 030/80 58 59 00, www.liebermann-villa.de, April–Sept. Mi–Mo 10–18, Do/So/Fei bis 20, Okt.–März Mi–Mo 11–17 Uhr) ist als Museum zu Leben und Werk des großen Impressionisten zugänglich. Dessen Spätwerk entstand just hier, rund um sein ›Schloss am See‹. Wiederkehrendes Motiv ist der vom Meister selbst geplante wunderschöne Garten.

Zu Ende seines Lebens wurde Liebermann als Jude noch mit dem Antisemitis-

*Märchenhaft – das Lustschloss auf der
Pfaueninsel wurde im Ruinenstil erbaut*

mus der Nationalsozialisten konfrontiert.
In diesem Zusammenhang ist die nahe-
gelegene *Villa Marlier* historisch bedeut-
sam. Hier lud am 20. Januar 1942 SS-
Obergruppenführer Reinhard Heydrich
Nazigrößen wie SS-Obersturmbannführer
Adolf Eichmann sowie Ministeriumsver-
treter zur sog. *Wannseekonferenz*. Bei diesem Treffen besprachen sie ein ›effektive-
res‹ Vorgehen bei der Vernichtung von
Millionen Juden in Europa.

Zum 50. Jahrestag (1992) richtete man
die Villa als **Gedenkstätte Haus der
Wannseekonferenz** (Am Großen Wannsee 56–58, Tel. 030/805 00 10, www.ghwk.
de, tgl. 10–18 Uhr, Führungen Sa/So 16 und
17 Uhr) und Mahnmal gegen Rassismus
ein. Die Dauerausstellung thematisiert
die Wannsee-Konferenz und den Völker-
mord an den europäischen Juden.

134 Pfaueninsel

**TOP
TIPP** *Die Perle im Havelmeer – das Meisterwerk deutscher Gartenbaukunst
ist ein beliebtes Ausflugsziel.*

Tel. 0331/96 94 200, www.spsg.de
Schloss: April–Okt. Di–So 10–17.30 Uhr
(nur mit Führung), Nov.–März geschl.,
Meierei: April–Okt. Sa/So/Fei 10–17.30
Uhr, Nov.–März geschl.
S1, S7 Wannsee, Bus 218, 316
Pfaueninsel-Fähre (zum Anleger: S1,
S7 Wannsee, dann Bus 218): Mai–Aug.
tgl. 9–20, März/Okt. 9–18, April/Sept.
9–19, Nov.–Febr. 10–16 Uhr
In den letzten Jahren häufiger ge-
sperrt wg. Eichenprozessionsspinner-
Befall, auf aktuelle Anzeigen achten.

Die idyllische Pfaueninsel im südlichen
Arm der Havel ist mit einer kleinen *Fähre*
erreichbar. Autos und Fahrräder müssen
am *Nikolskoer Weg* geparkt werden, auch
Hunde dürfen nicht mit auf das Gelände.

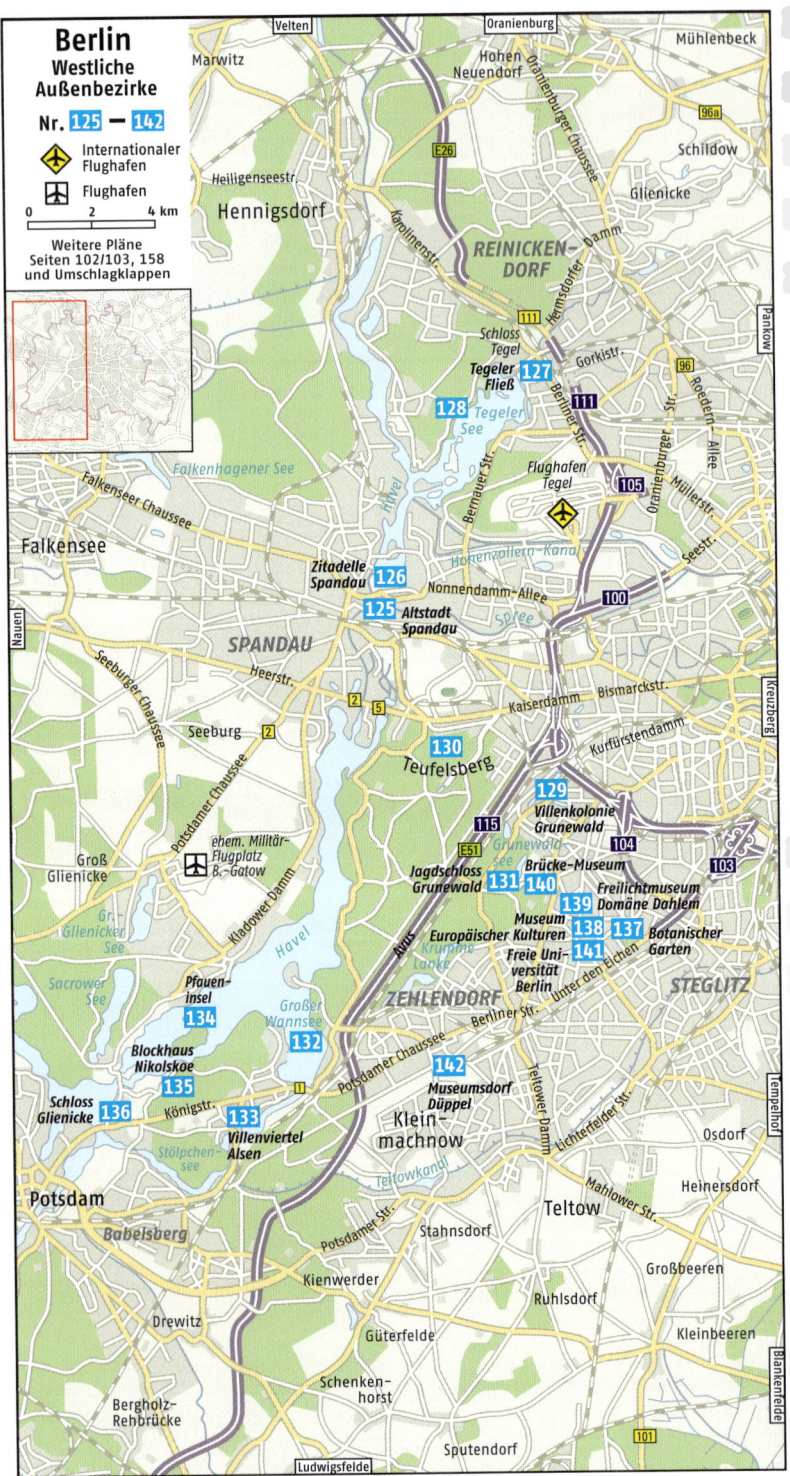

Berlin
Westliche Außenbezirke

Nr. 125 — 142

◇ Internationaler Flughafen

✈ Flughafen

0   2   4 km

Weitere Pläne
Seiten 102/103, 158
und Umschlagklappen

Velten

Oranienburg

Mühlenbeck

Marwitz

Hohen
Neuendorf

96a

Schildow

Heiligenseestr.

E26

Glienicke

Hennigsdorf

REINICKEN-
DORF

Pankow

Schloss
Tegel

Gorkistr.

96

Tegeler
Fließ **127**

111

128 Tegeler
See

Roedern Str.

Flughafen
Tegel

105

Müllerstr.

Falkensee

Falkenseer Chaussee

Havel

Bernauer Str.

Hohenzollern-Kanal

Seestr.

Nauen

Zitadelle
Spandau **126**

Nonnendamm-Allee

100

125 Altstadt
Spandau

Kreuzberg

SPANDAU

Heerstr.

Spree

Kaiserdamm   Bismarckstr.

2   5

Seeburger Chaussee

Seeburg   2

130

Teufelsberg

Kurfürstendamm

129

Potsdamer Chaussee

115   Villenkolonie
Grunewald

104

Groß
Glienicke

ehem. Militär-
Flugplatz
B.-Gatow

E51   Grunewald
See

Brücke-Museum

103

Jagdschloss
Grunewald **131** **140**

Museum
Europäischer Kulturen

Freilichtmuseum
Domäne Dahlem

Gr.-
Glienicker
See

Kladower Damm

139

138 **137** Botanischer
Garten

Sacrower
See

Havel

Krumme
Lanke

141 Freie Uni-
versität
Berlin

STEGLITZ

Pfaueninsel

Avus

ZEHLENDORF

Berliner Str.

Unter den Eichen

134

Großer
Wannsee

132

Blockhaus
Nikolskoe **135**

Tempelhof

Schloss
Glienicke **136**

Königstr.

133

Villenviertel
Alsen

142

Museumsdorf
Düppel

Teltower Damm

Lichterfelder Str.

Osdorf

Potsdamer Chaussee

Klein-
machnow

Heinersdorf

Stölpchen-
see

Potsdam

Teltowkanal

Teltow

Mahlower Str.

Babelsberg

Potsdamer Str.

Stahnsdorf

Großbeeren

Blankenfelde

Kienwerder

Ruhlsdorf

Drewitz

Güterfelde

Kleinbeeren

Bergholz-
Rehbrücke

Schenken-
horst

101

Ludwigsfelde

Sputendorf

Das zauberhafte Eiland wird auch ›Perle im Havelmeer‹ genannt – gilt es doch als Musterbeispiel eines ›Sentimentalen Landschaftsgartens‹ im Sinne der Romantik, aufgerüstet mit klassizistischer Architektur und künstlichen Ruinen. Im 19. Jh. strömten die Berliner in Massen hierher, um exotische Tiere in einer Art Märchenland zu bestaunen. Heute steht die Insel mit ihrem jahrhundertealten *Baumbestand* und der artenreichen *Vogelwelt* unter Naturschutz. Und ihre Stars sind nicht etwa Stare, sondern die hier frei herumstolzierenden Pfaue.

Zur Zeit des Großen Kurfürsten (1640–88) wurden auf der etwa 1,5 km langen und 500 m breiten Havelinsel Kaninchen zur Jagd ausgesetzt. An der Ostseite ließ der Fürst eine *Glashütte* bauen, worin der Chemiker Johann Kunckel von Löwenstein das damals so begehrte Rubinglas herstellte. Im 18. Jh. diente die Insel der Rinder- und Schafzucht, bis 1794 König Friedrich Wilhelm II. hier ein Liebesnest für sich und seine Geliebte Wilhelmine Encke bauen ließ. Es entstand ein **Lustschloss** im Ruinenstil mit zwei durch eine Brücke verbundenen Türmen. Doch der ›dicke Wilhelm‹, wie der Spottname des Monarchen lautete, kam nicht mehr in den Genuss seines Bauwerks. Er starb 1797, im Jahr der Fertigstellung. Später

avancierte das Schlösschen zur Sommerresidenz seines Sohnes Friedrich Wilhelm III. und dessen Gemahlin, der vielgeliebten Königin Luise.

Da das Gebäude nach dessen Tod (1840) nicht mehr genutzt wurde, ist die komplette Ausstattung im Original erhalten – ein Glanzstück der damaligen Dekorationskunst mit prachtvollen Stuckaturen, schönen Wand- und Deckengemälden und Fußböden aus Edelhölzern.

Für die landschaftliche Gestaltung der Insel sorgte der Gartenarchitekt Peter Joseph Lenné. Ab 1821 verwandelte er den größten Teil in einen englischen Landschaftsgarten. In der Mitte der Insel entstand eine *Menagerie*, deren Tiere später den Grundstock des 1844 eröffneten Zoologischen Gartens [Nr. 111] bildeten. 1829–31 kam ein *Palmenhaus* nach Plänen Karl Friedrich Schinkels hinzu. Es brannte jedoch 1880 bis auf seine noch heute zu sehenden Grundmauern nieder.

Schinkel konzipierte auch das **Schweizerhaus** südlich des Schlosses, das für die Unterkunft der Bediensteten bestimmt war. Auf dem Weg geht es in nördlicher Richtung weiter, vorbei an Rosengarten, Gebirgsbach und Fontäne, bis zu einem Überbleibsel der Menagerie – die von zahlreichen Vogelarten bewohnte **Voliere** mit dem Wasservogelteich.

Schaut nur – auf der Pfaueninsel stolzieren ich und meinesgleichen scharenweise einher

Weiter nordwestlich liegt das bereits 1804 erbaute **Kavalierhaus**, das Schinkel 1824/25 zum Gästehaus umgestaltete. In den Südturm wurden Bauteile eines spätgotischen Patrizierhauses des 15. Jh. aus Danzig integriert.

In Sichtweite erinnert der **Luisentempel** (1829, Schinkel), ein Portikus im Grünen, an die populäre Königin. Die nahe **Meierei** wurde 1795 als neogotische Klosterruine mit eindrucksvollem Saal im Obergeschoss errichtet.

Östlich des Blockhauses steht die von Stüler erbaute Kirche **St. Peter und Paul** (1834–37), ein einschiffiger Bau mit halbrunder Altarnische und russischem Zwiebelturm. Die beiden römischen Mosaikmedaillons an der hohen Kanzel mit Abbildern der Namenspatrone der Kirche sind ein Geschenk von Papst Clemens XIII. an Friedrich den Großen.

An der Havel entlang südwestwärts gelangt man zum **Wirtshaus Moorlake** [s. S. 168], das mit Biergarten wie mit Literatur- und Kabarettabenden lockt.

135 Blockhaus Nikolskoe

Ein Stück Russland im Grunewald und ein beliebtes Ausflugslokal.

Nikolskoer Weg 15
Tel. 030/805 29 14
tgl. 11–ca. 20 Uhr
www.blockhaus-nikolskoe.de
S1, S7 Wannsee, dann Bus 218

Gegenüber der Pfaueninsel steht auf einem kleinen, von Lenné Anfang des 19. Jh. angelegten Aussichtsplateau das Blockhaus Nikolskoe. König Friedrich Wilhelm III. hatte es 1819 für seine Tochter Charlotte und ihren Mann, den späteren Zaren Nikolaus I., in russischem Stil errichten lassen. Tatsächlich bewohnte der Leibkutscher des Zaren das rustikale Holzhaus, der darin eine illegale Schankwirtschaft betrieb. Noch heute ist Nikolskoe eine Gaststätte und mit Festsaal und Fürstenzimmer ein beliebtes Ausflugsziel. Besonders beliebt ist die Sommerterrasse [s. S. 167], von der aus sich ein herrlicher Blick auf Havel und Pfaueninsel bietet.

136 Schloss Glienicke

Fulminantes architektonisches und landschaftliches Gesamtkunstwerk.

Königsstr. 36
Tel. 030/80 58 67 50, www.spsg.de
April–Okt. Di–So 10–18, Nov./Dez. und März Sa/So/Fei 10–17 Uhr (nur mit Führung)
S1, S7 Wannsee, dann Bus 316

1753 stand an der Stelle des heutigen Schlosses Glienicke ein Gutshaus. Initiator der Neugestaltung war *Prinz Carl von Preußen*. In seinem Auftrag baute es Karl Friedrich Schinkel 1825–28 zu einer klassizistischen, stellenweise schon die Moderne andeutenden Dreiflügelanlage mit Turm aus. Dem Kavalierflügel wurde ein weiterer Turm hinzugefügt.

Nicht von ungefähr mutet das Schloss italienisch an. Prinz Carl hatte von seinen Reisen nach Südeuropa antike Architekturfragmente, Skulpturen und Vorlagen mitgebracht, die das Dekor bestimmten.

Casino Glienicke – Schinkels Klassizismus kommt hier beinahe schon der Moderne nahe

scher Gartenkunst – gleichsam eine Einstimmung auf das grüne Kleinod, das sich gleich vor der Tür ausbreitet.

Die Gestaltung des 116 ha großen **Park Glienicke** (Tel. 030/80 58 67 50, tgl. 8 Uhr – Dunkelheit) übernahm Peter Joseph Lenné, der hier schon 1816 für den Vorbesitzer, Staatskanzler Karl August von Hardenberg, den *Pleasureground* nach englischem Vorbild angelegt hatte.

Den Garten akzentuieren weitere Bauten Schinkels, etwa die **Große Neugierde** (1835). Der von korinthischen Säulen getragene Rundtempel diente als Teepavillon. Etwas älter ist die gleichartige **Kleine Neugierde** (1827), ihre Innenwände zieren Sarkophagreliefs sowie pompejianische Mosaik- und Freskenfragmente.

Das **Casino** am Havelufer diente zunächst als Billardhaus, bevor es Schinkel 1824/25 in eine Gästevilla mit Pergolen und edlem Festsaal verwandelte. Und den **Jägerhof** im Norden des Parks, der mit Zinnen und sog. Tudorbögen Stilformen der englischen Gotik zitiert, errichtete der Baumeister 1828.

Beispielsweise bezieht sich die vergoldete **Löwenfontäne** vor dem Mittelbau des Schlosses auf ein Vorbild in der Villa Medici in Rom. Der Brunnen im Gartenhof ist der *Ildefonso-Gruppe* (›Schlaf und Tod‹) im Madrider Prado nachgebildet. Und in die rückwärtige Schlossfassade wurden massenweise antike Baufragmente eingelassen.

Die Innengestaltung des Schlosses beruht ebenso auf Schinkels Entwürfen, selbst die Möbel sind seine Kreation. Besonders gut erhalten präsentiert sich der *Weiße Salon* im Obergeschoss. Die Wände des *Roten Salons*, der als Festsaal genutzt wurde, zieren Porträts von Prinz Carl und seiner Familie. Heute finden hier regelmäßig Schlosskonzerte statt.

Im Westflügel dokumentiert das **Hofgärtnermuseum** die Geschichte preußi-

Gleich westlich des Schlosses führt die **Glienicker Brücke** über die Havel nach Potsdam. In Zeiten des Kalten Krieges wurden hier bisweilen Ost- und Westspione ausgetauscht. Multimedial aufbereitet wird die Historie auf der Potsdamer Seite in der privaten **Villa Schöningen** (Tel. 03 31/200 17 39, www.villa-schoeningen.org, Do–So 10–18 Uhr). Sehenswert sind dort auch die Kunstschauen und der Skulpturengarten.

Schönheit ohne Schnörkel – sachliches Flair im Blauen Eckkabinett von Schloss Glienicke

Dahlem und Zehlendorf – Exotisches aus Kunst, Kultur und Botanik

Zehlendorf und das eingemeindete Angerdorf **Dahlem**, einst kleine Bauernsiedlungen vor den Toren der großen Stadt, gehören heute zu den bevorzugten Wohngegenden von Berlin. Der Reiz dieser wohlhabenden Stadtteile kommt nicht von ungefähr: Einen Großteil Zehlendorfs nehmen Wald und Gewässer, Parks und Gärten ein, andere Flächen werden noch landwirtschaftlich genutzt. Gleich beim historischen Dahlemer Dorfkern erwarten den Besucher Spaziermöglichkeiten in der **Domäne Dahlem**, das hochkarätige **Museum Europäischer Kulturen** und die **Freie Universität** mit der neuen Bibliothek von Stararchitekt Norman Foster. In der Nähe befinden sich der größte **Botanische Garten** Europas und das kleine, aber exklusive **Brücke-Museum**.

Einer der größten Stahl-Glas-Bauten der Welt: das Große Tropenhaus im Botanischen Garten

137 Botanischer Garten

*Einer der größten Botanischen Gärten
der Welt ist Heimat von 22 000 Arten.*

Eingänge: Königin-Luise-Platz und
Unter den Eichen 5–10
Tel. 030/83 85 01 00
www.bgbm.org
Mai–Juli tgl. 9–21, April, Aug. tgl. 9–20,
Sept. tgl. 9–19, März, Okt. tgl. 9–18,
Febr. tgl. 9–17, Nov.–Jan. tgl. 9–16 Uhr
S1 Botanischer Garten, U3 Dahlem-
Dorf oder Breitenbach, U9 Rathaus
Steglitz, dann Bus M48, X83, 101

Der Botanische Garten, mit 43 ha und etwa 22 000 Pflanzenarten der größte in
Europa und drittgrößter der Welt, wurde
1897–1904/10 unter der Leitung von Adolf
Engler angelegt. Anfänglich hütete man
seltene Exemplare der Pflanzenwelt im
Lustgarten vor dem Berliner Stadtschloss.
Einen ersten Botanischen Garten gab es
dann 1679–1897 in Schöneberg – heute
heißt er *Heinrich-von-Kleist-Park* und birgt
noch den alten Baumbestand. Der Botanische Garten Dahlem gehört seit 1996 zur
Freien Universität Berlin. Hier sind die
Pflanzen nach unterschiedlichen wissenschaftlichen Gesichtspunkten zusam-
mengestellt. Es gibt ein Areal mit Nutz-
und Arzneipflanzen, den Duft- und Tast-
garten, den Sumpf- und Wassergarten
sowie den Italienischen Garten.

Gleich beim Eingang Unter den Eichen
findet man das **Arboretum** (Baumgarten).
Hier gedeihen etwa 1800 Baum- und
Straucharten zwischen Wiesen und Tei-
chen. Vegetationszonen aus allen Teilen
der Welt sind in der **Pflanzengeografi-
schen Abteilung** versammelt, von Stein-
gärten à la Himalaya über Japanischen
Wald bis zur Nordwestdeutschen Heide.
Zu den absoluten Publikumslieblingen
zählen die 16 Schaugewächshäuser mit
ihren prachtvoll exotischen tropischen
bzw. subtropischen Pflanzen.

Seltene und gefährdete Tropenvege-
tation findet man im 25 m hohen **Großen
Tropenhaus** (1905–07), einem der größ-
ten frei tragenden Gewächshäuser der
Welt. Bei hoher Luftfeuchtigkeit und
Temperaturen bis 30 °C gedeihen hier

Amazonas-Riesenseerosen im Victoria-Haus des Botanischen Gartens

1360 Pflanzenarten, darunter so eindrucksvolle wie der 25 m hohe Riesenbambus, der 10–30 cm pro Tag wächst, und eine 17,5 m hohe Königspalme.

Als zweiter architektonischer Höhepunkt beeindruckt das dreischiffige **Mittelmeerhaus** mit zwei Portaltürmen, vor allem wegen seiner Vielfalt an subtropischen Gewächsen. In weiteren Glashäusern sieht man Orchideen, Bromeliengewächse, tierfressende Pflanzen, Kakteen und Seerosen.

Das **Botanische Museum** (Königin-Luise-Str. 6–8, tgl. 10–18 Uhr) auf dem Gelände birgt eine aufschlussreiche Sammlung präparierter Pflanzen. Hinzu kommen Modelle, Dioramen und die interaktive Video-Installation *Botanic Channel*.

138 Museum Europäischer Kulturen

Der Umzug ins Humboldt Forum ist in vollem Gange – die europäischen Kulturen bleiben Dahlem erhalten.

Arnimallee 25
Tel. 030/266 42 42 42
www.smb.museum
Di–Fr 10–17, Sa/So 11–18 Uhr
U3 Dahlem Dorf, Bus M11, X83

Der älteste Bau des Dahlemer Museumskomplexes wurde 1914–23 auf Betreiben Wilhelm von Bodes, des Generaldirektors der Berliner Museen, nach Entwürfen von Bruno Paul errichtet und beherbergte anfänglich das Asiatische Museum. Vor dem Eingang Arnimallee steht eine bronzene *Kentaurengruppe* (1881) von Reinhold Begas, an der Ecke zur Fabeckstraße sieht man die Bronzeskulptur *Herkules mit dem Nemeischen Löwen* (1897) von Max Klein.

In den 1960er-Jahren kamen Erweiterungsbauten von Wils Ebert und Fritz Bornemann für die durch die Teilung der Stadt heimatlos gewordenen Museen hinzu. Nach der Wiedervereinigung wurde folgerichtig eine Zusammenführung dieser Kollektionen mit denen der Museumsinsel beschlossen. Dahlem verlassen haben seitdem die Gemäldegalerie [Nr. 32], die Skulpturensammlung, das Museum für Byzantinische Kunst [nun im Bode-Museum, s. S. 41] und das Museum für Islamische Kunst [im Pergamonmuseum, s. S. 40]. Die verbliebenen außereuropäischen Sammlungen, also das Ethnologische Museum und das Museum für Asiatische Kunst, ziehen bis 2019 schrittweise ins *Humboldt Forum* [s. S. 42] am Berliner Schlossplatz. Der Umzug ist in vollem Gange, sodass sich in diesen Teilen des Hauses im Moment Möbelpacker und Restauratoren tummeln (aktuelle Infos zu Schließungen auf www.smb.museum).

Das **Ethnologische Museum** ist eines der interessantesten und größten Institute seiner Art. Es entstand 1873, geht aber auf das 17. Jh. zurück, auf das *Kunst- und Raritätenkabinett* des Großen Kurfürsten. Heute besitzt das Haus mehr als 500 000 Ethnographica. Über 140 000 Fotos, 1000 völkerkundliche Filme und unzählige Musikaufnahmen kommen noch hinzu.

Das **Museum für Asiatische Kunst** vereint seit 2006 das Museum für Ostasi-

atische Kunst und das Museum für Indische Kunst.

Die **Ostasiatische Kunstsammlung** präsentiert Erlesenes aus China, Japan und Korea – sowohl in jeweils eigenen Galerien als auch in einer gemeinsamen Studienkollektion. Der Großteil des Fundus wurde 1945 in die Sowjetunion gebracht und befindet sich noch heute in der Eremitage in St. Petersburg.

Die **Kunstsammlung Süd-, Südost- und Zentralasiens** ist eine der weltweit bedeutendsten Kollektionen ausgewählter Schätze des indo-asiatischen Kulturraums vom 4. Jt. v. Chr. bis in die Gegenwart.

Museum Europäischer Kulturen

Der berühmte Mediziner, Pathologe und Archäologie Rudolf Virchow [s. S. 79] gilt als Begründer des 1889 eröffneten *Museums für Volkstrachten und Erzeugnisse des Hausgewerbes*. Es war gewissermaßen Vorläufer des heutigen Museums Europäischer Kulturen, das 1999 aus der Zusammenlegung des vormaligen *Museums für Volkskunde* und der europäischen Sammlung des *Ethnologischen Museums* entstand.

Nach zweijähriger Umbauzeit wurde das Museum 2011 in Dahlem wieder eröffnet. Mit rund 270 000 Objekten beherbergt es eine der größten Sammlungen europäischer Ethnographie und Kulturgeschichte weltweit. Präsentiert wird Alltagskultur des 18.–21. Jh., darunter Schmuck und Votivbilder, Textilien und Keramik, Haushaltsgeräte, Kinderspielzeug und sogar verschiedene Verkehrsmittel. Zu sehen sind all diese Schätze in langfristig laufenden Themenausstellungen. Zum jeweiligen Veranstaltungsprogramm gehören Events wie länderspezifische Kulturtage oder der beliebte europäische Ostermarkt.

139 Freilichtmuseum Domäne Dahlem

Bäuerliches Leben früherer Tage.

Königin-Luise-Str. 49
Tel. 030/666 30 00
www.domaene-dahlem.de
Mai–Sept. 8–20, Okt.–April 8–19 Uhr
U3 Dahlem Dorf, Bus M11, X83, 110

In Dahlems historischem Ortskern kann man das Landleben vergangener Zeiten nachvollziehen. Hier entstand 1680 auf dem Grund eines mittelalterlichen Rittergutes das Gutshaus von Kreiskommissar Cuno Hans von Willmerstorff. Im barocken Flair dieses Herrenhauses finden heute Konzerte und Lesungen statt. Auch ein Bio-Hof gehört dazu mit vielen Tieren, Gemüse- und Blumengarten, Feldern und Handwerksbetrieben. Das *Museum* informiert über die Historie der Domäne und über ökologische Landwirtschaft bzw. Ernährung. Gern angenommen werden auch der *Ökomarkt* (Sa 8–13 Uhr), die Kinderaktionen und Marktfeste.

Mitten im Ort steht die **Dahlemer Dorfkirche** St. Annen. Der um 1220 errichtete Backsteinbau erhielt im 15. Jh. seinen spätgotischen Chor und 1679 die Barockkanzel samt Empore. Ein weiteres Glanzlicht setzt der Schnitzaltar. Der **U-Bahnhof Dahlem Dorf** wurde 1913 im Stil eines niedersächsischen Fachwerkhauses mit Strohdach errichtet. Und den *Dorfanger* markiert ein Hügel, worin sich ein 300 Jahre alter Eiskeller verbirgt.

Kollegenporträt: ›Otto Mueller mit Pfeife‹ von Ernst Ludwig Kirchner (1913, Brücke-Museum)

140 Brücke-Museum

Eine feine Kollektion expressionistischer Meisterwerke.

Bussardsteig 9
Tel. 030/831 20 29
www.bruecke-museum.de
Mi–Mo 11–17 Uhr
Führungen So 11.30 Uhr
U3 Oskar-Helene-Heim, dann Bus 115 bis Pücklerstraße

Der bungalowähnliche Flachbau mit viel Glas und Sichtbeton in Zehlendorf wurde 1967 nach Plänen von Werner Düttmann erbaut, auf Anregung des Malers Karl Schmidt-Rottluff. Der wollte sich und seinen Künstlerfreunden, mit denen er 1905 in Dresden die expressionistische Künstlergemeinschaft **Brücke** gegründet hatte, einen Präsentationsort schaffen.

Zu sehen sind darin heute 400 Gemälde, dazu Zeichnungen, Aquarelle und Druckgrafik der Brücke-Künstler – ausdrucksstarke Werke von Schmidt-Rottluff, Erich Heckel, Ernst Ludwig Kirchner, Otto Mueller, Emil Nolde und Max Pechstein. Wechselausstellungen vertiefen den Einblick in das Schaffen dieser bedeutenden Künstlerformation der Klassischen Moderne. Außerdem werden Werke der mit der Brücke verbundenen Künstler Walter Gramatté, Otto Herbig, Max Kaus, Anton Kerschbaumer und der Bildhauerin Emy Roeder gesammelt und gezeigt.

Hinter dem Museum steht ein Atelier, in dem ab 1949 der Bildhauer Bernhard Heiliger (1915–1995) lebte und arbeitete. Heute ist hier die **Bernhard-Heiliger-Stiftung** (Käuzchensteig 8, Tel. 030/831 20 12, www.bernhard-heiliger-stiftung.de, Besichtigung auf Anfrage) ansässig. Ihren schönen Skulpturengarten zieren mehrere der abstrakten Werke Heiligers.

141 Freie Universität Berlin

Deutschlands erste Nachkriegsuniversität setzt baulich neue Akzente.

Tel. 030/83 81 (Zentrale)
www.fu-berlin.de
U3 Dahlem Dorf und Thielplatz, Bus X83, M11, 110

1948 wurde unter dem Vorsitz des legendären Regierenden Bürgermeisters Ernst Reuter die Freie Universität (FU) in West-Berlin gegründet – aus Protest von Professoren und Studenten, die sich ihrer akademischen Freiheit an den Universi-

Spektakulär – Norman Fosters Philologische Bibliothek der Freien Universität Berlin

täten in der sowjetischen Besatzungszone beraubt fühlten. Nun hielten die Professoren ihre Vorlesungen im amerikanischen Sektor, zunächst in mehreren Dahlemer Villen. Erst im Jahr 1952 konnte mithilfe von Mitteln der Ford Foundation das Hauptgebäude, der **Henry-Ford-Bau**, und 1954 die Universitätsbibliothek errichtet werden. 1967–72 wurde von den Pariser Architekten Candilis, Josic und Woods die sogenannte **Rostlaube** erbaut, ein Komplex pavillonartiger Institutsbauten für die Geisteswissenschaften. Den ungewöhnlichen Namen verdanken sie ihren braunen Stahlfassaden. 1972–79 kam ein mit Aluminium verkleideter Bau hinzu, die **Silberlaube**.

Nahe der Rostlaube wurde 2005 die neue **Philologische Bibliothek** eingeweiht, ein Werk Sir Norman Fosters. Das Gebäude mit Raum für ca. 700 000 Bücher

wird seiner runden, schädelartigen Form wegen auch **The Berlin brain**, ›das Berliner Gehirn‹, genannt.

Die FU bietet heute rund 150 Studiengänge für knapp 30 000 Studierende (ohne Charité). Seit 2007 ist sie eine jener nunmehr elf **Eliteuniversitäten**, die von der auf Initiative des Bundes agierenden ›Exzellenzinitiative Deutschland‹ gefördert werden.

142 Museumsdorf Düppel

Rekonstruktion einer mittelalterlichen Siedlung am Rand der Großstadt.

Clauertstr. 11
Tel. 030/802 66 71
www.dueppel.de
April–Mitte Okt. Sa/So/Fei
10–18 Uhr
S1 Zehlendorf und
U3 Oskar-Helene-Heim, dann Bus 115

Auch das gibt es in der Metropole Berlin: eine mittelalterliche Siedlung mit Wohnhäusern, Vorratsschuppen und Werkstätten. Das Museumsdorf Düppel ist die Rekonstruktion einer fast 1000 Jahre alten Anlage, die in den 1960er-Jahren im südlichen Zehlendorf, am Machnower Krummen Fenn, ausgegraben wurde. Archäologen legten hier 1967 ein Dorf aus dem 12. Jh. frei. Die Bewohner hatten die Siedlung vermutlich um 1220 verlassen, um nahebei das heutige Zehlendorf zu gründen, wo der lehmhaltige Boden bessere Ernten versprach.

Im Sommer werden im Museumsdorf Düppel traditionelle Handwerke vorgeführt, z. B. Schmieden, Töpfern, Weben, Schnitzen und Brotbacken.

Ein Prominentenfriedhof

Sehenswert ist der **Südwestkirchhof** (www.suedwestkirchhof.de, S1 Zehlendorf, dann Bus 623 Stahnsdorf/Bahnhofstraße) in **Stahnsdorf** nicht zuletzt seiner Berühmtheiten wegen: Auf dem reizvollen parkartigen Gelände finden sich die Grabstätten des Industriellen Werner von Siemens (†1892), des Verlegers Gustav Langenscheidt (†1895), des Filmregisseurs Friedrich Wilhelm Murnau (†1931), des Malers Lovis Corinth (†1925) und des Komponisten Engelbert Humperdinck (†1921). Auch Berlins großer Zeichner Heinrich Zille liegt hier begraben. Mehr als 2000 Menschen gaben ihm 1929 das letzte Geleit.

Potsdam und Babelsberg – Glanz, Gloria und ganz großes Kino

Potsdam wurde 993 erstmals urkundlich erwähnt, heute ist es Hauptstadt von Brandenburg. Bedeutung erlangte die Stadt durch Friedrich Wilhelm (1640–1688), den Großen Kurfürsten, der sie zur zweiten Residenz des Hauses Hohenzollern machte. Das Stadtbild allerdings prägten zwei andere Preußenherrscher. Friedrich Wilhelm I., der Soldatenkönig, ließ Potsdam im 18. Jh. zur **Garnisonsstadt** ausbauen. Zum Inbegriff preußischer Macht und herrscherlicher Eleganz wurde die Stadt aber erst durch seinen Sohn und Nachfolger. Anders als sein Vater war Friedrich der Große der Kunst zugetan, daher brachte er höfisches Leben und Kultur nach Potsdam und machte es zur königlichen Hauptresidenz. Mit **Schloss Sanssouci** stellte sich der *Alte Fritz* sein eigenes Versailles vor die Tore Berlins. Weitere Potsdam-Highlights sind der **Neue Garten** mit **Schloss Cecilienhof** sowie Schloss und Filmpark **Babelsberg**. Von letzterem startete in den 1920er-Jahren der deutsche Film zu seiner kurzen Weltkarriere.

143 Altstadt Potsdam

Auf den Spuren des Soldatenkönigs.

S7 Potsdam Hbf, dann Bus 603, 605, 609, 631, 638, 639, 695, Tram 91, 92, 93, 96, 99 Alter Markt

1945 zerstörten Bomben das Zentrum Potsdams, danach tat die sozialistische Abrissbirne ein Übriges. Heute mischen sich hier prachtvolle, historisch rekonstruierte Bauten mit schlichter DDR-Architektur. 1990 nahm die UNESCO große Teile der Innenstadt in ihre Liste des Weltkulturerbes auf, weitere 14 Denkmalgruppen kamen im Jahr 1999 hinzu.

Der **Alte Markt**, Zentrum der Altstadt, wird beherrscht von der Riesenkuppel der **Nikolaikirche** (www.nikolaipotsdam. de, Mo–Sa im Winter 9–17, im Sommer 10–19 Uhr, dann auch Aufstieg zum Rundgang Kolonnadendach). Sie krönt den im Kern würfelförmigen, von Karl Friedrich Schinkel 1830 entworfenen klassizistischen Zentralbau mit schlanken Ecktürmen und Tempelfront. Im gleichnamigen Palazzo eröffnete im Januar 2017 das **Museum Barberini** (www.museum-barberini.com) – der Mäzen Hasso Plattner gibt seiner Sammlung zur Kunst der DDR und der Kunst nach 1989 ein repräsentatives Zuhause.

Östlich der Nikolaikirche erhebt sich das elegante **Alte Rathaus**. Glanzpunkt des 1753–55 von Johann Boumann (auch Jan Bouman) errichteten Gebäudes ist die vergoldete *Atlasfigur* (1776/77) auf dem zentralen Rundturm. Das 1945 zerstörte Anwesen wurde nach dem Krieg erneuert und nach Auszug der Verwaltung im 21. Jh. innen völlig umgestaltet. Inzwischen zeigt hier das **Potsdam Museum – Forum für Kunst und Geschichte** (Di/Mi/Fr 10–17, Do 10–19, Sa/So/Fei 10–18 Uhr) seine stadthistorische Sammlung. Teil des Forums ist auch das barocke, nach dem Architekten benannte *Knobelsdorffhaus* von 1750 nebenan. Ein Obelisk komplettiert die Anlage des Alten Marktes. Mit dem wieder errichteten **Fortunaportal** begann der zunächst umstrittene Wiederaufbau des Stadtschlosses. Das war 1662 erbaut worden und brannte 1945 aus, die Reste wurden 1959/60 gesprengt. Auf dem Areal ist ein Neubau für den *Brandenburger Landtag* entstanden, mit historisierender Fassade und unter Verwendung von Originalbauteilen.

Ebenfalls Teil des Stadtschlosses war der südlich davon gelegene Marstall. Der lang gestreckte Bau war 1685 von Johann Arnold Nering als Orangerie erbaut, doch 1714 vom Soldatenkönig in einen Reitstall umgewandelt und 1746 von Georg Wenzeslaus von Knobelsdorff erneut umgebaut worden. Heute präsentiert in diesen historischen Mauern das **Filmmuseum Potsdam** (Breite Straße 1a, Tel. 03 31/27 18 12, www.filmmuseum-potsdam.de, Di–So 10 –18 Uhr) seine vielfältige und unterhaltsame Sammlung zur Kinogeschichte der UFA bzw. DEFA. Außerdem locken interessante Wechselausstellungen zum Thema Film und ein hauseigenes Kino.

Nordwestlich schließt sich der **Neue Markt** an, ein schöner Barockplatz mit der Ratswaage (1735/1836) in der Mitte. Am Rand zieren vier Säulen und eine weiße Quadriga-Figurengruppe das Portal des eher langen als hohen Kutschpferdestalls, eines klassizistischen Baus von 1790.

Preußens Gloria verewigt – Nikolaikirche, Obelisk und Altes Rathaus (von links)

Lieblingssitz des Alten Fritz – Sanssouci mit den stimmungsvollen Weinbergterrassen

In seinem Inneren präsentiert nunmehr das **Haus der Brandenburgisch-Preußischen Geschichte** (Am Neuen Markt 9, Tel. 0331/620 85 50, www.hbpg.de, Di–Do 10–17, Fr–So 10–18 Uhr) über 900 Jahre Landeshistorie.

Eine städtebauliche Besonderheit ist das **Holländische Viertel** (www.hollaendischesviertel-potsdam.net) weiter nordöstlich. Um niederländische Handwerker an seinen Hof zu binden, hatte der Soldatenkönig hier 1734–40 vier Karrees mit rund 150 backsteinroten Giebelhäuschen im Holländischen Stil erbauen lassen. Sein Plan ging aber nicht auf, lediglich 22 holländische Familien blieben in Potsdam. Heute freilich ist das charmante Viertel sehr begehrt und verfügt über viele Läden, Cafès und Restaurants.

Weitere Bauten des 18./19. Jh. säumen die Fußgängerzone **Brandenburger Straße**, die Einkaufsmeile der Landeshauptstadt. An ihrem westlichem Ende steht das **Brandenburger Tor**, das 1770 nach Entwürfen Karl von Gontards und Georg Christian Ungers in Anlehnung an den Konstantinsbogen in Rom errichtet wurde. Dieses Tor ist damit 21 Jahre älter als sein weit berühmterer Namensvetter in Berlin.

144 Schloss Sanssouci

 Die bedeutendste deutsche Schlossanlage mit Gemäldegalerie.

Maulbeerallee
Tel. 03 31/969 42 00
www.spsg.de
April–Okt. Di–So 10–18 (inkl. Schlossküche), Nov.–März Di–So 10–17 Uhr (Besichtigung nur mit Führung), Normannischer Turm nur bei Sonderveranstaltungen, Bildergalerie im Park Mai–Okt. Di–So 10–18 Uhr, Neue Kammern April–Okt. Di–So 10–18 Uhr, Historische Mühle April–Okt. tgl. 10–18, Nov. und Jan.–März Sa/So 10–16 Uhr
Tickets mit Zeitfenster am besten vorher online kaufen
S7 Potsdam Hbf, dann Bus 695, X15

Schloss Sanssouci ist das berühmteste Bauwerk unter den Schlössern und Parks von Potsdam und Berlin, die 1990 von der UNESCO als Ensemble in die Liste des Weltkulturerbes aufgenommen wurden. Friedrich der Große (1712–86) hatte die Anlage als private Sommerresidenz vor den Toren der Stadt geplant, er höchstselbst fertigte die ersten Skizzen. Fernab vom höfischen Zeremoniell und ohne Regierungsgeschäfte, wollte Friedrich hier im Sommer *sans souci* (›ohne Sorge‹) leben. 1744 ließ er zunächst sechs **Weinbergterrassen** in der Nähe des bestehenden königlichen Küchengartens anlegen.

Das **Schloss** im Stil des Rokoko nach Plänen des Hofarchitekten *Knobelsdorff* konnte 1747 vollendet werden, Persius leitete den Erweiterungsbau von 1840–42. Die eingeschossige Flügelanlage mit dem überkuppelten halbovalen Mittelbau wirkt leicht und beschwingt. Die *Gartenfassade* bevölkern heitere Skulpturen – Karyatiden, Atlanten und Putten. Vergleichsweise nüchtern und streng wirkt dagegen die *Hauptfassade* mit Ehrenhof und halbrunder Säulenkolonnade.

In den zwölf Sälen des Schlosses sind Möbel, Porzellan, Skulpturen und Gemälde zu sehen, überwiegend aus dem 18. Jh., darunter Werke von Antoine Watteau. Der ovale *Marmorsaal* im Mittelbau bezaubert mit Doppelsäulen, vergoldeter Kuppel und Nischenfiguren wie *Venus* und *Apoll*. Im Ostflügel sticht unter den Privatgemächern des Königs das *Konzertzimmer* hervor, dessen Wände mit üppiger Goldrocaille, mit Spiegeln und Gemälden dekoriert sind. Die kreisrunde *Bibliothek* am Ende des Flügels wirkt gediegen, die Bücherschränke und die verzierte Wandverkleidung sind aus Zedernholz. Hier las Friedrich antike Dichtung und Schriften des großen Philosophen Voltaire (1694–1778). Letzteren holte er sogar an seinen Hof und beherbergte ihn ab

Goldenes Gehäuse für Kunst des 18. Jh. in der Bildergalerie von Sanssouci

1750 für drei Jahre im westlichen Gästeflügel. Das dortige *Voltairezimmer*, auch *Blumenkammer* genannt, ist mit stuckierten und gemalten Naturmotiven dekoriert.

Am Rand der östlichen **Schlossterrasse** liegt Friedrichs schlichtes Grab. Erst spät ging sein Wunsch, in Sanssouci bestattet zu werden, in Erfüllung: Seine Gebeine überführte man 1991 von der Burg Hohenzollern in Württemberg hierher.

Wo der große König großartig die Flöte blies – Konzertzimmer im Schloss Sanssouci

Noch zu Friedrichs Lebzeiten wurde die Schlossanlage durch weitere Bauten ergänzt. Vor allem aber kam der **Park Sanssouci** hinzu, den man ab 1745 als Zier- und Nutzgarten anlegte. Vor den Weinbergterrassen entstand ein Wasserbecken mit der *Großen Fontäne* (1748–64), umringt von Marmorstatuen allegorischer Figuren und antiker Götter. Das Wasserreservoir befand sich auf dem *Ruinenberg* (1748) nordöstlich des Schlosses, verkleidet von der als Ruine gestalteten *Theaterwand* und überragt vom *Normannischen Turm*, von dem aus sich ein wunderbarer Blick bietet. Übrigens scheiterten zu Friedrichs Zeiten alle Bemühungen, die Fontäne in Gang zu setzen. Dies gelang erst im 19. Jh. mithilfe einer Pumpe im Dampfmaschinenhaus [s. S. 158].

Da das Schloss für eine angemessene Präsentation seiner Gemäldesammlung nicht ausreichte, ließ Friedrich 1755–64 weiter östlich die **Bildergalerie** bauen. In kostbar dekorierten Sälen werden Werke der größten Meister Europas gezeigt, etwa Caravaggio, Rubens, van Dyck oder Tintoretto.

Als Gegenstück zur Bildergalerie schuf Knobelsdorffs 1747 die *Alte Orangerie*. Georg Christian Unger baute sie 1771–74 auf Friedrichs Wunsch zum Gästehaus

Hier möchte man wohl gern kampieren – das Zeltzimmer im Schloss Charlottenhof

Neue Kammern um. Die Glanzlichter im Reigen all ihrer Festgemächer mit Rokokodekor sind der reich mit Edelsteinen geschmückte *Jaspissaal* und die *Ovidgalerie*, in der Reliefs Szenen aus den ›Metamorphosen‹ des namengebenden römischen Dichters illustrieren.

Hinter den Kammern wurde die **Historische Mühle** (Maulbeerallee 5) 1787–91 nach holländischem Vorbild errichtet. Sie bietet neben herrlicher Aussicht eine Ausstellung über Funktion und Technik historischer Mühlen samt Laden und Gelegenheit, selbst Getreide zu mahlen. Auch das **Besucherzentrum** (Tel. 03 31/ 969 42 00) ist hier untergebracht.

Im Westen von Park Sanssouci

Die luftige **Orangerie** (1851–64, April Sa/ So/Fei 10–18, Mai–Okt. Di–So 10–18 Uhr) etwas weiter westlich schuf Ludwig Persius im Auftrag Friedrich Wilhelms IV. (1795–1861), des Initiators der zweiten großen Bauperiode in Sanssouci. Mit ihren Pflanzenhallen und dem **Orangerieschloss** ist sie stilistisch italienischen Renaissancevillen nachempfunden. Im *Raffaelsaal* des Schlosses sind 50 Kopien von Gemälden des namengebenden Malergenies der Hochrenaissance versammelt. Vom westlichen der zwei Türme (wg. Restaurierung bis 2018 geschl.) öffnen sich formidable Blicke über die Potsdamer Parklandschaft.

Eine Fanfaronnade – Friedrich der Große sah das Neue Palais als Tempel seiner Überlegenheit

Eine Allee führt weiter gen Westen auf den **Klausberg**. Seine Höhe krönt das 1769 erbaute **Belvedere** (nur bei Sonderveranstaltungen zugänglich). Der Rundbau entzückt mit grazilen Säulenumgängen, stuckierten Gemächern und malerischen Ausblicken. Gewissermaßen ihm zu Füßen steht das fernöstlich inspirierte **Drachenhaus** (1770) von *Carl von Gontard*. 16 Skulpturen, furchterregende Fabeltiere darstellend, zieren das einstige Winzerhäuschen und heutige einladende *Café-Restaurant* (Tel. 03 31/505 38 08, www.drachenhaus.de).

Nach Ende des *Siebenjährigen Krieges* (1756–63) wurde das größte Potsdamer Bauprojekt von Friedrich dem Großen wieder aufgenommen. 1763–69 entstand im Westen des weitläufigen Parks das **Neue Palais** (April–Okt. Mi–Mo 10–18, Nov.–März Mi–Mo 10–17 Uhr, nur mit Führung) – eine ›Fanfaronnade‹, eine Prahlerei, wie der König selbst das Gästehaus nannte. Das wuchtige Barockschloss wird von einer 55 m hohen Tambourkuppel bekrönt, 440 Skulpturen bevölkern den Außenbau. Das Palais birgt 200 Säle und Galerien, darunter im Südflügel die *Königswohnung* (April–Okt. Mi–Mo 10–18 Uhr, nur mit Führung). Das kostbar ausgestattete *Schlosstheater* (wg. Renovierung bis voraus. 2017 geschl.) zählt zu den schönsten erhaltenen Bühnen des 18. Jh.

Park und Schloss Charlottenhof

In den von Peter Joseph Lenné als Landschaftsgarten gestalteten **Park Charlottenhof** gliedert sich das klassizistische **Schloss Charlottenhof** (Geschwister-Scholl-Str. 34a, Mai–Okt. Di– So 10–18 Uhr) harmonisch ein. Noch als Kronprinz ließ es Friedrich Wilhelm IV. 1826–29 von Karl Friedrich Schinkel und Ludwig Persius erbauen. Die am südwestlichen Ende der Gärten etwas versteckte Anlage ist samt klassizistischem Interieur (mit Schinkel-Mobiliar) fast vollständig original erhalten. Ungewöhnlich ist das blau-weiß gestreifte *Zeltzimmer*, das römischen Feldherrenzelten nachempfunden ist.

Im Stil römischer Villen konzipierte Ludwig Persius die nahen **Römischen Bäder** (1829–40, Mai–Okt. Di–So 10–18 Uhr). Ihr Dekor orientiert sich an pompejianischen Wandmalereien und Kopien berühmter Skulpturen des Altertums.

Süden und Osten von Park Sanssouci

Auf der entgegengesetzten Seite, am Ostrand des Parks, erhebt sich die **Friedenskirche** (1845–54, Ludwig Persius, Friedrich August Stüler). Mit ihrem markanten Campanile und dem Mosaik aus dem 12. Jh. im Chor erinnert sie an die frühchristlichen Kirchen in Rom.

Das **Chinesische Haus** (Mai–Okt. Di–So 10–18 Uhr) im Süden von Park Sanssouci wurde 1754 von Johann Gottfried Büring im Stil der damaligen Chinamode errichtet. Auf der Spitze des Rundbaus thront eine vergoldete Figur mit Sonnenschirm, innen begeistern Meissener und ostasiatisches Porzellan.

Noch weiter südlich ließ Friedrich Wilhelm IV. 1841–43 an der Havel das **Dampfmaschinenhaus** (Breite Straße 28, Mai–Okt. Sa/So/Fei 10–18 Uhr, nur bei Sonderveranstaltungen zugänglich) errichten. In Gestalt einer Moschee (Schornstein als Minarett) birgt es das Pumpwerk für die Wasserspiele der Großen Fontäne von Sanssouci.

Kriegsgefangene, die in Potsdam geblieben waren. Das Ensemble besteht aus 13 kleinen, reich mit Holzschnitzereien in russischem Stil verzierten Blockhäusern. Um einzuziehen, mussten die Sänger gesund sein und verheiratet, vorzugsweise mit einer preußischen Frau. Außerdem blieb das Nutzungsrecht der Familien an den Häusern nur bei Geburt eines Sohnes bestehen. Um einen Kindertausch zu verhindern, war bei Entbindungen stets ein offizieller Beobachter anwesend. Auskunft über die Geschichte des Viertels gibt das **Museum Alexandrowka** (Russische Kolonie 2, Tel. 0331/817 02 03, Febr.–Mitte Dez. Di–So 10–17 Uhr). Weiter nördlich krönt den Kapellenberg die russisch-orthodoxe *Kirche des hl. Alexander Newski* von 1829.

In derselben Richtung liegt am Hang von Potsdams höchster Erhebung, dem 76 m hohen **Pfingstberg** (www.pfingstberg.de, www.spsg.de), der rekonstruierte, 1801 als Teehaus erbaute **Pomonatempel** (Mitte April–Okt. Sa/So/Fei 14–17 Uhr). Er war das erste Werk des damals 19-jährigen Karl Friedrich Schinkel. Oberhalb dieses Baus schuf Ludwig Persius 1847 im Auftrag des Königs den Aussichtspunkt **Belvedere** (April–Okt. tgl. 10–18, März und Nov. Sa/So 10–16 Uhr). Mit ihren beidseitig ausgreifenden Säulenkolonnaden und den Türmen im Stil der italienischen Renaissance ist die Anlage eine Augenweide. Vom Westturm aus bietet sich ein herrlicher Ausblick.

145 Russische Kolonie Alexandrowka, Pfingstberg und Volkspark

Ein Stück Russland, tolle Pfingstberg-Perspektiven und ein Glashaus.

S7 Potsdam Hbf, dann Bus 604, 609, 629, 697, Tram 92, 96

Die **Russische Kolonie Alexandrowka** (www.alexandrowka.de,) im Norden Potsdams ist eine Kuriosität. König Friedrich Wilhelm III. hatte die Siedlung 1826 als Geschenk für Sänger eines russischen Soldatenchors bauen lassen – ehemalige

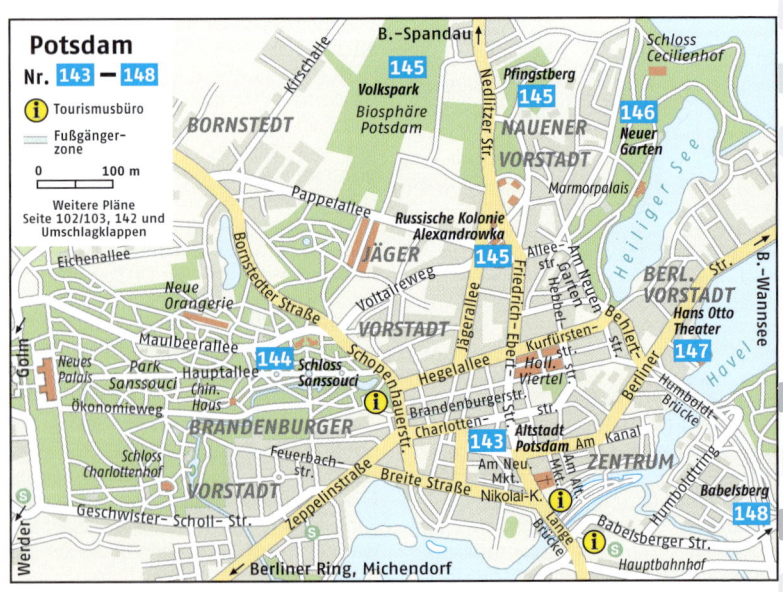

In Richtung Westen erblickt man den zur Bundesgartenschau 2001 angelegten **Volkspark** mit der **Biosphäre Potsdam** (Georg-Hermann-Allee 99, Tel. 03 31/55 07 40, www.biosphaere-potsdam.de, Mo–Fr 9–18, Sa/So/Fei 10–19 Uhr). Das ausgedehnte Glashausbiotop beherbergt rund 20 000 Pflanzen. In der lang gestreckten Anlage kann man etwa auf dem Dschungelpfad oder von einem U-Boot-Nachbau aus die Vielfalt der Natur in den Abteilungen Luftschiff, Tropengarten und Unterwasserwelt erforschen.

146 Neuer Garten

Ein Idyll als Schauplatz eines Ereignisses von weltbewegender Bedeutung.

Am Neuen Garten
www.spsg.de
Bus 603

Im Osten und Südosten des Pfingstbergs erstreckt sich über 102,5 ha der von Lenné gestaltete Neue Garten in romantischer Lage am **Heiligen See**. Inmitten des Parks und direkt am Wasser ließ Friedrich Wilhelm II. sein **Marmorpalais** (Tel. 03 31/969 45 55, Mai–Okt. Di–So 10–18, Nov.–März Sa/So/Fei 10–16, April Sa/So/Fei 10–

In Schloss Cecilienhof stellte man 1945 die Weichen für Europas Nachkriegsentwicklung

18 Uhr, nur mit Führung) errichten. Das bezaubernde Lust- und Sommerschloss entstand 1787–93 in frühklassizistischem Stil, die Seitenflügel kamen ab 1797 hinzu. Vom zierlich geformten Rundtempel auf dem Flachdach genießt man einen herrlichen Blick. Zu den Gemächern des Palais zählen Grottensaal, Konzertsaal und Orientalisches Kabinett, ausgestattet sind sie mit Marmorkaminen, antiken Skulpturen und feinem englischem Porzellan der Manufaktur Wedgwood. Die benachbarte Schlossküche wurde 1788–90 im Stil einer halbversunkenen Tempelruine gestaltet.

Ganz im Süden akzentuiert der Pavillon der **Gotischen Bibliothek** (1792–94) das Seeufer. Er beherbergte die königliche Büchersammlung. Nördlich des Marmorpalais ragt noch das markante Spitzdach des einstigen Eiskellers auf, genannt die *Pyramide*.

Den nördlichen Teil des idyllischen Parks dominiert **Schloss Cecilienhof** (Tel. 03 31/969 42 00, April–Okt. Di–So 10–18, Nov.–März Di–So 10–17 Uhr, Kronprinzengemächer nur mit Führung). Dieser letzte Schlossbau der Hohenzollern wurde 1913–17 im Stil englischer Landhäuser er-

Fernöstliche Anmutung – das Hans Otto Theater mit seiner Blütenblätter-Architektur

richtet. Gedacht war er für Kronprinz Wilhelm (1882–1951), der indessen nur ein Jahr lang, bis zur Revolution von 1918, hier lebte und dann wie sein Vater, Kaiser Wilhelm II., nach Holland floh. Zurück blieben seine Gattin, Kronprinzessin Cecilie, und die sechs gemeinsamen Kinder.

Berühmt wurde Schloss Cecilienhof durch die **Potsdamer Konferenz**, die hier vom 17. Juli bis 2. August 1945 stattfand. Die Staatsmänner Stalin, Truman und Churchill (bzw. dessen Nachfolger Attlee) schlossen damals das *Potsdamer Abkommen* über das weitere Vorgehen der alliierten Siegermächte in Deutschland. Die Konferenzräume können besichtigt werden, ebenso Privatgemächer des Kronprinzenpaars, darunter ein Kabinett im Stil einer Schiffskabine.

147 Hans Otto Theater

Neues Schauspielhaus an der Havel, ein Architekturjuwel à la Sydney.

Schiffbauergasse 11
Tel. 03 31/98 118
www.hansottotheater.de
S7 Potsdam Hbf, dann Tram 93, 94, 99

Im Jahr 2006 wurde am Westufer der Havel und des Tiefen Sees das Hans Otto Theater eröffnet. Augenfälligstes Merkmal von Gottfried Böhms beschwingtes Glasgebäude sind die drei roten, kühn gestaffelten Dächer, schnittig geformt wie exotische Blätter und Blüten. Zuschauerraum (485 Plätze) und Bühne des Theaters sind mit moderner Technik ausgestattet. In den Komplex sind ein historisches Gasometer und der Turm einer alten Zichorienmühle integriert, worin heute das Restaurant *Il Teatro* [s. S. 169] residiert. Besucher können übrigens auch per Schiff anreisen, denn es gibt eine Anlegestelle vor dem Theater.

148 Babelsberg

Kaiserliche Sommerresidenz und Traditionsstätte des deutschen Films.

S7 Babelsberg und Griebnitzsee,
Tram 94, 99
Bus 601, 690, 693, 696

Potsdams Stadtteil Babelsberg ist untrennbar mit dem deutschen Kino verbunden. Seit 1912 werden auf dem Gelände der **Filmstudios Babelsberg** an der August-Bebel-Straße Geschichten auf Zelluloid gebannt. Erst war hier die Bioscop-Film zuhause, dann die UFA, zu DDR-Zeiten die DEFA. In den UFA-Studios und -Ateliers entstanden epochale Streifen wie ›Metropolis‹ (1927) oder ›Der blaue Engel‹ (1930), aber auch Komödien wie ›Die Drei von der Tankstelle‹ (1930). Vor dem Zweiten Weltkrieg bildeten die Produktionsstätten der

UFA die größte Filmstadt Europas. Heute gehören die Studios zur **Medienstadt Babelsberg**, in der auch die *Hochschule für Film und Fernsehen* und das *Deutsche Rundfunkarchiv* untergebracht sind. Wie in der Vergangenheit werden hier auch wieder internationale Kinofilme gedreht – wie zum Beispiel ›Cloud Atlas‹ oder ›Hänsel & Gretel: Hexenjäger‹.

Wer Studioatmosphäre und Kinogeschichte hautnah erleben möchte, sollte die Studiotour im **Filmpark Babelsberg** (August-Bebel-Str. 26–53, Eingang Großbeerenstraße, Tel. 0331/7212750, www. filmpark-babelsberg.de, März–Okt. tgl. 10–18 Uhr) mitmachen. Es locken Attraktionen wie 4-D-Actionkino, Sandmann-Haus, Filmtiershow und Stuntshow. Im Fernsehstudio dürfen die Zuschauer hinter die Kulissen schauen. Selbst das Erlebnisrestaurant *Prinz Eisenherz* ist mit Requisiten des 1996 gedrehten gleichnamigen Films ausgestattet.

Die UFA-Stars früherer Zeiten wohnten oft ganz in der Nähe der Studios. Heinrich George residierte in Kohlhasenbrück, Johannes Heesters am Stölpchensee und viele andere Schauspieler hatten im **Villenviertel Neu-Babelsberg** am Ufer des Griebnitzsees ihr Domizil. Kino-Nostalgiker können auf ihren Spuren Prominententouren unternehmen.

In der Nähe erhebt sich **Schloss Babelsberg** (Tel. 0331/9694250, www.spsg. de, wg. Restaurierung bis vorauss. 2020 geschl.). Prinz Wilhelm, der spätere Kaiser Wilhelm I., ließ es 1833 als Sommersitz auf den Höhen des Babelsberges errichten. Die architektonische Anregung zu dem englisch-neogotischem Bau erhielt Baumeister Karl Friedrich Schinkel jedoch von Wilhelms Gattin Augusta.

Die Gestaltung des umliegenden **Park Babelsberg** (tgl. 8 Uhr bis Sonnenuntergang) übernahm anfangs Lenné, ab 1843 dann Hermann Fürst von Pückler-Muskau. Dominant im neugotischen Parkbild ist der 45 m hohe **Flatowturm** (Mai–Okt. Sa/So/Fei 10–18 Uhr) von 1853–56, von dem man eine herrliche Aussicht hat. Der Blick schweift dabei über das Kleine Schloss (1841/42), in dem einst der Thronfolger lebte und das heute als *Café* (www.kleinesschloss.de, Di/Mi geschl.) dient, über das Matrosenhaus (1842), den Marstall und das Dampfmaschinenhaus (1843), hier in normannischer Anmutung. Der kubische rote Backsteinbau, den man im Süden auf der Lennéhöhe sieht, ist ein Nachbau (1871) der am ursprünglichen Standort (beim heutigen Roten Rathaus) zerstörten Berliner **Gerichtslaube** von 1270 [s. S. 68].

Vor der Kamera und hinter den Kulissen geht es in der Filmstadt Babelsberg oft hoch her

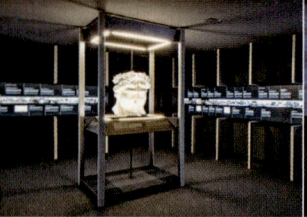  

Berlin aktuell A bis Z

Vor Reiseantritt

ADAC Info-Service
Tel. 0800/510 11 12
(gebührenfrei, Mo–Sa 8–20 Uhr)
Unter dieser Telefonnummer oder bei
den ADAC Geschäftsstellen können
ADAC Mitglieder kostenloses Informa-
tions- und Kartenmaterial anfordern.

ADAC Mitfahrclub, www.adac-mitfahr
club.de, www.fahrgemeinschaft.de.
Kostenlose Vermittlung von Fahrtange-
boten und Mitfahrgelegenheiten, auch
als App für iOS und Android erhältlich.

ADAC im Internet
www.adac.de
www.adac.de/reisefuehrer

Berlin im Internet
www.berlin.de
www.berlinonline.de
www.museumsportal-berlin.de
www.tip-berlin.de
www.berlin.prinz.de
www.zitty.de

visitBerlin
Tel. 030/25 00 23 33, www.visitberlin.de.
Infos, Hotelbuchungen, Tickets

CityTourCard [s. S. 183]

Berlin WelcomeCard [s. S. 183]

Berlin WelcomeCard Museumsinsel
[s. S. 183]

Allgemeine Informationen

Tourismusbüros

Berlin Tourist Info, Tel. 030/25 00 25,
www.visitberlin.de

Informationsbüros:

– Brandenburger Tor, südl. Torhaus (Mitte)
– Europa-Center, Erdgeschoss,
  Tauentzienstr. 9 (Charlottenburg)
– Fernsehturm, Panoramastr. 1a (Mitte)
– Flughafen Tegel, Gate 1, Terminal A
– Hauptbahnhof, Erdgeschoss (Tiergarten)
– Zentraler Busbahnhof ZOB, Masuren-
  allee 4–6 (Charlottenburg)

**Tourist-Information Berlin-Branden-
burg,** Flughafen Schönefeld, Terminal A,
Erdgeschoss, Tel. 03 31/200 47 47, www.
visitberlin.de

**Tourismusverein Berlin Treptow-
Köpenick**, Alt-Köpenick 31–33,
Tel. 030/655 75 50, www.tkt-berlin.de

Potsdam Tourismus Service, Tel. 03 31/
27 55 88 99, www.potsdamtourismus.de

Informationsbüros:

– Hauptbahnhof Potsdam
– Luisenplatz 3
– Alter Markt (Humboldtstr. 1/2)

Ärztliche Versorgung

Ärztlicher Bereitschaftsdienst,
Tel. 030/31 00 31

Zahnärztlicher Notdienst,
Tel. 030/89 00 43 33

Apotheken Notdienst,
Tel. 08 00/002 28 33, Mobil 228 33

Giftnotruf: Tel. 030/192 40

Fundbüros

Zentrales Fundbüro, Platz der Luftbrücke 6 (Tempelhof), Tel. 030/902 77 31 01,
http://fundsuche02.kivbf.de

BVG Fundbüro, Potsdamer Str. 180–182
(Schöneberg), Tel. 030/194 49

Fundbüro der Deutschen Bahn,
Tel. 09 00/199 05 99 (dt. Festnetz 0,59 €/
Min.), www.fundservice.bahn.de

Anreise

Auto

Nach Berlin gelangt man von Westen
über die A 2, von Süden aus Richtung Hof
über die A 9 oder aus Richtung Dresden
über die A 13, von Osten aus Richtung
Frankfurt/Oder über die A 12, von Norden
aus Richtung Szczecin (Stettin) über die
A 11, aus Richtung Hamburg über die A 24.

Die Berliner City ist innerhalb des inneren
S-Bahn-Rings **Umweltzone**, also nur für
Autos mit einer zugelassenen Schadstoff-
gruppen-Plakette befahrbar.

Bahn

Fernbahnhöfe sind Hauptbahnhof, Spandau, Ostbahnhof, Südkreuz und Gesund-

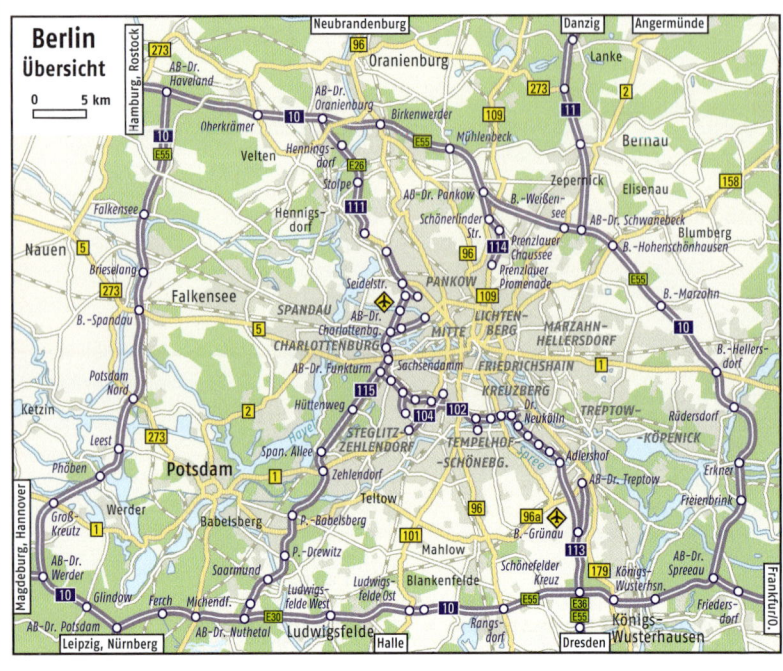

Service und Notruf

Notruf
Tel./Mobil: 112 (EU-weit:
Polizei, Unfallrettung, Feuerwehr)

ADAC Info Service
Tel. 0800/510 11 12
(gebührenfrei, Mo–Sa 8–20 Uhr)

ADAC Stau-Info
Mobil: 224 99 (Verbindungskosten je
nach Netzbetreiber/Provider)

ADAC Verkehrsservice
Mobil: 224 11 (Verbindungskosten je
nach Netzbetreiber/Provider)

ADAC Pannenhilfe Deutschland
Tel. 0180/222 22 22 (dt. Festnetz 6 ct/
Anruf), Mobil: 22 22 22 (Kosten je
nach Netzbetreiber/Provider)

Hilfe an Notrufsäulen
Unbedingt den ADAC verlangen

ADAC Ambulanzdienst München
Tel. +49/89/76 76 76 (24 Std.)

ÖAMTC Schutzbrief Nothilfe
Tel. +43/1/251 20 00, www.oeamtc.at

Einsatzzentrale TCS-ETI-Schutzbrief:
Tel. + 41/58/827 22 20, www.tcs.ch

brunnen. Potsdamer Platz, Lichtenberg,
Wannsee und Zoo sind nur noch Regio-
nalbahnhöfe.

Fahrplanauskunft

Deutsche Bahn, Tel. 01806/99 66 33 (dt.
Festnetz 20 ct/Anruf, dt. Mobilfunknetz
max. 60 ct/Anruf), Tel. 0800/150 70 90
(gebührenfrei, automatische Fahrpla-
nansage), www.bahn.de

Österreichische Bundesbahnen,
Tel. 05/17 17 (österreichweit), +43/5/17 17
(aus dem Ausland), www.oebb.at

Schweizerische Bundesbahnen,
Tel. 0900/30 03 00 (CHF 1,19/Min. aus dem
Schweizer Festnetz), www.sbb.ch

Bus

ZOB, Zentraler Omnibusbahnhof am
Funkturm, Masurenallee 4–6 (Charlottenburg), Tel. 030/30 10 01 75, www.iob-berlin.de

Anschluss in die Innenstadt mit U2 ab
Kaiserdamm, mit S41, S42, S45, S46, ab
Messe Nord/ICC oder mit Bus M49, X34,
X49, 104, 139, 218, 349, N2, N42.

Günstig reist man per Fernbus zwischen
vielen Städten in Deutschland, Österreich
und der Schweiz. Portale wie www.check
mybus.de und www.busliniensuche.de
vergleichen alle Anbieter.

Flugzeug

Die Eröffnung des Flughafens Berlin Brandenburg ist derzeit für 2018 geplant. Die Flughäfen **Tegel** und **Schönefeld** sollen danach stillgelegt werden.

Flugauskunft, Tel. 030/60 91 11 50, www.berlin-airport.de

Tegel: Bus TXL, X9, 109, 128

Schönefeld: S45, S9, Bus X7, 163, 164, 171, 734, 735, 736, 738, 741, 742, N7, N60. Der Airport-Express (RE7, RB14, RB19) verkehrt tgl. 5–24 Uhr dreimal stündlich zum Hauptbahnhof. Achtung: Der Flughafen Schönefeld gehört zum Tarifbereich C [s. S. 183].

◼ Bank und Post

Bank

Öffnungszeiten variieren je nach Bank.

Post

Öffnungszeiten: Mo–Fr 8–18, Sa 8–13 Uhr. Längere Öffnungszeiten in Filialen, etwa im S-Bhf. Friedrichstraße, Mo–Fr 6–22, Sa/So 8–22 Uhr

◼ Einkaufen

Kaufhäuser

Kaufhäuser findet man am Kurfürstendamm und in der Tauentzienstraße, in der Friedrichstraße und am Alexanderplatz, in der Schlossstraße in Steglitz und der Wilmersdorfer Straße in Charlottenburg.

Karstadt, Kurfürstendamm 231 (Charlottenburg), Tel. 030/88 00 30, www.karstadt.de. Neue britische und französische Modedesigner haben hier Einzug gehalten.

Peek und Cloppenburg, Tauentzienstr. 19 (Schöneberg), Tel. 030/33 84 72 43, www.peek-cloppenburg.de. Hunderte Modelabels von Addict bis Zegna umhüllt von einer schicken Glasfassade.

Galeria Kaufhof, Alexanderplatz 9 (Mitte), Tel. 030/24 74 30, www.galeria-kaufhof.de. Die 24 m langen freitragenden Rolltreppen sind Weltklasse. Weitere Glanzpunkte sind die Gourmet-Abteilung und das Restaurant im 5. Stock mit Blick über den Alex.

 Galeries Lafayette, Friedrichstr. 76–78 (Mitte), Tel. 030/20 94 80, www.galerieslafayette.de. Mode auf fünf Etagen und schickes Kaufvergnügen in der Berliner Dependance des berühmten Pariser Kaufhauses.

KaDeWe – Kaufhaus des Westens, Tauentzienstr. 21–24 (Schöneberg), Tel. 030/212 10, www.kadewe.de. Legendärer Einkaufstempel mit riesiger Auswahl auf sechs Etagen [Nr. 112].

Mode und Lifestyle

Wichtige Einkaufsstraßen sind der **Kurfürstendamm** und die **Tauentzienstraße**. Hier locken die Geschäfte internationaler Designer und Modelabels, Kaufhäuser und Flagship-Stores. Auch der **Potsdamer Platz** mit dem Shopping Center Arkaden und die **Friedrichstraße** mit eleganten Passagen und Einkaufstempeln versprechen Shopping-Freuden. In der Mulackstraße und Alten Schönhauser Straße findet man zahllose schicke Szeneboutiquen und Designerläden.

Apple Store, Kurfürstendamm 26 (Charlottenburg), Tel. 030/590 09 00 00, www.apple.com/de/retail/kurfuerstendamm. Alles, was die Apple Welt zu bieten hat.

Baerck, Mulackstr. 12 (Mitte), Tel. 030/24 04 89 94, www.baerck.net. Hippe Kreationen aus Berlin und dem Rest der Welt.

G-Star RAW, Kurfürstendamm 16 (Charlottenburg), Tel. 030/88 00 76 30, www.g-star.com. Großer Flagship-Store des beliebten Jeans-Labels.

Liebeskind Berlin, Alexa Shopping Centre, Grunerstr. 20 (Mitte), Tel. 030/27 87 80 90. Der Siegeszug begann mit Handtaschen aus schönem Leder. Inzw. auch Schuhe, Accessoires und Damenmode.

Mientus, Wilmersdorfer Str. 73 (Wilmersdorf), Tel. 030/323 90 77, www.mientus.com. Auf vier Etagen alles für den Mann. In Dependancen wie Kurfürstendamm 52 gibt es auch Frauenmode.

Overkill, Köpenicker Str. 195 a (Kreuzberg), Tel. 030/61 07 66 33, www.overkill shop.com. Das Neuste in Sachen Sneaker, Sportklamotten und Zubehör.

Sessùn, Alte Schönhauserstr. 44 (Mitte), Tel. 030/27 59 53 65, www.sessun.com. Verspielte Mode direkt aus Marseille in gemütlicher Atmosphäre.

The Corner Berlin, Französische Str. 40, (Mitte), Tel. 030/20 67 09 40, www.the cornerberlin.de. Desigernmode, Schuhe, Accessoires und Möbel am Gendarmenmarkt und zwei weiteren Standorten.

Uniqlo, Rosenthalerstr. 42 (Mitte) , www.uniqlo.com. Neueste Filiale des angesagten japanischen Mode-Labels.

Souvenirs

Ampelmann Galerie Shop, Hackesche Höfe, Hof 5, Rosenthaler Str. 40–41 (Mitte), Tel. 030/44 72 64 38, www.ampelmann.de. Kultige Lifestyle-Produkte rund um das ostdeutsche Ampelmännchen. Weitere Dependancen am Potsdamer Platz und Gendarmenmarkt, im Kranzler Eck und DomAquarée sowie Unter den Linden.

Bücher und Medien

Berlin Story, Unter den Linden 40 (Mitte), Tel. 030/20 45 38 42, www.berlin story.de. Über 5000 Titel zum Thema Berlin: Geschichte, Architektur, Belletristik, Tagebücher, Stadtpläne und Poster.

Dante Connection, Oranienstr. 165 (Kreuzberg), Tel. 030/615 76 58, www.dan teconnection.de. Feine Auswahl an Literatur aus Italien ›und anderen Kulturen‹.

Dussmann – das Kulturkaufhaus, Friedrichstr. 90 (Mitte), Tel. 030/20 25 11 11, www.kulturkaufhaus.de. Bücher, CDs, DVDs auf fünf Etagen (tgl. 9–23.30/24 Uhr).

Grober Unfug, Torstr. 75 (Mitte), Tel. 030/28 17 3 31; Filiale: Zossener Str. 33 (Kreuzberg), Tel. 030/69 40 14 90, www.grober unfug.de. Internationaler Comicladen.

Langer Blomqvist, Reinhardtstr. 17 (Mitte), Tel. 030/28 09 46 11, www.langer-blomq vist.de. Schöner Buchladen zum Stöbern, auch sonntags geöffnet!

Sieben Wünsche, Tucholskystr. 45, Tel. 030/48 63 81 11, www.sieben-wuensche.de. Kochbücher, Livestyle, Papeterie, Berlin Souvenirs – der Name ist Programm.

Antiquariate

Antiquariat Düwal, Schlüterstr. 17 (Charlottenburg), Tel. 030/313 30 30, www.due wal.de. Wertvolle Bücher aller Sparten.

Antiquariat Knut Ahnert, Sybelstr. 58 (Charlottenburg), Tel. 030/324 09 07, www.ahnert.com. Moderne Literatur und Kunst (Besuch nach Absprache).

Porzellan

TOP TIPP **KPM – Königliche Porzellan-Manufaktur Berlin**, Wegelystr. 1 (Tiergarten), Tel. 030/39 00 90, www.kpm-berlin.de. KPM Welt (Erlebnisausstellung) mit Manufaktur-Besichtigung. Im Werksverkauf [s. S. 61] gibt es die kostbaren Stücke etwas günstiger. Auch das Café ist empfehlenswert (So geschl.). Auch: Friedrichstr. 158–164 (Berlin-Mitte), Kurfürstendamm 27 (Charlottenburg).

Auch von außen sind die Galeries Lafayette in der Friedrichstraße eine Attraktion

Designermöbel

Glenk und Hansen, Keithstr. 13 (Charlottenburg), Tel. 030/23 62 72 17, www.glenkundhansen.de. Verkauf und Verleih von Design-Klassikern des 20. Jh. (Do/Fr 15–18, Sa 11–14 Uhr und nach Absprache).

Auktionen

Villa Grisebach Auktionen, Fasanenstr. 25 (Charlottenburg), Tel. 030/885 91 50, www.villa-grisebach.de. Klassische Moderne, zeitgenössische Kunst und Fotos.

Märkte

Zu den bekanntesten Berliner Wochenmärkten zählen der **Türkenmarkt** (www.tuerkenmarkt.de, Di und Fr 11–18.30 Uhr, s. S. 93) am Maybachufer in Neukölln, der **Winterfeldtmarkt** am Winterfeldtplatz in Schöneberg (Mi 8–14, Sa 8–16 Uhr) und der **Ökomarkt am Kolle** (Kollwitzplatz/Wörtherstraße, www.grueneliga-berlin.de, Do 12–19 Uhr) in Prenzlauer Berg.

Unter den zahlreichen Flohmärkten sind drei besonders hervorzuheben: der Trödelmarkt mit Kunst- und Kunsthandwerkermarkt an der **Straße des 17. Juni** (S-Bhf. Tiergarten, www.berlinertroedelmarkt.de, Sa/So 10–17 Uhr) und der **Berliner Kunst- und Nostalgiemarkt** (Am Zeughaus, Museumsinsel, www.kunstmarkt-berlin.com, Sa/So 11–17 Uhr) in Mitte und der **Flohmarkt am Mauerpark** (Bernauer Straße, www.mauerparkmarkt.de, So 9–18 Uhr) in Prenzlauer Berg.

Besonderheiten

Confiserie Mélanie, Grolmanstr. 20 (Charlottenburg), Tel. 030/313 83 30, www.bei-melanie.de. Exquisite Feinkost, hausgemachte Pralinen. Pralinenkurse.

Frau Tonis, Zimmerstr. 13 (Mitte), Tel. 030/201 21 53 10, www.frau-tonis-parfum.com. Berliner Parfüm-Manufaktur mit historischen Düften und Workshops zur Parfümherstellung.

KaDeWe – Kaufhaus des Westens, 6. Stock, Tauentzienstr. 21–24 (Schöneberg), Tel. 030/212 10, www.kadewe.de. Die Feinkostabteilung im 6. Stock des riesigen Kaufhauses ist eine wahre Pilgerstätte für Gourmets [Nr. 112].

Knofi, Bergmannstr. 98 (Kreuzberg), Tel. 030/694 58 07, www.knofi.de. Mediterrane Spezialitäten, z. B. feine Oliven, Wein und Backwaren (tgl. 9–24 Uhr).

Essen und Trinken

Gourmetrestaurants

Alt Luxemburg, Windscheidstr. 31 (Charlottenburg), Tel. 030/323 87 30, www.altluxemburg.de. Die klassische Küche von Karl Wannemacher beglückt den Gaumen (Mo–Sa ab 17 Uhr).

Altes Zollhaus, Carl-Herz-Ufer 30 (Kreuzberg), Tel. 030/692 33 00, www.altes-zollhaus-berlin.de. Feine regionale Küche, mit Sommergarten am Landwehrkanal (Di–Sa ab 18 Uhr).

Borchardt, Französische Str. 47 (Mitte), Tel. 030/81 88 62 62, www.borchardt-restaurant.de. Französische Feinschmeckerküche am Gendarmenmarkt.

Facil, The Mandala Hotel, 5. Etage, Potsdamer Str. 3 (Tiergarten), Tel. 030/590 05 12 34, www.facil.de. Hochgelobte moderne Küche, puristisch und mediterran inspiriert (Mo–Fr, auch mittags).

Horváth, Paul-Lincke-Ufer 44 a (Kreuzberg), Tel. 030/61 28 99 92, www.restaurant-horvath.de. Die beste Adresse für vegetarische Sterneküche (Mi–So ab 18.30 Uhr).

Katz Orange, Bergstr. 22 (Mitte), Tel. 030/983 20 84 30, www.katzorange.com. Modernes Restaurant in einer alten Brauerei mit Bar und kreativen Cocktails (tgl. ab 18 Uhr).

Lutter & Wegner im Schloss Glienicke, Königstr. 36 (Wannsee), Tel. 030/805 40 00, www.schloss-glienicke.de. Regionale Speisen in historischem Ambiente (tgl. ab 11 Uhr).

Reinstoff, Schlegelstr. 26 c (Mitte), Tel. 030/30 88 12 14, www.reinstoff.eu. Zwei Michelin-Sterne adeln Daniel Achilles' kreative Avantgarde-Kochkunst mit regionalem Bezug (Di–Sa ab 19 Uhr).

Rutz, Chausseestr. 8 (Mitte), Tel. 030/24 62 87 60, www.restaurant-rutz.de. Im Obergeschoss Restaurant des Sternekochs Marco Müller und im Erdgeschoss Weinbar mit kleineren Gerichten (Di–Sa).

Volt, Paul-Linke-Ufer 21 (Kreuzberg), Tel. 030/338 40 23 20, www.restaurant-volt.de. Allein schon architektonisch interessantes Abendrestaurant mit Terrasse am Landwehrkanal (Di–Sa ab 18 Uhr) [s. S. 93].

Neue Küche

Käfer Dachgartenrestaurant im Deutschen Bundestag, Platz der Republik (Tiergarten), Tel. 030/226 29 90, www.feinkost-kaefer.de. Gehobene Küche und gutes Frühstück. Mit Reservierung separater Eingang (Besucherempfang in der Scheidemannstraße). Anmeldung mind. 24 Std. vorab; Sicherheitshinweis auf der Website beachten. Auch im Rahmen des Kuppelbesuchs, falls freie Plätze vorhanden sind [s. S. 22].

Kreuzberger Himmel, Yorckstr. 89 (Kreuzberg), Tel. 030/25 74 38 88, www.kreuzberger-himmel.de. Kulinarische Freuden in himmlischem Ambiente, im Seitenschiff einer Kirche.

Mischkonzern P103, Potsdamer Str. 103 (Schöneberg), Tel. 030/54 70 60 00, www.p103.de. Modernes Restaurant/Café mit ausgewählten Speisen, Mittagstisch, Kunstausstellungen, gelegentlicher Livemusik und Lesungen.

Berliner Küche

Blockhaus Nikolskoe, Nikolskoer Weg 15 (Wannsee), Tel. 030/805 29 14, www.blockhaus-nikolskoe.de. Ausflugslokal in rustikalem Holzhaus im Grünen, Terrasse mit wunderschönem Ausblick auf die Havel [s. S. 144].

Brauhaus Georgbraeu, Spreeufer 4 (Mitte), Tel. 030/242 42 44, www.georg braeu.de. Eisbein mit Sauerkraut, dazu ein hausgebrautes Bier im Nikolaiviertel.

Deponie No. 3, Georgenstr. 5 (Mitte), Tel. 030/20 16 57 40, www.deponie3.de. Gemütliches Restaurant in den S-Bahn-bögen nahe der Museumsinsel.

Dicke Wirtin, Carmerstr. 9 (Charlottenburg), Tel. 030/312 49 52, www.dicke-wirtin.de. Uriges Berliner Bierlokal nahe Savignyplatz mit deftigen Speisen, guten Eintöpfen und viel Flair.

Diener Tattersall, Grolmannstr. 47 (Charlottenburg), Tel. 030/881 53 29. Lokal und Künstlertreff wie aus einer anderen Welt (tgl. ab 18 Uhr).

TOP TIPP **Henne**, Leuschnerdamm 25 (Kreuzberg), Tel. 030/614 77 30, www.henne-berlin.de. Buletten, Brathähnchen und Mampe locken in das Altberliner Lokal. Tischreservierung empfohlen (Di–Sa ab 18, So ab 17 Uhr).

Klipper, Bulgarische Straße (Treptow), Tel. 030/53 21 64 90, www.klipper-berlin. de. Trendiges Restaurantschiff am Plänterwald mit Blick auf die Insel der Jugend.

Marjellchen, Mommsenstr. 9 (Charlottenburg), Tel. 030/883 26 76, www.marjellchen-berlin.de. Spezialitäten u. a. aus Ostpreußen und Schlesien (tgl. ab 17 Uhr).

Prater Garten, Kastanienallee 7–9 (Prenzlauer Berg), Tel. 030/448 56 88, www.pratergarten.de. Traditionslokal und ältester Biergarten Berlins [s. S. 86].

Sophien 11, Sophienstr. 11 (Mitte), Tel. 030/283 21 36, www.restauration-sophien11.de. Berliner Gemütlichkeit hinter schöner Barockfassade und einladender Hofgarten [s. S. 74].

TOP TIPP **Ständige Vertretung**, Schiffbauerdamm 8 (Mitte), Tel. 030/282 39 65, www.staev.de. Kult-Polit-Kneipe, die mit der Politik von Bonn nach Berlin zog. Die Speisekarte vermittelt zwischen Rheinischer und Berliner Küche.

Tegeler Seeterrassen, Wilkestr. 1 (Tegel), Tel. 030/433 80 01, www.tegeler-seeterras sen.de. Traditionsreiches Restaurant in toller Lage am See [s. S. 137].

Wirtshaus Moorlake, Moorlakeweg 6 (Wannsee), Tel. 030/805 58 09, www.moorlake.de. Beliebtes Ausflugsziel an der Havel [s. S. 144].

Zenner Eierschale, Alt-Treptow 14–17, Tel. 030/533 73 70, www.zenner-eierschale.

de. Traditionsreiches Ausflugslokal mit Biergarten im Treptower Park [s. S. 111].

Zum Nussbaum, Am Nussbaum 3 (Mitte), Tel. 030/242 30 95. Deftiges in rustikalem Ambiente im Nikolaiviertel [s. S. 68].

Zum Schusterjungen, Danziger Str. 9 (Prenzlauer Berg), Tel. 030/442 76 54, www.zumschusterjungen.com. Schummrig-rustikale Eckkneipe, spätestens berühmt seit Tom Tykwers Film ›Drei‹.

Zur Gerichtslaube, Poststr. 28 (Mitte), Tel. 030/241 56 98, www.gerichtslaube.de. Berliner Klopse und Pökeleisbein in mittelalterlichem Gerichtsgebäude [s. S. 68].

Zur letzten Instanz, Waisenstr. 14–16 (Mitte), Tel. 030/242 55 28, www.zur letzteninstanz.de. Die älteste erhaltene Gaststätte Berlins (seit 1621) bietet gute, originelle regionale Küche [s. S. 70].

Internationale Küche

Asiatisch

Daitokai, Tauentzienstr. 9–12, im 1. Stock des Europa-Centers (Charlottenburg), Tel. 030/261 80 90, www.daitokai.de. Feine japanische Open Kitchen.

District môt, Rosenthaler Str. 32 (Mitte), Tel. 030/20 08 92 84, www.districtmot.com. Quirliger Laden im Ambiente eines Saigoner Straßenmarktes. Authentische Küche, bietet sich für leckeres Essen zwischendurch an.

Manngo, Mulackstr. 29 (Mitte), Tel. 030/28 04 05 58, www.manngo.de. Entspannter kleiner Vietnamese, günstige Gerichte, selten voll.

Suriya Kanthi, Knaackstr. 4 (Prenzlauer Berg), Tel. 030/442 53 01, www.suriya-kanthi.de. Gute Sri Lanka-Küche, Zutaten vorwiegend aus ökologischer Landwirtschaft. Sonntagsbrunch (11–16 Uhr).

Tuk Tuk, Großgörschenstr. 2 (Schöneberg), Tel. 030/781 15 88, www.tuk-tuk.de. Leckere indonesische Gerichte unter Bambusdächern (tgl. ab 17 Uhr).

Italienisch

Amici, amici, Mehringdamm 40 (Kreuzberg), Tel. 030/74 68 41 21, www.amici-amici.de. Beliebter Italiener mit offener Küche. Nebenan Straßenverkauf der knusprigen Pizza.

Aroma, Hochkirchstr. 8 (Schöneberg), Tel. 030/782 58 21, www.cafe-aroma.de. Moderne italienische Köstlichkeiten.

Bocca di Bacco, Friedrichstr. 167/168 (Mitte), Tel. 030/20 67 28 28, www.bocca

dibacco.de. Edles Ambiente, klassische italienische Küche und exquisite Weine.

Enoiteca Il Calice, Walter-Benjamin-Platz 4 (Charlottenburg), Tel. 030/324 23 08, www. enoiteca-il-calice.de. Gute italienische Küche und Weinkarte (So/Mo geschl.).

Il Teatro, Schiffbauergasse 12, Potsdam, Tel. 03 31/20 09 72 91, www.ilteatro-pots dam.de. Feine Fisch- und Fleischgerichte in einer alten Mühle. Schöner Blick auf Tiefen See und Park Babelsberg [s. S. 160].

 Trattoria Libau, Libauerstr. 10 (Friedrichshain), Tel. 030/25 76 85 29. Von außen eher unscheinbar, viele leckere Pizza-Variationen.

Jüdisch

Bleibergs, Nürnberger Str. 45 a (Charlottenburg), Tel. 030/21 91 36 24, www. bleibergs.de. Tagescafé mit koscheren, vegetarischen und veganen Speisen.

Russisch

Gorki Park, Weinbergsweg 25 (Mitte), Tel. 030/448 72 86, www.gorki-park.de. Hier gibt es mit Sauerkraut, Spinat oder Lachs gefüllte Bliny (russische Crêpes), Pelmeni, Borschtsch und Soljanka.

Pasternak, Knaackstr. 22–24 (Prenzlauer Berg), Tel. 030/441 33 99, www.restaurant-pasternak.de. Russische und jüdische Speisen, Szenetreiben am Wasserturm.

Süddeutsch und Österreichisch

Austria, Bergmannstr. 30 (Kreuzberg), Tel. 030/694 44 40, www.austria-berlin.de. Uriges Wirtshaus mit österr. Spezialitäten.

Ottenthal, Kantstr. 153 (Charlottenburg), Tel. 030/313 31 62, www.ottenthal.com. Hier gibt es Tafelspitz, Zwiebelrostbraten und hausgemachte Mehlspeisen.

Sissi, Motzstr. 34 (Schöneberg), Tel. 030/21 01 81 01, www.sissi-berlin.de. Traditionelle österreichische Gerichte in kleinem, farbenfrohes Restaurant mit Belle Etage und Berliner Chic.

Wiesenstein, Viktoria-Luise-Platz 12 a (Wilmersdorf), Tel. 030/21 91 24 05, www. wiesenstein.de. Schwäbische Küche und mehr, mit Biergarten und Blick auf den schönen Platz.

Türkisch

Defne, Planufer 92 c (Kreuzberg), Tel. 030/81 79 71 11, www.defne-restaurant.de. Am Landwehrkanal gelegenes tükisches Restaurant mit schöner Außenterasse.

Osmanya, Birkenstr. 17 (Moabit), Tel. 030/48 82 99 99, www.osmanya.de. Türkische

Besser als das Original

Genau am 4. September 1948 erfand Imbissbudenbesitzerin Herta Heuwer in ihrem Stand am Stuttgarter Platz die **Currywurst**. Ihr aus amerikanischer Kriegsgefangenschaft heimgekehrter Mann hatte sie an diesem Tag gebeten, ihm Spare Ribs zuzubereiten. Die waren aber in Deutschland eher unbekannt und in der Nachkriegszeit sowieso nicht zu bekommen. Also improvisierte Herta – und brachte zerkleinerte Bockwurst mit Ketchup und viel Curry auf den Tisch. Mittlerweile ist die Currywurst ein Berliner Klassiker und besitzt sogar ein eigenes **Museum** [s. S. 50].

Küche mit Speisen, die man nicht überall bekommt.

Vegetarisch

Chay Viet, Brunnenstr. 164 (Mitte), Tel. 030/48 49 45 54. Vegetarischer Vietnamese, auch vegane Gerichte und Mittagsangebote.

Kopps, Linienstr. 94 (Mitte), Tel. 030/43 20 97 75, www.kopps-berlin.de. Veganes Restaurant mit elegantem Flair, das besonderen Wert auf Regionalität legt.

Seerose, Körtestr. 38 (Kreuzberg), Tel. 030/69 81 59 27, www.seerose-berlin.de. Spinatlasagne, Gemüseaufläufe und Pastavariationen.

Vaust, Pestalozzistr. 8 (Charlottenburg), Tel. 030/54 59 91 60, www.vaust-berlin.de. Gemütliche Braugaststätte mit vegetarischen und veganen Gerichten. Selbstgebraute Biere und Limonaden.

 Viasko, Erkelenzdamm 49 (Kreuzberg), Tel. 030/88 49 97 85, www.viasko.de. Gemütliches, veganes Restaurant, auch glutenfreie Produkte, Wochenendbrunch mit süßen und deftigen Köstlichkeiten Unbedingt reservieren (Mo/Di geschl.).

Dunkelrestaurants

Nocti Vagus, Saarbrücker Str. 36–38 (Prenzlauer Berg), Tel. 030/74 74 91 23, www.noctivagus.de. Kulinarische Genüsse und wechselndes Kulturprogramm.

unsicht-Bar Berlin, Gormannstr. 14 (Mitte), Tel. 030/24 34 25 00, www.unsicht-bar.de. Tafeln im Dunkeln.

Geradezu liebevoll werden Currywurst und Pommes im Frittiersalon serviert

Fast Food

Berlin ist bekannt für seine **Imbisskultur**. Ob früh morgens schnell 'ne Currywurst an der U-Bahn oder mitten in der Nacht Minipizza oder Döner – der kleine Hunger hat keine Chance.

Curry 36, Mehringdamm 36 (Kreuzberg), Tel. 030/25 80 08 83 36, www.curry36.de. Eine der bekanntesten Currywurstbuden der Stadt mit Dependancen am Bahnhof Zoo und am Hardenbergplatz (Charlottenburg).

TOP TIPP **Frittiersalon**, Boxhagener Str. 104 (Friedrichshain), Tel. 030/25 93 39 06, www.frittiersalon.de. Selbst geschnitzte Bio-Pommes, hausgemachte Hamburger, vegetarische Soja- und Camembert-Burger oder Extras wie glasierte Maronen. Besonders gute Burger-Menüs (tgl. 12–22/23 Uhr).

TOP TIPP **Habibi**, Goltzstr. 24 (Schöneberg), Tel. 030/215 33 32. Leckere Falafel, frittierte Bällchen aus Kichererbsenpüree, sind eine vegetarische Variante der orientalischen Fast-Food-Küche.

Konnopke's Imbiss, Schönhauser Allee 44 b (Prenzlauer Berg), Tel. 030/442 77 65, www.konnopke-imbiss.de. Currywurst von legendärem Ruf, nach Umbau wieder direkt unter dem Hochbahn-Viadukt (So geschl.).

Cafés

Anna Blume, Kollwitzstraße 83, Tel. 030/44 04 87 49, www.cafe-anna-blume. de. Das Ambiente ist ungewöhnlich: Angeschlossen an das Café findet sich ein Blumenladen. Gutes Frühstück, feine Torten. Oft sehr voll, unbedingt reservieren!

Barcomi's Deli, Sophienstr. 21 (Mitte), Tel. 030/28 59 83 63, www.barcomis.de. Kaffeespezialitäten und kleine Gerichte im 2. der Sophien-Gips-Höfe [s. S. 74].

Bateau Ivre, Oranienstr. 18 (Kreuzberg), Tel. 030/61 40 36 59. Warme Küche bis 16 Uhr, ansonsten gibt's leckere Tapas, Salate, Kaffee und Wein.

Café Cinema, Rosenthaler Str. 39 (Mitte), Tel. 030/280 64 15. Stimmungsvolles kleines Café in der Nähe vom Hackeschen Markt mit schönen Schwarz-Weiß-Fotos. Abends beliebte Bar.

Café Einstein, Kurfürstenstr. 58 (Schöneberg), Tel. 030/26 39 90, www.cafeeinstein. com. Das Stammhaus des beliebten Cafés präsentiert sich im Stil eines Wiener Kaffeehauses mit Sommergarten. Im 1. Stock residiert die Bar Lebensstern.

Café Hardenberg, Hardenbergstr. 10 (Charlottenburg), Tel. 030/312 26 44. Großraum-Café und Studententreff gegenüber der TU-Mensa.

Café im Zeughaus, Unter den Linden 2 (Mitte), Tel. 030/20 64 27 44, www.dhm.de. Museumscafé des Deutschen Historischen Museums mit beachtenswerten Kuchen und kleinen Snacks.

Café Krone, Oderbergerstr. 38 (Prenzlauer Berg), Tel. 030/44 31 22 21, www.krone-berlin. com. Gemütliches Café mit Snacks, tollem Frühstück und viel Liebe zum Detail.

Café-Restaurant Wintergarten im Literaturhaus, Fasanenstr. 23 (Charlottenburg), Tel. 030/882 54 14, www.litera turhaus-berlin.de. Gute Speisen und Getränke vom Morgen bis zum Abend in schönem Ambiente mit Garten.

Cassonade, Oranienstr. 199 (Kreuzberg), Tel. 0163/164 85 59, www.cassonade.de. Kleines, buntes Café – spezialisiert auf Belgische Waffeln und Crepes.

Conditorei Cafe Buchwald, Bartningallee 29 (Tiergarten), Tel. 030/391 59 31, www.konditorei-buchwald.de. Traditionsreiches Café, berühmt für seinen Baumkuchen. Klassische Kaffeehauseinrichtung.

Entwederoder, Oderberger Str. 15 (Prenzlauer Berg), Tel. 030/448 13 82. Schön in der Sonne sitzen und dabei gemütlich Leute beobachten.

Intimes, Boxhagener Str. 107 (Friedrichshain), Tel. 030/29 66 64 57. Nettes Eckcafé neben gleichnamigem Traditionskino.

Kapelle, Zionskirchstr. 22–24 (Mitte), Tel. 030/960 66 47, www.cafe-kapelle.de. Gemütliches Café mit Blick auf die Zionskirche. Biokuchen.

Kuchenkaiser, Oranienplatz 11–13 (Kreuzberg), Tel. 030/61 40 26 97. Restaurant mit schöner Außenterrasse. Herzhaftes sowie große Kuchen- und Tortenauswahl.

Misses & Marbles, Raumerstr. 36 (Prenzlauer Berg), Tel. 030/49 78 62 82, www.misses-marbles.de. Café – unbedingt die Ozeantorte probieren – und Shop mit tollen (Wohn-)accessoires, Kleidung, Schmuck und Andenken.

Morena, Wiener Str. 60 (Kreuzberg), Tel. 030/611 35 78, www.morena-berlin.com. Café-Bar mit Frühstück, Tapas, Burger, Cocktails, Videos und Musik bis spät.

Schlosscafé Köpenick, Schlossinsel, Tel. 030/65 01 85 85, www.schlosscafe-koepenick.de. Wochenendcafé und -restaurant im noblen Barockschloss. So Brunch.

Sowohlalsauch, Kollwitzstr. 88 (Prenzlauer Berg), Tel. 030/442 93 11, www.tortenundkuchen.de. Köstliche hausgemachte Torten und Kuchen, dazu eine überzeugende Auswahl an Kaffee- und Teespezialitäten.

Schwarz-Sauer, Kastanienallee 13/14 (Prenzlauer Berg), Tel. 030/448 56 33. Alteingesessenes Szenecafé mit Patina (So geschl.).

Strandbad-Mitte, Kleine Hamburger Str. 16 (Mitte), Tel. 030/24 62 89 63, www.strandbad-mitte.de. Café-Restaurant mit grünen Seepferdchenkacheln und einem Strandkorb vor der Tür [s. S. 75].

Tadshikische Teestube, Oranienburgerstr. 27 (Mitte), Tel. 030/204 11 12, www.tadshikische-teestube.de. Märchenhafte Teezeremonien und russische Küche in handgeschnitztem Sandelholz-Interieur.

Eis

Caffè & Gelato, Alte Potsdamer Str. 7, Potsdamer Platz, Arkaden Center (Tiergarten), Tel. 030/25 29 78 32, www.caffe-e-gelato.de. Eis von Classic bis Bio.

Eissalon Tanne B., Eisenbahnstr. 48 (Kreuzberg), Tel. 030/69 56 78 11, www.tanneb.de. Eis (auch aus Soja) und Kunst.

Eismanufaktur, Auguststr. 63 (Mitte), www.eismanufaktur-berlin.de. Hochwertiges Eis mit Filialen in Kreuzberg, Neukölln, Friedrichshain und Wedding.

Fräulein Frost, Friedelstr. 39 (Neukölln), Tel. 0179/538 08 98. Auch ausgefallene Eissorten, mit Gemüse und kreativen Mischungen. Oft lange Schlange.

Kleine Eiszeit, Stargarder Str. 7 (Prenzlauer Berg), Tel. 030/447 90 37. Hausgemachtes Eis aus frischen Früchten. Beliebt, daher lange Schlange im Sommer.

Strandbars

Infos: www.tip-berlin.de

Deck 5, Schönhauser Allee 79 (Prenzlauer Berg), Tel. 030/4172 89 05, www.freiluftrebellen.de. Stylischer Beach Club auf dem Dach der Allee Arkaden.

Strandbar Mitte, Monbijoustr. 3 (Mitte), Tel. 030/28 38 55 88, www.strandbar-mitte.de. Liegestuhlvergnügen im Monbijou-Park gleich gegenüber dem Bode-Museum. Mit Tanzfläche und jeden Abend anderer Musikrichtung (Mai–Sept.).

◼ Feiertage

Neujahr, Karfreitag, Ostermontag, 1. Mai (Tag der Arbeit), Himmelfahrt, Pfingstmontag, 3. Oktober (Tag der Deutschen Einheit), 1./2. Weihnachtsfeiertag

◼ Festivals und Events

Da in Berlin fast ununterbrochen gefeiert wird, kann hier nur eine Auswahl der wichtigsten Festivals, Volksfeste und turnusmäßig veranstalteten kulturellen Ereignisse angezeigt werden. Den hauptstädtischen Veranstaltungskalender findet man unter www.berlin.de.

Februar

Berlinale – Internationale Filmfestspiele Berlin, Tel. 030/25 92 00, www.berlinale.de. Filmwettbewerb um die Goldenen Bären, auch Forum junger Film.

März

maerzmusik, c/o Berliner Festspiele, Tel. 030/25 48 92 18, www.maerzmusik.de. Internationales Festival für Neue Musik.

Film ab!

Jedes Jahr im Februar weht durch die deutsche Hauptstadt ein Hauch von **Hollywood**. Vor den Luxushotels warten Autogrammjäger, Premierenlichter erleuchten den Berlinale Palast am Marlene-Dietrich-Platz und in den Cafés und Restaurants drängen sich Künstler, Presseleute und Fans. Seit 1951 gibt es die **Internationalen Filmfestspiele Berlin** (Tel. 030/25 92 00, www.berlinale. de) – und mit ihnen das Ringen um den **Goldenen Bären**.

An den **Zentralen Vorverkaufsstellen** in den den Arkaden am Potsdamer Platz, im Haus der Berliner Festspiele, im Kino International sowie im Onlineshop sind Tickets erhältlich. Karten für die einzelnen Filme gibt es im Vorverkauf, immer drei Tage vor der jeweiligen Vorführung oder am selben Tag an der jeweiligen Kinokasse.

Die **Berlinale** ist jedoch nicht nur etwas für Profis. In vielen Kinos der Stadt laufen die **Wettbewerbsfilme** auch für das normale Publikum, und darüber hinaus gibt es allerlei cineastische Retrospektiven und Sonderaufführungen zu sehen.

April und Mai

Neuköllner Maientage, Volkspark Hasenheide, Festgelände Jahnpark (Neukölln), www.maientage.de. Volksfest (Ende April–Mitte Mai).

Mai

Theatertreffen Berlin, c/o Berliner Festspiele, Tel. 030/25 48 92 33, www.theatertreffen-berlin.de. Leistungsschau des deutschsprachigen Theaters.

Mai und Juni

Karneval der Kulturen, Tel. 030/346 55 59 60, www.karneval-berlin.de. Straßenfest, Parade und Parties mit Akteuren aus aller Welt (Pfingsten).

Köpenicker Sommer und Kietzer Sommer, Köpenicker Altstadt und Fischerkietz, Tel. 030/655 45 77, www.kietzersommer.de. Traditionelles Volksfest mit Festumzug (Mitte Juni).

Juni

Fête de la Musique, Tel. 030/41 71 52 89, www.fetedelamusique.de. Ein weltweites Projekt: 500 Bands aus 100 Ländern spielen über die Stadt verteilt (21. Juni).

CSD – Christopher Street Day, Kurfürstendamm, Tel. 030/23 62 86 32, www.csd-berlin.de. Bunte Parade der Lesben, Schwulen, Bisexuellen und Transgender (LGBT) (Ende Juni).

Juni und Juli

Deutsch-Französisches Volksfest, Kurt-Schumacher-Damm (Reinickendorf), Tel. 030/213 32 90, www.volksfest-berlin.de. Das bereits 1963 initiierte Spektakel entwickelte sich zu einem der größten Volksfeste Berlins (Mitte Juni–Mitte Juli).

Juli

Foreign Affairs, c/o Berliner Festspiele, Tel. 030/25 48 90, www.berlinerfestspiele.de. Internationales Festival für zeitgenössische performative Künste – Tanz, Theater, Performance, Bildende Künste, Film (Anfang Juli).

Classic Open Air, Gendarmenmarkt, Tel. 0180/69 99 00 06 06 (20 ct/Min., mobil mehr, je nach Netzbetreiber), www.classicopenair.de. Melodien aus Oper, Operette, Musical für Liebhaber schöner Stimmen und sinfonischer Klänge (Mitte Juli).

August

Tanz im August, Tel. 030/25 90 04 27, www.tanzimaugust.de. Internationale Tanzprojekte der Gegenwart, Workshops und Tanzfilmnacht in diversen Locations (HAU, Berliner Festspiele, Sophiensäle etc.).

September

Internationales Literaturfestival, Tel. 030/27 87 86 20, www.literaturfestival.com. Literarisches Großereignis auch jenseits von Berlin.

Musikfest Berlin, c/o Berliner Festspiele, Tel. 030/27 87 86 20, www.musikfest berlin.de. Veranstaltet von den Berliner Festspielen und den Berliner Philharmonikern, bringt dieses Ereignis zahlreiche Stars der internationalen orchestralen Musik auf die Bühne – ein Hörgenuss.

Oktober

Tag der Deutschen Einheit, www. berlin.de. Inzwischen hat sie längst eine Tradition begründet, die spektakuläre alljährliche Party auf der Meile zwischen Brandenburger Tor und Rotem Rathaus (3. Okt.).

November

JazzFest Berlin, c/o Berliner Festspiele, Tel. 030/25 48 92 79, www.jazzfest-berlin. de. Jazz als Weltmusik, zelebriert auf einem der renommiertesten Festivals der Welt (Anfang Nov.).

November und Dezember

Winter- und Weihnachtsmärkte, großer Beliebtheit erfreuen sich die Märkte am Breitscheidplatz, Gendarmenmarkt, Opernpalais, in der KulturBrauerei und in der Spandauer Altstadt am Rathaus. Eine gute Übersicht und weitere Informationen zu allen Berliner Märkte, auch nach Bezirken sortiert, bietet www.weihnachteninberlin.de.

Silvesterparty am Brandenburger Tor, www.berlin.de. Größtes Silvesterevent des Landes.

Klima und Reisezeit

Im Sommer zeigt das Thermometer in Berlin durchschnittlich 22–23 °C, es kann aber auch deutlich wärmer werden. Im Winter sind es im Durchschnitt etwa 2–3 °C, was aber, zumal bei eisigem Ostwind, oft als kälter empfunden wird. Niederschläge fallen gleichmäßig, doch mit 580 mm im Jahresdurchschnitt nicht übermäßig häufig.

In Berlin ist das ganze Jahr über der Bär los, es gibt keine bevorzugte Reisezeit.

Klimadaten Berlin

Monat	Luft (°C) min./max.	Wasser (°C)	Sonnen-std./Tag	Regen-tage
Januar	-3/2	2	2	10
Februar	-2/4	3	3	9
März	0/8	5	4	8
April	4/13	10	5	9
Mai	8/19	16	7	10
Juni	11/22	20	7	10
Juli	13/23	22	7	9
August	12/23	22	7	9
September	9/19	18	5	9
Oktober	6/13	13	4	8
November	2/7	8	2	10
Dezember	1/3	4	1	11

Kultur live

Vorverkaufsstellen

www.berlin-buehnen.de, Gemeinsames Portal zahlreicher Berliner Theater: Programm und Kartenvorverkauf.

visitBerlin, Buchungshotline Tel. 030/25 00 23 33, www.visitberlin.de

Hekticket, Tel. 030/230 99 30, www. hekticket.de. Karten für denselben Tag ab 14 Uhr mit bis zu 50 % Ermäßigung.

KoKa Konzertkasse, Oranienstr. 29, Tel. 030/61 10 13 13, www.koka36.de

Showtime, Tel. 030/80 60 29 29, www.showtimetickets.de. Filialen in mehreren Kaufhäusern wie KaDeWe oder Karstadt.

Stage Entertainment, Tel. 018 05/44 44 (0,14 €/Min., mobil mehr), www.stage-entertainment.de.

Musik

Klassische Musik

Berliner Dom, Am Lustgarten (Mitte), Tel. 030/20 26 91 36, www.berliner-dom.de [Nr. 18]

Berliner Philharmonie und Kammermusiksaal, Herbert-von-Karajan-Str. 1 (Tiergarten), Tel. 030/25 48 89 99, www.berliner-philharmoniker.de [Nr. 36]

Konzerthaus Berlin, Gendarmenmarkt 2 (Mitte), Tel. 030/203 09 21 01, www.konzerthaus.de

Oper und Ballett

Deutsche Oper Berlin, Bismarckstr. 35 (Charlottenburg), Tel. 030/34 38 43 43, www.deutscheoperberlin.de

Komische Oper, Behrenstr. 55–57 (Mitte), Tel. 030/47 99 74 00, www.komische-oper-berlin.de

Neuköllner Oper, Karl-Marx-Str. 131–133 (Neukölln), Tel. 030/68 89 07 77, www.neukoellneroper.de

Staatsoper Unter den Linden, Unter den Linden 7 (Mitte), Tel. 030/20 35 45 55, www.staatsoper-berlin.de [Nr. 13]. Das renommierte Haus ist wg. Sanierung bis vorauss. 2017 geschlossen. Ausweich-Spielstätte ist das Schiller Theater, Bismarckstr. 110 (Charlottenburg).

Tanzfabrik Berlin, Möckernstr. 68 (Kreuzberg), Tel. 030/20 05 92 70, www.tanzfabrik-berlin.de, Karten Tel. 018 05/70 07 33, www.reservix.de

Musicals und Operetten

Stage Bluemax, Marlene-Dietrich-Platz 4 (Tiergarten), Karten Stage Entertainment. Hier agiert die Blue Man Group.

Stage Theater am Potsdamer Platz, Marlene-Dietrich-Platz 1 (Tiergarten), Karten Stage Entertainment [s. S. 173]

TOP TIPP **Theater des Westens**, Kantstr. 12 (Tiergarten), Karten Stage Entertainment [s. S. 173]. Traditionsreiche Spielstätte von Musicalproduktionen, teils auch Operetten [Nr. 109].

Rock und Pop

C-Halle (ehem. Columbiahalle), Columbiadamm 13–21 (Tempelhof), Tel. 030/69 81 28 14, www.c-halle.com. Karten KoKa Konzertkasse.

Columbia Theater, Columbiadamm 9–11 (Tempelhof), Tel. 030/69 81 75 84, www.c-club-berlin.de

Max-Schmeling Halle, Am Falkplatz 1 (Prenzlauer Berg), Tel. 030/44 30 44 45, www.max-schmeling-halle.de

Mercedes-Benz-Arena, Mühlenstr. 12–30 (Mitte), Tel. 030/20 60 70 88 99, www.mercedes-benz-arena-berlin.de. Auf den Straßenschildern der Stadt meist noch mit o_2-World ausgewiesen.

Tempodrom, Anhalter Bahnhof, Möckernstr. 10 (Kreuzberg), Tel. 01806/55 41 11 (0,20 €/Min., mobil mehr), www.tempodrom.de

Velodrom, Paul-Heyse-Str. 26 (Prenzlauer Berg), Tel. 030/44 30 44 30, www.velodrom.de

Open Air

Freilichtbühne an der Zitadelle Spandau, Am Juliusturm 62 (Spandau), Tel. 030/333 40 22, www.freilichtbuehne-spandau.de

Kindl-Bühne Wuhlheide, Str. zum FEZ/An der Wuhlheide (Oberschöneweide), Tel. 030/530 79 53, 030/887 16 07 70, www.wuhlheide.de

Waldbühne, Am Glockenturm (Charlottenburg), Tel. 030/74 73 75 00, www.waldbuehne-berlin.de [s. S. 133]

Olympiastadion, Olympischer Platz 3 (Charlottenburg), Tel. 030/25 00 23 22, www.olympiastadion-berlin.de [Nr. 124]

Theater

Admiralspalast, Friedrichstr. 101 (Mitte), Tel. 030/22 50 70 00, www.admiralspalast.de. Wiedereröffnete Traditionsbühne für gefällige Theater- und Musikproduktionen, auch heute mit attraktivem Spielplan an der Unterhaltungsfront aktiv.

Ballhaus Ost, Pappelallee 15 (Prenzlauer Berg), Tel. 030/44 03 91 68, www.ballhausost.de. Schauspiel und Tanz.

Ballhaus Naunynstraße, Naunynstr. 27 (Kreuzberg), Tel. 030/75 45 37 25, www.ballhausnaunynstrasse.de. Theater und Tanz von und mit Jugendlichen mit Migrationshintergrund.

BAT Studiotheater, Parkstr. 16 (Weißensee), Tel. 030/755 417 77, www.bat-berlin.de. Studiotheater – Studierende der Hochschule für Schauspielkunst Ernst Busch bei der Arbeit.

Berliner Ensemble, Theater am Schiffbauerdamm, Bertolt-Brecht-Platz 1 (Mitte), Tel. 030/28 40 81 55, www.berliner-ensemble.de [Nr. 68]

TOP TIPP **Deutsches Theater und Kammerspiele**, Schumannstr. 13 a (Mitte), Tel. 030/28 44 12 25, www.deutsches theater.de [Nr. 67]

Hans Otto Theater, Schiffbauergasse 11, Potsdam, Tel. 03 31/98 11 8, www.hansotto theater.de [Nr. 147]

HAU – Hebbel am Ufer, drei Spielstätten in Kreuzberg: *HAU 1*: Stresemannstr. 29; *HAU 2*: Hallesches Ufer 32; *HAU 3*: Tempelhofer Ufer 10, Tel. 030/25 90 04 27, www.hebbel-am-ufer.de

Maxim Gorki Theater, Am Festungsgraben 2 (Mitte), Tel. 030/20 22 11 15, www.gorki.de

Renaissance Theater, Knesebeckstr. 100 (Charlottenburg), Tel. 030/315 97 30, www.renaissance-theater.de

Schaubühne am Lehniner Platz, Kurfürstendamm 153 (Wilmersdorf), Tel. 030/89 00 23, www.schaubuehne.de

Schlossparktheater, Schlossstr. 48 (Steglitz), Tel. 030/78 95 66 71 00, www.schlossparktheater.de

Theater & Komödie am Kurfürstendamm, Kurfürstendamm 209 (Charlottenburg), Tel. 030/88 59 11 88, www.komoedie-berlin.de

Vagantenbühne, Kantstr. 12 a (Charlottenburg), Tel. 030/312 45 29, www.vaganten.de

TOP TIPP **Volksbühne und P14 Jugendtheater**, Rosa-Luxemburg-Platz/Linienstr. 227 (Mitte), Tel. 030/24 06 57 77, www.volksbuehne-berlin.de [Nr. 61]

Puppentheater

Figurentheater Grashüpfer, Puschkinallee 16a (Treptow), Tel. 030/53 69 51 50, www.theater-grashuepfer.de

Puppentheater Firlefanz, Sophienstr. 10 (Mitte), Tel. 030/283 35 60, www.puppentheater-firlefanz.de

Schaubude Berlin, Greifswalder Str. 81–84 (Prenzlauer Berg), Tel. 030/423 43 14, www.schaubude-berlin.de

Varieté und Kabarett

Bar jeder Vernunft, Schaperstr. 24 (Wilmersdorf), Tel. 030/883 15 82, www.bar-jeder-vernunft.de

BKA-Theater, Mehringdamm 34 (Kreuzb.), Tel. 030/202 20 07, www.bka-theater.de

 Chamäleon Theater, Hackesche Höfe, Rosenthaler Str. 40/41 (Mitte), Tel. 030/400 05 90, www.chamaeleonberlin.com [s. S. 73]

Distel, Friedrichstr. 101 (Mitte), Tel. 030/204 47 04, www.distel-berlin.de. Kabarett.

Die Stachelschweine, Europa-Center, Tauentzienstr. 9–12 (Charlottenburg), Tel. 030/261 47 95, www.diestachelschweine.de. Kabarett [s. S. 115].

Die Wühlmäuse, Pommernallee 2–4 (Charlottenburg), Tel. 030/30 67 30 11, www.wuehlmaeuse.de. Kabarett.

 Friedrichstadt-Palast, Friedrichstr. 107 (Mitte), Tel. 030/23 26 23 26, www.friedrichstadtpalast.de. Großes Revuetheater in Showbühnenstil nach Las-Vegas-Art [s. S. 76].

Tipi am Kanzleramt, Große Querallee (Mitte), Tel. 030/39 06 65 50, www.tipi-am-kanzleramt.de

ufaFabrik, Viktoriastr. 10–18 (Tempelhof), Tel. 030/75 50 30, www.ufafabrik.de. Konzerte, Theater, Kabarett und Tanz im Internationalem Kultur Centrum.

Kinder

Kinder- und Jugendtheater

ATZE Musiktheater, Luxemburger Str. 20 (Wedding), Tel. 030/81 79 91 88, www.atzeberlin.de

Circus Cabuwazi, Bouchéstr. 74 (Treptow), Tel. 030/54 49 01 50, www.cabuwazi.de. Zirkus von Kindern für Kinder – auch in Friedrichshain, Kreuzberg, Marzahn, Altglienicke.

GRIPS Theater, Spielstätten Altonaer Str. 22 (Tiergarten) und Klosterstr. 68 (Mitte), Tel. 030/39 74 74 77, www.grips-theater.de

Theater an der Parkaue, Parkaue 29 (Lichtenberg), Tel. 030/55 77 52 52, www.parkaue.de

Theater o.N., Kollwitzstr. 53 (Prenzlauer Berg), Tel. 030/440 92 14, www.theater-on.com. Theater für Menschen jeden Alters, Konzerte, Literaturbühne und Erzählsalon.

Zaubertheater Igor Jedlin, Roscherstr. 7 (Charlottenburg), Tel. 030/323 37 77, www.zaubertheater.de

Sonstiges

FEZ-Berlin, Straße zum FEZ 2 (Oberschöneweide), Tel. 030/53 07 10, www.fez-berlin.de. Kinder-, Jugend- u. Familienzentrum in Wuhlheide, mit Bühne, Museum, Orbitall.

Labyrinth Kindermuseum, Osloer Str. 12 (Wedding), Tel. 030/800 93 11 50, www.labyrinth-kindermuseum.de. Mitmachmuseum.

Lindenpark, Stahnsdorfer Str. 76–78, Potsdam (Babelsberg), Tel. 03 31/74 79 70, www.lindenpark.de. Jugendkultur- und Familienzentrum mit buntem Programm.

Machmit! Museum für Kinder, Senefelderstr. 5 (Prenzlauer Berg), Tel. 030/74 77 82 00, www.machmitmuseum.de. Mit Druckerei und Spiegelkabinett.

Kinos

Zahlreiche Berliner Kinos zeigen aktuelle Filme auch in Originalsprache, teils auch in schönen historischen Sälen. Cineasten lieben daneben auch die zahlreichen Programm- und Spartenkinos. Im Folgenden eine Auswahl:

Acud, Veteranenstr. 21 (Mitte), Tel. 030/44 35 94 98, www.acud.de. Zwei kleine Kinos im Kunst- und Kulturzentrum.

Arsenal, Potsdamer Str. 2 (Tiergarten), Tel. 030/26 95 51 00, www.arsenal-berlin.de. Von Filmgeschichte bis Videokunst.

Babylon, Rosa-Luxemburg-Str. 30 (Mitte), Tel. 030/242 59 69, www.babylonberlin.de. Programmkino mit rekonstruiertem Großen Saal von 1929 und der einzigen Kinoorgel in Deutschland.

Brotfabrik, Caligariplatz 1 (Weißensee), Tel. 030/471 40 01, www.brotfabrik-berlin.de. Kleines Kino mit außergewöhnlicher Filmauswahl und Bühne.

Central, Rosenthaler Str. 39 (Mitte), Tel. 030/28 59 99 73, www.kino-central.de. Aktuelle Filme und Retrospektiven.

Cinema Paris, Kurfürstendamm 211 (Charlottenburg), Tel. 030/881 31 19, www.cinema-paris.de. Europäische Filme im Maison de France.

Eiszeit, Zeughofstr. 20 (Kreuzberg), Tel. 030/611 60 16, www.eiszeitkino.de. Internationale Filmkunst.

fsk – Kino am Oranienplatz, Segitzdamm 2 (Kreuzberg), Tel. 030/614 24 64, www.fsk-kino.de. Feines Programmkino.

Lichtblick, Kastanienallee 77 (Prenzlauer Berg), Tel. 030/44 05 81 79, www.lichtblick-kino.org. Kleines, alternatives Programmkino für Filmkunst, Dokus und Kiezfilme.

Odeon, Hauptstr. 116 (Schöneberg), Tel. 030/78 70 40 19, www.yorck.de. Filme in englischer Originalfassung.

Tilsiter Lichtspiele, Richard-Sorge-Str. 25 a (Friedrichshain), Tel. 030/426 81 29, www.tilsiter-lichtspiele.de. Gelungene Mischung aus Kino und Kneipe.

Xenon, Kolonnenstr. 5/6 (Schöneberg), Tel. 030/78 00 15 30, www.xenon-kino.de. Berlins Kino für Lesben und Schwule.

Zeughauskino, Unter den Linden 2 (Mitte), Tel. 030/20 30 47 70, www.dhm.de/zeughauskino. Filmklassiker und Filmreihen.

Freiluftkinos

Freiluftkino Friedrichshain, Volkspark Friedrichshain, Tel. 030/29 36 16 29, www.freiluftkino-berlin.de. Auch am Mariannenplatz/Haus Bethanien (Kreuzberg) und Volkspark Rehberge (Wedding) (jew. Mitte Mai–Anf. Sept.)

Freiluftkino Hasenheide, Volkspark Hasenheide (Neukölln), Tel. 030/283 46 03, www.freiluftkino-hasenheide.de

Sommerkino Kulturforum, Matthäikirchplatz 4–6 (Tiergarten),auf der Platte zwischen den Museen des Kulturforums, Tel. 030/62 70 95 50 (ab 17 Uhr), www.yorck.de (Ende Juni–Anfang Sept.)

▮ Nachtleben

Berlins schillernde Bar- und Clubszene ist breit aufgestellt und vielfältig. Tummelplätze sind Mitte, Prenzlauer Berg, Friedrichshain und Kreuzberg. Bei der Suche nach den besten Nightspots helfen die Seiten der *Stadtmagazine* im Internet [s. S. 163] und www.berlinatnight.de.

Bars und Kneipen

BristolBar, Kurfürstendamm 27 (Charlottenburg), Tel. 030/88 43 47 56,

www.kempinski-berlin.de. Berühmte Bar im Kempinski Hotel Bristol.

Dachkammer, Simon-Dach-Str. 39 (Friedrichshain), Tel. 030/29 04 90 54, www.dachkammer.com. Unten Szenekneipe, oben Cocktailbar mit begehrtem Balkon.

TOP TIPP **Harry's New York Bar**, Lützowufer 15 (Tiergarten), Tel. 030/25 47 80, www.esplanade.de. Bar-Klassiker im Sheraton Berlin Grand Hotel Esplanade. Internationale Getränkekarte mit 200 verschiedenen Drinks. Mo–Sa live Piano.

Keyser Soze, Tucholskystr. 33 (Mitte), Tel. 030/28 59 94 89, www. keyser-soze.de. Tagsüber Restaurant, abends beliebte Bar.

Klunkerkranich, Karl-Marx-Straße 66 (Neukölln), www.klunkerkranich.org. Angesagte Bar im begrünten Gemeinschafts-Dachgarten auf einem Parkhaus, wechselnde Workshops und Veranstaltungen mit Live-Musik und DJs.

Madonna, Wiener Str. 22 (Kreuzberg), Tel. 030/611 69 43, www.madonna-bar.de. Kreuzberger Institution, ziemlich laut und meist gut voll.

Reingold, Novalisstr. 11 (Mitte), Tel. 030/28 38 76 76, www.reingold.de. Cooles Design, gute Cocktails (So/Mo geschl.).

Schwarzes Café, Kantstr. 148 (Charlottenburg), Tel. 030/313 80 38, www.schwarzescafe-berlin.de. 24-Std.-Szene-Treff, Frühstück rund um die Uhr.

Würgeengel, Dresdner Str. 122 (Kreuzberg), Tel. 030/615 55 60, www.wuergeengel.de. Longdrinks an der Bar, an den Tischen auch Vorspeisen und Tapas.

Zoulou Bar, Hauptstr. 4 (Schöneberg), Tel. 030/70 09 47 37, www.zouloubar-berlin.de. Sehr beliebte American Bar.

Livemusik

Badenscher Hof, Badensche Str. 29 (Wilmersdorf), Tel. 030/861 00 80, www.badenscher-hof.de. Jazzclub, Restaurant, Musikcafé (So geschl.).

Grüner Salon in der Volksbühne, Rosa-Luxemburg-Platz 2 (Mitte), Tel. 030/24 00 93 27, www.gruener-salon.de. Eingang an der rechten Seite des Hauses. Salonkultur und Clubleben: Lesungen, Konzerte, Tanzkurse und Tangoparties.

Junction Bar, Gneisenaustr. 18 (Kreuzberg), Tel. 030/694 66 02, www.junction-bar.de. Rock, Indie und Alternative.

KulturBrauerei, Eingänge Knaackstr. 97, Schönhauser Allee 36 und Sredzkistr. 1

(Prenzlauer Berg), www.kulturbrauerei.
de. Kultur, Konzerte und Parties [Nr. 78].

Quasimodo, Kantstr. 12 a (Charlottenburg), Tel. 030/31 80 45 60, www.quasi
modo.de. Renommierter Jazzkeller, tagsüber nettes Café mit Terrasse [s. S. 118].

Rickenbackers Music Inn, Bundes-
allee 194 b (Wilmersdorf), Tel. 030/
81 89 82 90, www.rickenbackers.de. Täglich spielen Arrivierte und Newcomer live Chanson, Jazz, Rock, Country, Rock
und Blues. Auch Auftritte von Kabaretti-
sten und Poeten.

Roter Salon in der Volksbühne, Rosa-
Luxemburg-Platz (Mitte), Tel. 030/
41 71 75 12, www.volksbuehne-berlin.de.
Eingang an der linken Seite des Hauses.
DJs und Livemusik in gemütlichem
Ambiente. Mo Elektrolounge, Mi Tango.

Kunstfabrik Schlot, Invalidenstr. 117
(Mitte), Tel. 030/448 21 60, www.kunstfa
brik-schlot.de. Jazz und Kabarett in den
Edisonhöfen.

Trompete, Lützowplatz 9 (Tiergarten),
Tel. 030/22 35 75 59, www.trompete-
berlin.de. Jazz und mehr (Do ab 19 Uhr,
Fr/Sa je nach Programm).

Diskotheken und Clubs

Arena, Eichenstr. 4 (Treptow), Tel. 030/
533 20 30, www.arena-berlin.de. 8 000 m²
für kleine und große Konzerte. Mit Clubschiff Hoppetosse und Badeschiff.

Bassy Club, Schönhauser Allee 176 a, www.
bassyclub.com. Konzerte, Tanz und Shows
zu musikalischem Underground vor 1969.

TOP TIPP **Berghain** und **Panorama Bar**, Am
Wriezener Bahnhof (Friedrichshain),
Tel. 030/29 36 02 10, www.berghain.
de. Weltberühmter Technoclub mit
berüchtigt strengen Türstehern (Programm siehe Homepage).

TOP TIPP **Clärchens Ballhaus**, Auguststr. 24
(Mitte), Tel. 030/282 92 95, www.ball
haus.de. Kult und Nostalgie pur bei
Tango, Swing und Walzer. Das Restaurant
mit Biergarten serviert Berliner Küche.

Club der Visionäre, Am Flutgraben 1,
Tel. 030/69 51 89 42, www.clubder
visionaere.com. Im Sommer Cocktails
auf dem Sonnendeck, im Winter feiern
zu elektronischer Musik.

Duncker, Dunckerstr. 64 (Prenzlauer
Berg), Tel. 030/445 95 09, www.duncker
club.de. Oldies, Gothic und Independent.

Fritzclub im Postbahnhof, Straße der
Pariser Kommune 8 (Friedrichshain),
Tel. 030/698 12 80, www.fritzclub.com.
Studentenparties und andere Feste.

Golgatha, Dudenstr. 40, im Viktoriapark
(Kreuzberg), Tel. 030/785 24 53, www.
golgatha-berlin.de. Black Music und
Alternative Pop. Mit Biergarten von April
bis Sept./Okt.

Hoppetosse, Eichenstr. 4 (Treptow),
Tel. 030/69 51 89 42, www.hoppetosse.
berlin. Clubschiff der Arena. Pop,
Reggae und Soul.

House of Weekend, Alexanderstr. 7
(Mitte), www.houseofweekend.berlin.

Klunkerkranich – grüne Oase und hippe Dachgarten-Bar im Stadtbezirk Neukölln

Techno und House im Haus des Reisens mit Blick über Berlin, Dachterrasse (Do–Sa).

Lido, Cuvrystr. 7 (Kreuzberg), Tel. 030/69 56 68 40. www.lido-berlin.de. Funk, Soul, Reggae & Rock.

Matrix, Warschauer Platz 18, Gewölbe 11 (Friedrichshain), Tel. 030/29 36 99 90, www.matrix-berlin.de. R & B, HipHop, Soul und Pop.

m-bia, Dircksenstr. 123 (Mitte), www.m-bia.de. Elektronische Musik in den S-Bahn-Bögen (Do–So).

Musik & Frieden, Falckensteinstr. 48 (Kreuzberg), Tel. 030/23 91 99 94, www.musikundfrieden.de. Rock und Metal.

Oxymoron, Hackesche Höfe, Rosenthaler Str. 40/41 (Mitte), Tel. 030/28 39 18 86, www.oxymoron-berlin.de. Fr/Sa DJ-Lounge in elegantem Ambiente.

Rosi's, Revaler Str. 29 (Friedrichshain), www.rosis-berlin.de. Club, Kultur und Kiezhof mit Indie Pop, Dub, Reggae und Break Beats.

 Sage Club, Köpenicker Str. 76 (Mitte), www.sage-club.de. Rock at Sage! Die Dancefloors werden mit Classics, Indierock, Metal beschallt (Do ab 19 Uhr). Wochenends herrscht hier der KitKat Club mit Techno und Freizügigkeit.

Silverwings, Columbiadamm 10 (Tempelhof), Tel. 030/69 50 92 11, www.silverwings.de. Independent, Punk, Rock'n'Roll im ehem. Flughafen.

SO36, Oranienstr. 190 (Kreuzberg), Tel. 030/61 40 13 06, www.so36.de. Legendärer Punk-Club. Heute verschiedene Parties und Konzerte.

 Kaffee Burger, Torstr. 60 (Mitte), www.kaffeeburger.de. Lokal, Literatentreff und Partylocation, Schauplatz der Russendisko.

Tresor, Köpenicker Str. 70 (Mitte), www.tresorberlin.de. Legendärer Technoclub (Mi, Fr/Sa ab 24 Uhr).

Watergate, Falckensteinstr. 49 (Kreuzberg), www.water-gate.de. House und Techno an der Spree.

White Trash Fast Food, Am Flutgraben 2, Tel. 030/551 50 65 87, www.whitetrashfastfood.com. Punk, Rock 'n' Roll, Trash – gleich neben dem Club der Visionäre.

Wild at Heart, Wiener Str. 20 (Kreuzberg), Tel. 030/611 92 31, www.wildatheartberlin.de. Rock'n'Roll, Metal und Co. Konzerte diverser Livebands.

YAAM, An der Schillingbrücke 3 (Friedrichshain), Tel. 030/615 13 54, www.yaam.de. Reggae trifft Berliner Szene.

 ## Sport

In Berlin finden zahlreiche nationale und internationale sportliche **Großereignisse** statt, darunter das sommerliche *DFB-Pokalfinale* (www.dfb.de, www.pokalfinale-berlin.de) im Herren-Fußball sowie im Herbst das *Internationale Stadionfest ISTAF* (www.istaf.de) für Leichtathleten oder der *Berlin-Marathon* (www.bmw-berlin-marathon.com).

Daneben bietet Berlin aber auch zahlreiche Betätigungsmöglichkeiten für nicht-professionell sportlich aktive Menschen. Infos dazu gibt es unter dem regionalen Sportportal www.sport-berlin.net.

Eissport

Informationen über sieben Berliner Eisstadien und Freiluftbahnen für Eishockey, Eisschnelllauf, Eiskunstlauf, Curling und Eisstockschießen gibt der:

Berliner Eissport-Verband, Geschäftsstelle Wilmersdorf, Fritz-Wildung-Str. 9, Tel. 030/823 40 20, www.eissport-berlin.de

Fußball

Dachverband aller Berliner Fußballvereine ist der:

Berliner Fußball-Verband, Humboldtstr. 8 a, Tel. 030/896 99 40, www.berliner-fussball.de

Der Fußballclub Hertha BSC spielt im Olympiastadion (Olympischer Platz, Charlottenburg). Karten gibt es an den üblichen Vorverkaufsstellen oder direkt bei:

Hertha BSC, Tel. 030/30 09 28 18 92, www.hertha.de

Golf

Eine Übersicht über die rund 25 Clubs und Plätze in der Region Berlin-Brandenburg gibt:

Golfverband Berlin-Brandenburg, Forststr. 34 (Steglitz), Tel. 030/823 66 09, www.gvbb.de

Pferdesport

Informationen über Reitvereine, Turniere und Möglichkeiten für den Breitensport in Berlin und Umland erhält man beim:

Landesverband Pferdesport Berlin-Brandenburg, Passenheimer Str. 30 (Charlottenburg), Tel. 030/30 09 22 10, www.lpbb.de

Pferderennen

Galopprennbahn Hoppegarten, Goetheallee 1 (Dahlwitz-Hoppegarten, ca. 20 km östlich von Berlin), Tel. 033 42/389 30, www.hoppegarten.com. 1868 eröffnete Traditionsbahnen mit denkmalgeschützter Haupttribüne.

Pferdesportpark Berlin-Karlshorst, Treskowallee 129 (Lichtenberg), Tel. 030/50 01 71 25, www.pferdesportpark-berlin-karlshorst.de. Trabrennbahn.

Trabrennbahn Mariendorf, Mariendorfer Damm 222 (Mariendorf), Tel. 030/740 12 12, www.berlintrab.de

Tennis

Informationen über Spielmöglichkeiten auch für Freizeitsportler gibt der:

Tennis-Verband Berlin-Brandenburg, Hüttenweg 45 (Zehlendorf), Tel. 030/89 72 87 30, www.tvbb.de

Wassersport und Bootsverleih

Marina Lanke Berlin, Scharfe Lanke 109–131 (Spandau), Tel. 030/362 00 90, www.marina-lanke.de. Vermietung von Jachten, Motor- und Hausbooten, Segel- und Motorbootschule.

Minigolf und Bootsvermietung Mühl, Greenwichpromenade an der Tegeler Hafenbrücke (Tegel), Tel. 030/12 07 49 94, www.bootsvermietung-tegel.de.

Segelschule Berlin, Friederikestr. 24 (Tegel), Tel. 030/431 11 71, www.segel schule-berlin.de. Segel- und Sportbootkurse sowie Bootverleih.

Surf- und Segelschule Müggelsee, Fürstenwalder Damm 838 (Rahnsdorf), Tel. 030/648 15 80, www.surf-und-segel schule-mueggelsee.de. Surfen und Segeln am Großen Müggelsee [Nr. 102].

Schwimmen

Fast in jedem Stadtteil von Berlin gibt es Hallen- und Freibäder, sowie nicht zu vergessen die Strandbäder an den Seen in und um die Metropole. Informationen zu Bädern und ihren Angeboten sind zusammengefasst unter:

Berliner Bäder-Betriebe (BBB), Tel. 030/22 19 00 11, www.berlinerbaeder.de

■ Stadtbesichtigung

Berlin aus der Luft

Um Berlin einmal aus der Vogelperspektive zu sehen, kann man z. B. mit dem Heißluftballon in die Luft gehen. Infos:

Air Service Berlin, Flughafen Berlin-Schönefeld, Terminal C, Tel. 030/53 21 53 21, www.air-service-berlin.de. Auch Flüge mit Helikopter, Wasserflugzeug und Antonov-Doppeldecker, Ballonfahrten und Fallschirmsprünge.

Stadttouren

Wer an einer individuellen Stadtführung teilnehmen möchte, wende sich an *visit Berlin* [s. S. 163]. Es werden allerlei Fahrten und Rundgänge zu speziellen Themen angeboten:

Ariadne, Mobil 0179/151 32 20, www.ariad ne-berlin.de. Hochwertige Führungen durch die Staatlichen Museen Preußischer Kulturbesitz.

art:berlin, Bessemerstr. 22 (Schöneberg), Tel. 030/28 09 63 90, www.artberlin-online. de. Bauhaus-Touren und Kiezführungen.

Berlin on Bike, Tel. 030/437 39 99, www. berlinonbike.de. Viele verschiedene Thementouren, auch mit E-Bikes.

Berliner Unterwelten, Tel. 030/49 91 05 17, www.berliner-unterwelten.de. Thementouren in Berlins Untergrund. Tickets: Brunnenstr. 105, U-Bhf. Gesundbrunnen, südl. Vorhalle, Ausgang Humboldthain.

Fat Tire Bike Tours, Tel. 030/24 04 79 91, berlin.fattirebiketours.com. Ab Alex oder Zoo auf dem Zweirad Berlin erkunden.

GoArt!, Tel. 030/30 87 36 26, www.goart-berlin.de. Exklusive Führungen und Touren für Kunst- und Kulturinteressierte.

KulturBüro Berlin, Malmöer Str. 6 (Prenzlauer Berg), Tel. 030/444 09 36, www.stadtverfuehrung.de. Stadtgeschichte-, Stadtteil-, Kunst- und Architekturführungen.

Postdam per Pedales, Tel. 03 31/748 00 57, www.pedales.de. Radverleih und geführte Rad- und Kajaktouren durch die Residenzstadt des Alten Fritz.

StattReisen Berlin, Liebenwalder Str. 35a (Wedding), Tel. 030/455 30 28, www.statt reisenberlin.de. Stadtspaziergänge zu historischen und kulturellen Themen.

Ticket B, Frankfurter Tor 1 (Friedrichshain), Tel. 030/420 26 96 20, www.ticket-b.de. Stadtführungen von Architekten, ›Sehfahrten‹ mit dem Solarboot.

Trabi Safari, Trabi World am Welt-Ballon, Zimmerstr. 97/Ecke Wilhelmstraße (Mitte), Tel. 030/30 20 10 30, www.trabi-safari. de. Berlin für Selbstfahrer, nostalgisch mit originaler ›Rennpappe‹.

Stadtrundfahrten

Stationen der **Sightseeing-Busse** sind Ku'damm/Meinekestraße, Tauentzienstraße vor dem KaDeWe und Alexanderplatz, hinter dem Park Inn. Weitere Haltestellen liegen entlang den Routen.

Berlin City Tour, Tel. 030/68 30 26 41, www.berlin-city-tour.de. Berlin- und Potsdam-Touren in grün-beigen oder roten Doppeldeckerbussen.

City Circle in gelben Bussen und in der Regel auch Potsdam-Touren bieten:

BBS – Berliner Bären Stadtrundfahrt, Tel. 030/35 19 52 70, www.bbsberlin.de

Berolina Sightseeing, Tel. 030/ 88 56 80 30, www.berolina-berlin.com

BEX Sightseeing, Kurfürstendamm 216, Tel. 030/880 41 90, www.berlinerstadt rundfahrten.de

Besonders günstig kann man die Stadt mit dem **Bus 100** besichtigen. Er startet am Bahnhof Zoo und fährt über Reichstag, Brandenburger Tor und Unter den Linden bis zum Alexanderplatz. Eine Fahrt mit der Straßenbahn Linie **M1** von der Friedrichstraße nach Prenzlauer Berg bietet ebenfalls schöne Aussichten. Infos bei der BVG [s. S. 183].

Schiffsrundfahrten

Berlin kann man dank seiner zahlreichen Wasserstraßen auch per Schiff besichtigen. Die **Anlegestellen** im Zentrum sind Jannowitz-, Hansa- und Kottbusser Brücke, Berliner Dom und Friedrichstraße. Für **Ausflüge** in die Umgebung sind es die Anleger beim Bahnhof Wannsee (Richtung Pfaueninsel, Potsdam oder Werder), Treptower Park (Richtung Südosten auf Dahme und Spree zum Müggelsee und in die Teuplitzer Gewässer) und an der Greenwich-Promenade in Tegel (Tegeler See und Oberhavel).

Reederei Riedel, Nalepastr. 10–16 (Oberschöneweide), Tel. 030/67 96 14 70, www.reederei-riedel.de. Die Fahrten starten u.a. von Hansabrücke, Märkisches Ufer, Moltkebrücke, Corneliusbrücke, Haus der Kulturen der Welt und Kottbuser Brücke.

Stern- und Kreisschifffahrt, Puschkinallee 15 (Treptow), Tel. 030/536 36 00, www.sternundkreis.de. Bootsfahrten durch Stadt und Umgebung.

■ Statistik

Bedeutung: Hauptstadt und zugleich Land der Bundesrepublik Deutschland.

Stadtwappen: Ein nach links schreitender schwarzer Bär auf silbernem Grund; über dem Schild eine fünfzackige goldene Krone.

Lage: 52°31'12" nördlicher Breite und 13°24'36" östl. Länge. Durchschnittliche Höhe 34 m über N.N., höchste Punkte: Teufelsberg 120 m, Müggelberge 115 m.

Fläche: 892 km², davon Wasserfläche: 60 km²; Waldfläche: 161 km²; Erholungsfläche (Parks, Gärten, Sportplätze): 103 km².

Länge der Stadtgrenzen: 234 km

Einwohner: 3,5 Mio.

Verkehrsnetz: 5419 km Straßen. Gesamtstreckenlänge von U-, S-, Tram- und Buslinien 1710 km, von öffentlichen Verkehrsmitteln beförderte Personen: 1,3 Mio.

Flughafen: Berlin hat zwei Internationale Flughäfen: Tegel und Schönefeld. Der Airport Tegel (17 Mio. Fluggäste) soll geschlossen werden, wenn der Großflughafen Berlin Brandenburg eröffnet werden kann.

Tourismus: 12,4 Mio. Besucher und über 30 Mio. Übernachtungen bei einer Bettenkapazität von rund 100 000.

Wirtschaft: Von etwa 1,7 Mio. Erwerbstätigen arbeiten fast 80 % in Dienstleistungsbereichen. Das Bruttoinlandsprodukt beträgt 101,4 Mrd. Euro, die Arbeitslosenquote liegt bei 10,4 %.

Stadtverwaltung: Die 160 Sitze im Abgeordnetenhaus verteilen sich seit der Wahl vom September 2016 auf SPD (38), CDU (31), Bündnis 90/Die Grünen (27), Die Linke (27), AfD (25) und FDP (12). Regierender Bürgermeister ist seit Ende 2014 der Sozialdemokrat Michael Müller.

Bezirke: Berlin ist in folgende 12 Bezirke eingeteilt: Charlottenburg-Wilmersdorf, Friedrichshain-Kreuzberg, Lichtenberg, Marzahn-Hellersdorf, Mitte, Neukölln, Pankow, Reinickendorf, Spandau, Steglitz-Zehlendorf, Tempelhof-Schöneberg und Treptow-Köpenick.

Bildung: Berlin ist die größte deutsche Universitätsstadt, mit etwas mehr als

175 000 Studierende an 31 Hochschulen. Die vier größten erfreuen sich internationalen Renommees: die Freie Universität im Westen, die Humboldt-Universität im Osten, ferner die Technische Universität und die Universität der Künste.

Unterkunft

Infos: Bei der Auswahl helfen auch Hotel-Webseiten wie www.hotelscombined.de

Hotels

 *******Hotel Adlon Kempinski,** Unter den Linden 77 (Mitte), Tel. 030/226 10, www.hotel-adlon. de. Das legendäre Luxushotel am Brandenburger Tor [s. S. 20].

*****Dormero Hotel Berlin Ku'damm, Eislebener Str. 14 (Charlottenburg), Tel. 030/20 21 33 00, www.dormero.de. Das Haus in ruhiger Lage bietet gediegene Salons, Zimmer in Bauhausdesign und das Gourmet-Restaurant *Die Quadriga*.

*****Hotel Q!, Knesebeckstr. 67 (Charlottenburg), Tel. 030/810 06 60, www.hotel-q.com. Luxus-Designhotel am Ku'damm.

Stilvoll nächtigt man in den luxuriösen Gästezimmern des Hotel Adlon Kempinski

*****Patrick Hellmann Schlosshotel, Brahmsstr. 10 (Grunewald), Tel. 030/895 84 30, www.schlosshotelberlin.com. Karl Lagerfeld stattete dieses traditionsreiche Luxushotel aus.

*****Radisson Blu Hotel, Karl-Liebknecht-Str. 3 (Mitte), Tel. 030/23 82 80, www.radissonblu.de. Noble Unterkunft mit Zylinderaquarium im Hof [s. S. 66].

*****Sheraton Berlin Grand Hotel Esplanade, Lützowufer 15 (Tiergarten), Tel. 030/25 47 80, www.esplanade.de. Dieses Haus hat jeden seiner fünf Sterne verdient! Allein schon die hauseigene *Harry's New York Bar* ist den Besuch wert.

*****Swissôtel Berlin, Augsburger Str. 44 (Tiergarten), Tel. 030/22 01 00, www. berlin.swissotel.com. Luxus in elegantem Rundbau am Ku'damm [s. S. 113].

*****The Regent Berlin, Charlottenstr. 49 (Mitte), Tel. 030/203 38, www.regenthotels.com. Elegantes Luxushotel am Gendarmenmarkt mit passendem Gourmetrestaurant *Fischers Fritz*.

******Waldorf Astoria Berlin, Hardenbergstr. 28 (Charlottenburg), Tel. 030/814 00 00, www.waldorf astoriaberlin.com. Luxus, Spa und hervorragende Küche [s. S. 113].

*****Westin Grand Hotel Berlin, Friedrichstr. 158–164 (Mitte), Tel. 030/ 202 70, www.westingrandberlin.com. Klassisches Luxushotel mit altmodischem Charme und moderner Eleganz. Berühmte Freitreppe in der Lobby [s. S. 27].

****ackselhaus & blue home, Belforter Str. 21 (Prenzlauer Berg), Tel. 030/ 44 33 76 33, www.ackselhaus.de. Apartmenthotel in zwei Häusern mit Themenzimmern (Honeymoon, Rom, Salon).

****Almodóvar, Boxhagener Str. 83 (Friedrichshain), Tel. 030/692 09 70 80, www.almodovarhotel.de. Biohotel mit vegetarischer Küche in modernem Design.

****art'otel Berlin Mitte, Wallstr. 70–73 (Mitte), Tel. 030/24 06 20, www. artotels.com. Kombination aus historischem Ermeler Haus und Neubau mit Kunstwerken von Georg Baselitz [s. S. 70].

****Bleibtreu, Bleibtreustr. 31 (Charlottenburg), Tel. 030/88 47 40, www.bleibtreu.com. Originell, modern gestyltes Hotel in Gründerzeitbau.

****Estrel Hotel, Sonnenallee 225 (Neukölln), Tel. 030/683 10, www.estrel.com. Hotelkomplex mit 1125 Zimmern und Convention Center.

****Hecker's Hotel, Grolmanstr. 35 (Charlottenburg), Tel. 030/889 00, www.heckers-hotel.de. Freundliches Haus nahe dem Ku'damm.

****Henri Hotel Berlin, Meinekestr. 9 (Charlottenburg), Tel. 030/88 44 30, www. henri-berlin.com. Komplett renoviertes Haus mit Gründerzeit-Charme und Bar.

****Honigmond**, Tieckstr. 11 (Mitte), Tel. 030/284 45 50, www.honigmond.de. Angenehmes Hotel in individuellem Stil mit Kaffeehaus-Restaurant.

****Hotel i.31**, Invalidenstr. 31 (Mitte), Tel. 030/965 35 70 00, www.hotel-i31.de. Neues Boutique-Hotel mit viel Stil und Design, Bar mit Kunstbibliothek, Fitness, Sauna und Hofgarten.

****Hotel Seehof Berlin**, Lietzensee-ufer 11 (Charlottenburg), Tel. 030/32 00 20, www.hotel-seehof-berlin.de. Oase in der Großstadt, nahe Messe Berlin. Schwimm-bad mit Seeblick.

***Arte Luise**, Luisenstr. 19 (Mitte), Tel. 030/28 44 80, www.luise-berlin.de. Ehe-maliges Künstlerprojekt, das sich zum gemütlichem Hotel mit individuell gestalteten Zimmern entwickelt hat.

***art'otel Berlin Kudamm**, Lietzenbur-ger Str. 85 (Charlottenburg), Tel. 030/887 77 70, www.artotels.com. Aufregend-avantgardistisches Hotel, geschmückt mit Kunstwerken von Wolf Vostell.

***Askanischer Hof**, Kurfürstendamm 53 (Charlottenburg), Tel. 030/881 80 33, www.askanischer-hof.de. Hotel garni, großzügige Zimmer, Jugendstilinterieur.

***Best Western**, Albrechtstr. 25 (Mitte), Tel. 030/526 80 00, www.bestwestern.de. Stadthotel in sehr guter Lage. Überra-schungszimmer mit Blick in den Bunker.

TOP TIPP ***Grimm's Hotel**, Alte Jakobstr. 100 (Mitte), Tel. 030/28 44 41 00, www.grimms-hotel.de. Themenhotel mit individuell gestalteten Zimmern, modern und geräumig. Weiterer Standort in der Nähe des Potsdamer Platzes.

***Hotel 38**, Oranienburger Str. 38 (Mit-te), Tel. 030/282 21 25, www.hotelas.com. Individuell eingerichtete Zimmer mit gepflegtem Understatement.

***Hotel Artemisia**, Brandenburgische Str. 18 (Charlottenburg-Wilmersdorf), Tel. 030/860 93 20, www.hotel-artem isia.de. Hübsche Gästezimmer, im Som-mer Frühstück auf der schönen Dachter-rasse.

***Hotel Art Nouveau**, Leibnizstr. 59 (Charlottenburg), Tel. 030/327 74 40, www.hotelartnouveau.de. Themenzimmer und Suiten in Jugendstilbau nahe Ku'damm.

***Kastanienhof**, Kastanienallee 65 (Mitte), Tel. 030/44 30 50, www.kastanien hof.biz. Angenehme Hotel-Pension am Prenzlauer Berg.

***Ku'damm 101**, Kurfürstendamm 101 (Charlottenburg), Tel. 030/520 05 50, www.kudamm101.com. Designhotel auf dem westlichen Ku'damm.

TOP TIPP ***Lindemann's**, Potsdamer Str. 171–173 (Schöneberg), Tel. 030/526 85 49 09, www.lindemannshotel.de. Modernes Stadthotel in schwarz-weiß De-sign, luxuriöse Zimmer mit Dachterrasse.

***Meininger Berlin Mitte Humboldt-haus**, Oranienburger Str. 67–68 (Mitte), Tel. 030/568 37 37 16, www.meininger-hotels.com. Zentral gelegenes Hotel mit überwiegend jungem Publikum. Auch Mehrbett- und Familienzimmer. Mehrere Standorte in Berlin.

***Melarose Feng Shui Hotel**, Greifs-walder Str. 199 (Prenzlauer Berg), Tel. 030/81 79 88 38, www.melarose-fengshui hotel.de. 36 nach energetischen Ge-sichtspunkten eingerichtete Zimmer.

***motel one**, Leipziger Str. 50 (Mitte), Tel. 030/20 14 36 30, www.motel-one.com. Moderne Zimmer zu günstigen Preisen am Spittelmarkt und an sieben weiteren Standorten in Berlin.

***Stars Guesthouse**, Welserstr. 10 (Schö-neberg), Tel. 030/21 01 45 14, www.stars-guest house.com. Kleines Hotel für Individuali-sten, lesben- und schwulenfreundlich.

****Hotel-Pension Funk**, Fasanenstr. 69 (Charlottenburg), Tel. 030/882 71 93, www.hotel-pensionfunk.de. Beliebte Pension in schönem Gründerzeitbau.

Rewari Hotel Berlin, Stresemannstr. 36 (Kreuzberg), Tel. 030/258 00 70, www.rewari-hotel.berlin. Einfacheres freundli-ches Haus.

*Ibis Budget Berlin Alexanderplatz**, Mollstr. 30 (Mitte), Tel. 030/339 39 11 20, www.ibis.com. Preiswertes großes Hotel (157 Zimmer) in verkehrsgünstiger Lage.

Apartments und Zimmer

Eine Auswahl an Zimmern und Apart-ments findet man auf Webseiten wie:

www.airbnb.de
www.fewo-direkt.de
www.friendlyrentals.com

Miniloft, Hessische Str. 5 (Mitte), Tel. 030/847 10 90, www.miniloft.com. Schick designte Apartments in einem modernen Beton-Glas-Bau.

Agentur Wohnwitz, Holsteinische Str. 55 (Wilmersdorf), Tel. 030/861 82 22, www.wohnwitz.com

Home Company, Bundesalle 39/40 a (Wilmersdorf), Tel. 030/194 45, www.berlin.homecompany.de

Zeitraum Wohnkonzepte, Immanuel-kirchstr. 8 (Prenzlauer Berg), Tel. 030/441 66 22, www.zeit-raum.de

Hostels

A & O Hostel, vier Häuser: Lehrter Str. 2 (Moabit), Tel. 030/32 29 20 42 00, Boxhage-ner Str. 73 (Friedrichshain), Tel. 030/29 77 81 54 00, Köpenicker Str. 127–129 (Mitte), Tel. 030/809 47 52 00, Genslerstr. 18 (Hohen-schönhausen), Tel. 030/20 96 61 61 00, www.aohostels.com. Ordentliches Low-Budget-Angebot mit Einzel-, Doppel- und Mehrbettzimmern. Preisvorteil für ADAC Mitglieder.

baxpax Hostels & Hotels, Ziegelstr. 28, Tel. 030/27874880, www.baxpax.de. Einer der ersten Budget-Anbieter mit mittler-weile drei Häusern in der Stadt.

EastSeven Berlin Hostel, Schwedter Str. 7 (Prenzlauer Berg), Tel. 030/93 62 22 40, www.eastseven.de. Ausgezeichnetes Hostel mit 24 Zimmern, meist mit Gemeinschaftsbad. Mit Garten.

Generator, Oranienburgerstr. 65 (Mitte), Tel. 030/921 03 76 80, www.generator hostels.com. Modernes Hostel in perfek-ter Lage. Auch Doppel- und Twinzimmer.

Ostel, Wrienzener Karree 5 (Friedrichs-hain), Tel. 030/25 76 86 60, www.ostel.eu. Willkommen auf einer Zeitreise in die DDR der 1970er- und 1980er-Jahre.

Jugendherbergen

Service-Center, Tel. 030/264 95 20, www.djh-berlin-brandenburg.de

JH Berlin – Am Wannsee, Badeweg 1 (Zehlendorf), Tel. 030/803 20 34

JH Berlin – Ernst Reuter, Hermsdorfer Damm 48–50 (Hermsdorf), Tel. 030/404 16 10

JH Berlin – International, Kluckstr. 3 (Schöneberg), Tel. 030/747 687 9 10

JH Potsdam – Haus der Jugend, Schulstr. 9, Potsdam-Babelsberg, Tel. 03 31/58 13 1 00

Camping

Man kann den Berlin-Besuch auch mit Urlaub auf einem der Campingplätze im Stadtgebiet verbinden. Eine Auswahl ge-prüfter Plätze bieten ADAC Campingfüh-rer und ADAC Stellplatzführer (www.adac.de/campingfuehrer). Die Inhalte gibt es auch als App für iPhone, iPad und Andro-id in Appstores von Apple und Google.

Verkehrsmittel

Öffentliche Verkehrsmittel

Die **Berliner Verkehrsbetriebe (BVG)** mit U-Bahn, Bus, Trambahn und die S-Bahn Berlin bilden ein gemeinsames Verkehrs-netz [Plan s. S. 184/185]. Beide gehören dem Verkehrsverbund Berlin-Brandenburg (VBB) an, ebenso wie der Verkehrsbetrieb Pots-dam GmbH (ViP) mit seinen Bussen und Straßenbahnen. Da das Verkehrssystem häufig Veränderungen unterworfen und störanfällig ist (insb. die S-Bahn), sollte man zusätzlich einen aktuellen Faltplan dabei haben bzw. das Internet nutzen:

BVG, Tel. 030/194 49, www.bvg.de

S-Bahn Berlin, Tel. 030/29 74 33 33, www.s-bahn-berlin.de

Verkehrsbetrieb Potsdam (ViP), Tel. 03 31/661 42 75, www.vip-potsdam.de

VBB, Tel. 030/25 41 41 41, www.vbbonline.de

Einzeltickets für den Tarifbereich AB, BC oder ABC gelten jeweils 2 Std. für Fahrten in eine Richtung. Der Flughafen Schöne-feld liegt im Bereich C. Kurzstreckentickets gelten für max. drei U- bzw. S-Bahn-Statio-nen (mit Umstieg) oder für max. sechs Bus- oder Tramstationen (ohne Umstieg), im Tarifbereich C nur für die S-Bahn.

Folgende Touristentickets sind erhältlich bei allen Berlin Tourist Infos [s. S. 163], in Hotels, an Fahrkartenautomaten oder als Online-Ticket:

CityTourCard (www.citytourcard.com): Fahrkarte für Tarifbereich AB oder ABC für einen Erwachsenen und bis zu drei Kinder (bis 14 Jahre), gültig 2–6 Tage, außerdem Rabatte bei zehn Top-Attraktionen.

Berlin WelcomeCard (www.berlin-welco mecard.de): Fahrkarte für Tarifbereich AB oder ABC für einen Erwachsenen und bis zu drei Kinder (bis 14 Jahre), gültig 2–6 Tage, Rabatte bei ca. 200 Sehenswürdig-keiten.

Berlin WelcomeCard Museumsinsel: Er-weiterung der Berlin WelcomeCard, ge-währt 72 Std. lang freien Eintritt zu den Museen der Museumsinsel. Die Freitickets erhält man jeweils nach Vorlage der Karte.

Fahrradverleih

Fahrradstation, Leipziger Str. 56, Friedrich-str. 95, Eingang Dorotheenstr. 30, August-str. 29 a (alle Mitte), Bergmannstr. 9 (Kreuz-berg), Goethestr. 46 (Charlottenburg), Koll-

witzstr. 77 (Prenzlauer Berg) und Yorckstr. 53 (Kreuzberg), Tel. 018 05/10 80 00 (14 ct/Min., mobil mehr), www.fahrradstation.de.

Potsdam per Pedales [s. S. 179]

Car Sharing

In Berlin gibt es zahlreiche Car-Sharing-Anbieter. Bekannt sind **Drive Now** (www.drive-now.de) und **Car2go** (www.car2go.com), aber auch andere Anbieter wie

Flinkster (www.flinkster.de) haben sich längst in der Hauptstadt positioniert. Alle Anbieter stellen Apps für das Smartphone zur Verfügung, mit denen sich nach vorheriger Anmeldung verfügbare Fahrzeuge orten und/oder reservieren lassen.

Mietwagen

Für Mitglieder bietet die **ADAC Autovermietung** günstige Konditionen an.

Buchungen über www.adac.de/autovermietung, die ADAC Geschäftsstellen oder unter Tel. 089/76 76 20 99. Im Übrigen sind in Berlin Büros aller großen Autovermieter vertreten, etwa:

AVIS, Budapester Str. 43 (Charlottenburg), Tel. 030/230 93 70, www.avis.de

Europcar, Kurfürstenstr. 101 (Schöneberg), Tel. 030/235 06 40, www.europcar.de

Sixt, Budapester Str. 45, Europa-Center (Charlottenburg), Tel. 018 06/66 66 66 (0,20 €/Min., mobil mehr), www.sixt.de

Taxi

Taxi, Tel. 030/44 33 22, 030/26 10 26

Velotaxi, u.a. am Brandenburger Tor, Reichstag, Alexanderplatz, Tel. 030/ 28 03 16 09, www.velotaxi.de. Muskelkraft bewegt zwei Passagiere, leichtes Gepäck.

Register

Bildnachweis

Titel: Regierungsviertel mit Paul-Löbe-Haus und Reichstag
Foto: **AWL Images** (Sabine Lubenow)

Rücktitel: links: **Shutterstock** (canadastock); rechts: **Shutterstock** (IH-Images)

AKG: 129 – **AWL Images:** 8/9 (Wh.), 78/79, 177 (Sabine Lubenow) – **Anita Back:** 5 (Wh.), 10.1, 21, 30, 37, 47, 48, 49 (Wh.), 57.2, 64, 71 (Märkisches Museum Stadtmuseum Berlin), 81, 83, 85, 111.1, 114.2, 115, 116, 135, 191.2 (Wh.) – **Bildagentur Huber:** 22/23, 112/113 (Lubenow), 25, 66 (Gräfenhain), 96 (Bleyl), 137 (Damm) – **Bildagentur online:** 73 (McPhoto/Weber) – **Bildarchiv Preußischer Kulturbesitz:** 41 (Reinhard Görner) – **Bröhan-Museum:** 128 (Martin Adam) – **Caro:** 11.2 (Hechtenberg), 108 (Bastian), 191.5 (Wh.) – **ddp images:** 151 (Johannes Eisele) – **DDR Museum Berlin:** 3.3 (Wh.), 10.2, 67 (Bastian Werner) – **Deutsches Historisches Museum:** 8.2 (Wh.), 29 (Thomas Bruns) – **Deutsches Technikmuseum:** 99 – **dpa Picture-Alliance:** 8.1 (Wh.), 24 (Jens Kalaene), 42 (Berliner Verlag/Archiv), 88 (Bernd Settnik), 89 (ibn/Jörg Carstensen), 101.1 (AKG), 191.3 (Wh.) – **F1online:** 3.2 (Wh.), 45 (Tips Images/Walter Zerla), 77 (Bridge/Svenja-Foto), 90 (Imagebroker), 191.4 (Wh.) – **Filmpark Babelsberg GmbH:** 161 – **Finta/Staatsoper:** 6 (Thomas Bartilla) – **Fotolia:** 69 (babelsberger), 191.1 (Wh.) – **Ralf Freyer:** 39, 106 – **Friedrichstadtpalast:** 76 (Robert Grischek) – **Frittiersalon:** 170 (C. Liando) – **Galeries Lafayette:** 4.3 (Wh.), 35, 166 (diephotodesigner.de) – **Getty Images:** 7.1 (Wh.), 19 (Sylvian Sonnet), 130/131 (Matthias Makarinus) – **Hans Christian Glave:** 117 – **Rolf Goetz:** 107, 111.2 – **Hans Otto Theater:** 160 – **Hausarchiv:** 13.2, 13.3, 14, 15 – **Hotel Adlon Kempinski:** 181 – **Imago:** 139 (euroluftbild.de) – **Interfoto:** 56/57 (Imagebroker/Siegfried Kuttig), 132 (Imagebroker/Julia Woodhouse) – **Jalag Syndication:** 11.1 (Philip Koschel) – **Jupiterimages:** 159 (Gräfenhain) – **laif:** 54 (Gerhard Westrich), 63 (Butzmann), 119 (Galli), 121 (Adenis/Gaff), 148/149 (Neumann), 154 (Pierre Adenis) – **Look:** 120 (Karl Johaentges), 144 (travelstock) – **Mauritius Images:** 50/51 (Novarc/Christian Reister), 55 (Iain Masterton/Alamy), 65 (United Archives), 86/87 (Novarc/Christian Reister), 104, 122/123 (Westend61/Kristian Peetz) – **Museum Berggruen:** 127 (hckrass.de) – **Prisma:** 153 (Zoonar) – **Günter Schneider:** 125, 143 – **Shutterstock:** 3.1, 3.3 (Wh.), 6/7, 16/17, 32/33, 52/53, 59 (canadastock), 3.4 (turtix), 4.1 (ptnphoto), 26 (Shestakoff), 28 (Antonshutterstock), 40 (vvoe), 58 (Matthew Dixon), 60/61 (Christian Draghici), 80 (Claudio Divizia), 92/93 (Rolf G Wackenberg), 95 (360b), 114.1 (paul prescott), 133 (Paolo Costa), 140/141 (Peter Probst), 146/147 (tonisalado) – **Sophiensaele:** 9 (Wh.), 75 (Gerhard F. Ludwig) – **Staatliche Museen zu Berlin Preußischer Kulturbesitz:** 13.4 (Kunstbibliothek), 38.1 (Ägyptisches Museum) – **Staatsoper:** 4.2 (Wh.), 31 (Monika Rittershaus)– **Stage Entertainment:** 118 – **Stiftung Preußische Schlösser und Gärten Berlin-Brandenburg:** 155.2 (Wolfgang Pfauder), 156 (Leo Seidel) – **Süddeutscher Verlag Bilderdienst (DIZ):** 12, 13.1 – **Tierpark Friedrichsfelde:** 100.2 (Freunde des Hauptstadtzoos), 103 – **Ullstein Bild:** 126 (N.N.), 145 (Fromm), 157 (Insadco/Kroeger) – **Alexander Walter:** 155.1 – **Michael Weber:** 38.2

Impressum

Herausgeber: TRAVEL HOUSE MEDIA GmbH, München
Redaktionsleitung: Benjamin Happel
Autorin: Ulrike Krause
Aktualisierung: Susann Holz
Verlagsredaktion: Gernot Schnedlitz, Katja Tegler
Lektorat: Intermag Publishing GmbH, München
Bildredaktion: Travel House Media, Intermag Publishing
Satz: Intermag Publishing
Karten (Umschlag): ADAC e.V., München
Karten (Innenteil): Huber Kartographie GmbH, München
Herstellung: Mendy Willerich
Druck: Drukarnia Dimograf Sp z o.o. (Polen)

Ansprechpartner für den Anzeigenverkauf:
KV Kommunalverlag GmbH & Co. KG,
MediaCenter München, Tel. 089/92 80 96 44

ISBN 978-3-95689-271-4

Neu bearbeitete Auflage 2017
© 2017 TRAVEL HOUSE MEDIA GmbH, München
ADAC Reiseführer Markenlizenz der ADAC Verlag
GmbH & Co. KG, München
© 2016 Kartographie Berliner Verkehrsbetriebe (BVG)
[S. 184/185 und hintere Umschlagklappe]

Bei Interesse an maßgeschneiderten Verlagsprodukten:
veronica.reisenegger@travel-house-media.de

1 Tag in Berlin

Am Vormittag bietet sich ein Bummel über den **Kurfürstendamm** oder eine Shopping-Tour durch die Einkaufstempel der **Friedrichstraße** oder des **Potsdamer Platzes** an. Nachmittags lockt eine **Stadtrund-**

fahrt. Ebenso interessant – und je nach Gesprächigkeit des Busfahrers genauso informativ – ist auch eine Fahrt mit dem Bus Nr. 100 ab **Bahnhof Zoo**. Der kommt an den **Nordischen Botschaften**, an **Siegessäule**, **Schloss Bellevue**, **Reichstag** und **Brandenburger Tor** vorbei und fährt anschließend über den Boulevard **Unter den Linden** zum **Alexanderplatz**. Einen Schnupperkurs in Sachen Hauptstadt hat man nun schon einmal gemacht. Man kann ihn noch ein wenig vertiefen mit einem kurzen Besuch der **Humboldt-Box** am Schlossplatz oder einer der Sammlungen auf der **Museumsinsel**. Ein kulinarischer Tipp noch: Broiler und Grilletta stehen auf der Speisekarte des ansonsten nur wenig nostalgischen **DDR-Restaurants Domklause**.

1 Wochenende in Berlin

Freitag: Nach der Ankunft über den **Ku'damm** schlendern, Schaufenstergucken und Shoppen in den zahlreichen Boutiquen und Kaufhäusern des Viertels rund um den Boulevard. Im Anschluss sollte man im **Café Einstein** ein Tässchen nehmen oder im **KaDeWe** die verführerische Feinschmeckeretage durchstöbern und das Restaurant mit Aussicht erkunden.

Am Nachmittag geht es dann nach obligatorischer **Stadtrundfahrt** auf Kiez-Erkundung. Eine für Berlin typische quirlige Atmosphäre zeichnet vor allem **Prenzlauer Berg**, **Kreuzberg** und **Friedrichshain** aus. Wer eher das Historisch-Gediegene sucht, kommt im **Nikolai-**

viertel in Mitte auf seine Kosten. Am Abend steht reichlich **Unterhaltung** zur Auswahl: Boulevardkomödien, Theater, Kinos oder Kabaretts und Musicals.

Samstag: Der Tag beginnt mit einem Bummel über den **Flohmarkt an der Straße des 17. Juni**. Auf der Suche nach einem besonderen Souvenir wird hier sicher jeder fündig. Nicht entgehen lassen sollte man sich auch den Besuch in mindestens einem der grandiosen Berliner **Museen**. Mit gleich mehreren weltberühmten Sammlungen wartet die **Museumsinsel** in Berlin-Mitte auf: Bode-Museum, Pergamonmu-

seum, Alte Nationalgalerie, Altes und Neues Museum – in Letztgenanntem lockt die Nofretete. Oder das **Deutsche Historische Museum** nahe der Schlossbrücke. Oder die opulente **Gemäldegalerie** am **Kulturforum** beim Potsdamer Platz. Kunstfreunde haben da die Qual der Wahl. Auch zum Abendessen muss man sich entscheiden, etwa zwischen Altberliner Küche im Wirtshaus **Henne** oder dem **Borchardt** am schicken Gendarmenmarkt.

Sonntag: Bei gutem Wetter ist eine Tour zum **Wannsee** ideal. Hier kann man eine Schiffsfahrt nach Potsdam oder zur **Pfaueninsel** unternehmen. Ein hübscher Spazierweg führt von der Insel am Havelufer entlang zum

Schloss Glienicke. Im **Blockhaus Nikolskoe** sollte man zur Pause einkehren. Spielt das Wetter nicht mit, ist ein Besuch in **Schloss Charlottenburg** mit seinen herrlichen Sammlungen in den prächtigen Sälen eine gute Alternative.

DAS OFFIZIELLE TOURISTENTICKET

Berlin Welcome Card

✓ **Freie Fahrt**

✓ **Bis zu 50% sparen bei 200 Attraktionen**

✓ **Gültigkeit von 48h bis zu 6 Tage**

Überall erhältlich

Ein Produkt von